KB143677

유교의 이단자들

유교의 이단자들

초판 1쇄 인쇄 2015년 8월 24일
초판 1쇄 발행 2015년 8월 31일

지은이 혜문보
옮긴이 이영호, 노경희 외
편집인 마인섭(동아시아학술원)
         성균관대학교 동아시아학술원 02)760-0781~4
펴낸이 정규상
펴낸곳 성균관대학교 출판부 02)760-1252~4
등 록 1975년 5월 21일 제1975-9호
주 소 110-745 서울특별시 종로구 성균관로 25-2

ISBN 979-11-5550-130-6 94150
       978-89-7986-833-3 (세트)

• 본 출판물은 2007년 정부(교육부)의 재원으로 한국연구재단의
  지원을 받아 수행된 연구임(NRF-2007-361-AL0014).

동아시아
자료총서 | 14

유교의 이단자들

左　　派　　王　　學

혜문보 지음

이영호, 노경희 외 공역

동 아 시 아 자 료 총 서　14

성균관대학교
출 판 부

혜문보(嵇文甫, 1895~1963)의 이 책, 『유교의 이단자들』(원제 : 『좌파 왕학(左派王學)』)은 조선과 중국 유학사의 관점에서 보자면 이단 중의 이단을 다룬 것이라 할 만하다. 왕학, 즉 양명학이 조선유학사에 수용되어 하나의 학파를 이루었음에도 불구하고 조선주자학파의 일부에서는 이를 이단으로 비판하였다. 특히 양명학 중에서도 '광선(狂禪)'으로 치부되는 양명 좌파는 극단적 이단으로 비난받았다.

그렇다면 양명 좌파들의 사상이 중국에서는 순탄하게 수용되었는가? 양명 좌파의 학문은 한 시대를 풍미한 적이 있기도 하였지만, 명이 망하고 청이 서면서부터 근대에 이르기까지 지식인과 조정으로부터 배척당하거나, 아예 도외시되었다. 이러한 사정을 청대 대표적 관찬서인 『사고전서총목』 「경부총서」와 중국 최초의 경학사라 할 수 있는 피석서(皮錫瑞)의 『경학역사』에서는 다음과 같이 전하고 있다.

명 정덕(正德), 가정(嘉靖) 이후에 학문이 저마다 각자 심득(心得)을 발휘하였으나, 그 폐단에 이르러서는 방자하게 되었다. 예를 들면 왕 수인의 말파(末派)는 모두 광선(狂禪)으로 경을 해설하였다.
　　―『欽定四庫全書總目』, 「經部總敍」

송(宋), 원(元), 명(明) 세 왕조의 경학을 논하자면, 원은 송에 미치지 못하고 명은 또 원에 미치지 못한다. …… 원인(元人)들은 송유(宋儒)의 저서를 묵수하고 주소(注疏)에 대해서도 얻은 바가 대단히 천박하였다. …… 명대인들은 또 원인들의 저서를 묵수하여 송유에 대해서도 연구를 거의 하지 않았다.

—『經學歷史』「經學積衰時代」

『사고전서총목』에서 말하는 왕수인의 '말파'란 바로 양명 좌파를 가리키는 것이다. 심득, 방자, 광선 등은 양명 좌파의 사상적 특징을 비판적 관점에서 개관한 것이다. 한편 피석서는 송(宋), 원(元), 명(明) 세 왕조의 경학을 논하면서, 명의 경학을 최하위에 두었다. 그 원인을 명대유학자들이 천박한 원대인들의 저서를 묵수한 데서 찾았다. 즉 피석서의 주장에 따르자면 명대 경학은 중국유학사상 가장 독창성이 없는 셈이 된다. 이는 중국유학사에서 매우 자유분방한 사유를 지녔던 양명 좌파의 경학을 완전히 무시하였기 때문에 가능한 평가였다. 이처럼 양명 좌파의 학문은 조선과 중국에서 공히 비판 혹은 도외시되었다. 그러다가 근대에 들어와서야 주목을 받게 되었는데, 그 시발점에 바로 이 책, 혜문보의『좌파왕학』이 있다.

혜문보는 가난한 수공업자의 가정에서 태어나, 5.4운동을 거치면서 학문에 매진하였으며, 북경대학에서 풍우란(馮友蘭)과 같이 중국사상사를 연구하였다. 이후 그는 학자의 길만이 아니라 정치가의 길을 걸으면서도 많은 저서를 남겼는데, 특히『만명사상사(晚明思想史)』,『좌파왕학』등 양명학에 대하여 특기할 만한 책을 저술하였다. 1934년에 출판된『좌파왕학』에서 혜문보는 좌파왕학의 특징으로,

'도학의 혁신운동', '자유로운 정신', '하층사회와의 동화'를 들고 있다. 즉 혜문보가 말하는 좌파의 의미는 자유로운 정신과 하층사회와 동화를 중심축으로 사상의 혁신을 기도하는 세력인 것이다.

혜문보가 이 책에서 충실하게 묘사하였듯이, 실로 명대 만력 연간에 한 시대를 풍미하였던 양명 좌파는 양명학의 내부에 태동하고 있던 자유의 기상을 유감없이 발휘하였다. 이에 이들은 종종 유교의 내부를 뛰쳐나가 도교 혹은 불교와 자유롭게 교섭하였다. 또한 실제 삶 속에서 승려처럼 지내거나, 하층민과 함께하기도 하였다. 그 결과 일자무식인 하층민에서 양명 좌파의 중요 인물들이 나오기도 하였다. 그런데 이는 애초 양명이 기획하였던 영역을 넘어선 것이라고 볼 수 있다. 이에 관하여 혜문보는 이 책의 말미에서, "양명은 고식적인 사대부 사회에 일침을 가하여 각성시키려 하였을 뿐인데, 일부 양명 좌파의 후학들이 미친 듯이 일어나 일부는 승려로 일부는 하층사회와 뒤섞여 버렸으니 이렇게 될 줄 양명이 짐작이나 하였겠는가! 이것이 양명학 발전의 극단적 현상이며, 또한 명대 사상해방운동의 극단적 양상이다. 당시의 사대부는 이러한 위기를 목도하고 감히 다시 해방을 시도하려 하지 않았다."고 평가하고 있다.

혜문보의 지적처럼 양명 좌파는 중국학술사를 넘어 동아시아학술사에 다시 보기 어려운 형태의 정신적 자유와 삶의 평등을 추구하였다. 그러나 양명 좌파의 학문은 후대 정권에서뿐 아니라, 같은 유학자들에게서조차 외면을 당하여 오랜 시간 비판 혹은 소외되었다. 양명 좌파 이후, 중국, 한국, 일본에서는 주자학을 중심에 두고 고증학, 실학, 고학 등의 새로운 학풍이 일어났지만, 양명 좌파의 이러한 파격적 지향에는 도달하지 못하였다. 이렇게 보면 양명 좌파의 사유는 동아시아학술사에서 하나의 소중한 지적자산이라 할 것이다. 혜문보의 이 책은 바로 이 지적자산으로서의 양명 좌파를 사상사의 전면에 등장시킨 공로가 있다고 할 것이다.

이 책은 동아시아경학연구팀과 2년간 강독을 한 결과물이다. 우리의 공부의 과정이 어느 정도 들어 있기에 이렇게 책으로 출간하여 비판과 격려를 받으려 한다. 좀 식상한 말이지만, 비판은 나의 몫이고 격려는 함께한 후배들에게 돌아갔으면 한다.

역자들을 대표하여 이영호 씀

이 책은 작년 봄에 북경대학교에서 편찬한『명청사상사강의(明淸思想史講義)』의 일부분으로 지금 이를 출판하려는 데에는 세 가지 의의가 있다.

첫째, 용계(龍谿)[1]와 심재(心齋)[2]는 양명(陽明) 문하에서 가장 걸출한 인재이다. 그들은 스승의 학설을 독실하게 믿고 추종하여 널리 발양하는 데 힘을 쏟았다. 양명학이 크게 빛을 발하고 한 시대를 풍미할 수 있었던 데에는 그들의 힘이 매우 컸다. 그들이 모두 '광(狂)'에서 벗어나지 못했다고 하나, '광'은 바로 양명학의 특색이다. 그들은 양명학에서 가장 놀랍고 자극적인 부분을 잘 드러내었다. 양명학을 말하면서 용계와 심재의 지도하에 있던 좌파(左派)를 논하지 않는다면 양명학의 정신을 적어도 절반은 놓치게 되는 셈이다. 그러나 사

---

1) 용계(龍谿, 1498~1583) : 본명은 왕기(王畿)이며 용계(龍谿)는 그의 호이다. 자는 여중(汝中)이다. 왕양명(王陽明)에게 사사받아 전덕홍(錢德洪)과 함께 절중파(浙中派)를 형성하였다. 사람의 마음은 본래 무선무악(無善無惡)이라고 단정함으로써 종래의 성선설(性善說) 전통에 대항하였다. 저서로는『용계전집(龍溪全集)』20권이 있다.
2) 심재(心齋, 1483~1541) : 본명은 왕간(王艮)이며 심재(心齋)는 그의 호이다. 자는 여지(汝止)이다. 왕용계와 함께 2왕(二王)으로 불렸으며 왕벽, 나여방 등과 함께 태주파(泰州派)를 형성하였다. 일신과 천하국가는 일물(一物)이라는 만물일체관을 내세웠다. 저서로는『지지재고(止止齋稿)』가 있다.

람들은 『이학종전(理學宗傳)』이나 『명유학안(明儒學案)』 등 양명학 수정파(修正派)의 저작을 읽는 데만 익숙하여 섭표(聶豹)[3]나 나홍선(羅洪先)[4] 등 우파를 양명학의 정통으로 삼고, 좌파에 대해서는 '광선(狂禪)' 두 글자로 전면 부정하면서 실제 좌파의 내용이 대체 어떠한 것인지에 대해서는 전혀 고찰해 보려고 하지 않았다. 지금까지도 감식안을 가진 수많은 학자들이 여전히 이러한 선입견을 답습하고 있다. 양명학의 핵심을 살펴보기 위해서는 양명 좌파에 대하여 분명히 밝혀낼 필요가 있다.

둘째, 종전에는 명대문학사(明代文學史)를 말하면서 하나같이 옛것에 의탁한 점에 대해서만 주목하였다. 어떤 이는 당송(唐宋)을 숭상하고 또 어떤 이는 진한(秦漢)을 숭상하여, 왕세정(王世貞)[5]·이반룡(李攀龍)[6][진한파]과 귀유광(歸有光)[7]·당순지(唐順之)[8][당송파]의 논쟁이 끊

---

3) 섭표(聶豹, 1486~1563) : 자는 문위(文蔚), 호는 쌍강(雙江)이다. 왕양명의 '치양지(致良知)'설을 추숭하여 양명을 스승으로 삼았다. 그러나 '양지(良知)'는 현재 완성된 상태가 아니라 "움직이고 고요할 때 마음을 두지 않고, 안팎을 모두 잊음[動靜無心, 內外兩忘.]"의 함양(涵養) 공부를 통해서만 도달할 수 있다고 여겼다. 나홍선 등과 강우파(江右派)를 형성하였다. 저서로는 『곤변록(困辨錄)』, 『쌍강집(雙江集)』 등이 있다.

4) 나홍선(羅洪先, 1504~1564) : 자는 달부(達夫), 호는 염암(念庵)이다. 왕양명의 가르침에 독창(獨創)을 가미하여 사욕을 버리고 '일체의 인(仁)'을 깨달아서 실천해야 한다고 주장하였다. 문집에 『염암집(念庵集)』이 있다.

5) 왕세정(王世貞, 1526~1590) : 자는 원미(元美), 호는 봉주(鳳州) 또는 엄주산인(弇州山人)이다. 가정칠재자(嘉靖七才子)의 한 사람으로 이반룡(李攀龍)과 함께 이왕(李王)이라 불리었다. 『엄주산인사부고(弇州山人四部考)』 174권, 『속고(續稿)』 207권은 그의 전집이며, 문학예술론이 담긴 『예원치언(藝苑卮言)』 등 많은 저작이 있다.

6) 이반룡(李攀龍, 1514~1570) : 자는 우린(于鱗), 호는 창명(滄溟)이다. 왕세정(王世貞)·사진(謝榛)·서중행(徐中行)·양유예(梁有譽) 등과 더불어 '고문사설(古文辭說)'을 제창, 진(秦)·한(漢)의 고문(古文)을 모범으로 삼고, 한·위·성당(盛唐)의 시의 격조를 중시하였으며, 송·원나라의 시를 배척하고, 이백(李白)과 두보(杜甫)를 추앙하며, 원진(元稹)과 백낙천(白樂天)을

이지 않았다. 그래서 마치 명대의 문인들은 개성이라고는 전혀 없이 조금도 새로운 것을 창조하지 못한 것처럼 보였다.

그런데 최근에 주계명(周啓明)과 유명형(兪銘衡) 등이 명말 문학을 제창하면서 공안파(公安派)[9]와 경릉파(竟陵派)[10] 등에 대해 분명하게 밝힘으로써 비로소 명나라 중엽 이후 문학계에 새로운 조류가 있었음을 확실히 알게 되었다. 그들의 자유해방 정신과 전통사상에 저항하는 정신은 곧바로 현대 신문학 운동가들의 흠모, 찬탄 및 동조를 이끌어 내었다. 이는 명대문학사 연구에 있어서 가장 새로운 방향이었지만 실제로는 문학에만 국한되지 않았다. 명나라 중엽 이후 모든 사상계가 새로운 단계로 나아가 자유해방의 색채가 각 방면에서 표

배격하였다.

7) 귀유광(歸有光, 1506~1571) : 자는 희보(熙甫), 호는 진천(震川)이다. 명나라 초기의 문단은 진한(秦漢)의 문장을 모방하는 복고파(復古派)가 차지하고 있었는데, 후에 당송(唐末)의 시문을 규범으로 삼는 일파가 일어났으며, 귀유광은 모곤(茅坤)과 더불어 이 당송파의 저명한 문인이었다. 그의 산문은 풍부한 정감이 쏟아져 나오는 점에서 명대(明代)의 개성을 강하게 띠면서도, 한유(韓愈)·유종원(柳宗元)·소동파(蘇東坡)의 산문이 가진 높은 밀도에 뒤지지 않는 사실감을 지니고 있다. 저서로는『진천문집(震川文集)』40권 등이 있다.

8) 당순지(唐順之, 1507~1560) : 자는 응덕(應德), 호는 형천(荊川)이다. 왕기(王畿)의 학문을 이어받았으며, 명나라 초기 의고파(擬古派)의 전성기에 문학의 시대성을 인식하고 정감을 표출한 달의(達意)의 글을 중시하였다. 역대의 산문에서는 귀유광(歸有光)과 함께 당송의 것을 애호하였고, 저서로는『형천집(荊川集)』17권이 있다.

9) 공안파(公安派) : 만력 연간(萬曆, 1573~1619)에 이지(李贄)의 사상적 영향을 받아, 당시의 복고파 문학에 도전했던 문학 집단의 명칭이다. 성령(性靈)의 발로와 풍운(風韻)의 표출을 낭만주의적 문학론의 밑바탕에 깔고, 실제 창작에 있어서도 평이하고 명석하며 청순한 필치로 개성적인 자아표현에 힘쓰는 반면, 옛 사람들이 하던 낡은 생각을 그대로 답습하는 일을 철저히 거부하였다.

10) 경릉파(竟陵派) : 명나라 말기의 시단을 풍미한 시파로 고전의 참된 정신을 자신에의 엄격한 침잠을 통해 재발견할 것을 목표로 하였다.

출되었다. 진헌장(陳獻章)[11]에서 왕양명까지 모두 도학(道學) 혁신의 기치를 내걸었는데 양명 좌파에 이르러서는 이러한 조류가 극도로 발전하게 되었다. 도학계의 양명 좌파는 문학계의 공안파·경릉파와 함께 당시의 시대정신을 드러내었다. 종합적으로 살펴보면 그들의 풍부한 역사의식을 점차 깨달을 수 있을 것이다. 이는 명대 사상사를 연구하는 자들이 결코 소홀히 여겨서는 안 될 부분이다.

셋째, 사상은 생활의 반영이므로 각 시대마다 사상의 변동은 실제로 당시 사회생활의 변화에 의해 결정된다. 명나라 중엽 이후 상업자본이 확대되고 깊이 침투한 결과[12] 한편으로는 남쪽지방에 도시의 번영을 가져왔으나 다른 한편으로는 농촌사회의 착취가 극심해졌다. 사회가 번영하면 시야가 넓어지고 사상이 개방되며, 착취가 극심해지면 충돌이 격렬해지고 인심이 동요한다. 이에 한쪽에서는 끊임없이 농민 반란이 일어났고 다른 쪽에서는 사상 혁신의 조류가 형성되었다. 당시의 정치·사회·사상운동은 모두 이같이 약동하는 시대적 심리에 의해 형성된 것이며, 이러한 시대 심리는 바로 외적으로는 번영하였으나 내적으로는 어지러운 사회 환경으로 인해 자극을 받아나온 것이다. 진헌장과 왕양명, 특히 양명 좌파의 주장과 행동에서 이같은 약동하는 기운을 쉽게 느낄 수 있는데, 그들의 주장과 행동은

---

11) 진헌장(陳獻章, 1428~1500) : 자는 공보(公甫)고, 호는 백사선생(白沙先生) 또는 석재(石齋)며, 만호는 석옹(石翁)이다. 육상산의 학풍을 계승했으며, 정좌(靜坐)에 의해 마음을 깨끗이 하고, 천리(天理)를 체인(體認)할 것을 주장했다. 저서에 『백사시교해(白沙詩敎解)』와 『백사집(白沙集)』이 있다.

12) 【원주】국제무역·화폐경제·토지집중 등 각 방면에서 당시의 상업자본 발전의 실태를 증명할 수 있다. 본 저자가 쓴 『17세기 중국사상사개론』에 대략 논증되어 있는데 이는 이 책의 부록으로 실려 있다.

바로 당대의 동력으로 작용하였다. 이같이 사상의 측면에서 당시 사회를 진단하고 모든 사회 환경으로부터 당시의 사상을 관찰하는 연구방법은 널리 응용할 만하다.

나는 이 책이 양명학 연구자, 명대의 사상사·사회사 연구자 내지는 역사방법론 연구자들에게도 조금이나마 의미 있는 암시를 제공할 수 있기를 바란다. 그러나 성급히 완성하느라 단서만 제공하고 상세한 기술을 하지 못하였다. 부끄럽지만 다음 기회에 다시 보충하기를 기약한다.

1934년 4월 2일 혜문보(嵇文甫)

| 목차 |

I

왕양명(王陽明)의 도학(道學) 혁신 운동

왕양명(王陽明, 1472~1529)은 중국 근세 사상사에 있어서 가장 빛나는 위대한 인물이다. 그가 이끈 학술운동은 일종의 도학(道學) 혁신운동이며 반주자학(反朱子學) 운동이기도 하였다.

주자(朱子, 이름은 熹, 1130~1200)가 생존했던 당시는 도학의 전성기였다. 주자는 정이(程頤, 1033~1107)를 종주로 하여, 위로는 정호(程顥, 1032~1085)·장재(張載, 1020~1077)·주돈이(周敦頤, 1017~1073)·소옹(邵雍, 1011~1077) 등을 탐구하여 근원을 궁구하였다. 그리고 유작(游酢, 1053~1123)·양시(楊時, 1044~1130)·사량좌(謝良佐, 1050~1103)·여대림(呂大臨, 1040~1092)·윤돈(尹焞, 1061~1132)·호인(胡寅, 1098~1156) 등 이정(二程) 문하를 출입한 학자들을 아우르며 그 흐름을 망라하였다. 동시대의 학파인 육학(陸學)[13]과 절학(浙學)[14]을 배격하고 의연히 도학의 정통으로 자임하였다. 널리 문인을 모으고 경서

---

13) 육학(陸學) : 육상산(陸象山)이 주자의 견해와 달리 '심즉리(心卽理)'의 일원론(一元論)을 주장한 것을 말한다. 심학(心學)이라고도 하며 왕양명에게로 계승되어 지행합일(知行合一)의 양명학이 정립되었다.

14) 절학(浙學) : 송대 유학의 일파로 진량(陳亮)이 창립하였다. 연원은 정자(程子)에서 나왔으나, 도리어 주자(朱子)와 대립하였다. 공리(功利)의 가르침으로 치국평천하의 설을 세워 정주학(程朱學)을 배척하였다.

에 두루 주석을 내어 도학이 그의 손에서 분명하고 확실하게 갖추어졌으니, 주자가 도학을 집대성했다고 하는 선유들의 말은 과언이 아니다. 그러나 주자의 학문은 때로 너무 번잡하여 글자마다 따지고 구절마다 비교하는 폐단이 있다. 때문에 수많은 이론을 너무 세세하게 나누어 오히려 말이 되지 않는 경우도 있다. 예컨대 '사단(四端)'의 경우, '인의예지(仁義禮智)' 네 글자를 '춘하추동(春夏秋冬)'에 견주고는 다시 '인의(仁義)' 두 글자를 '음양(陰陽)'에 견주고, '인지(仁智)'로 '종시(終始)'를 밝히며, 또 '인(仁)' 한 글자만 가지고 '사단'을 관통시켰다. 그리고 무슨 "사단이 서로 잇달아 온다."느니, "사단은 서로 번갈아 주인이 되기도 하고 손님이 되기도 한다."는 등의 주장도 하였다. 이리저리 나누고 합하는 배치가 어찌나 교묘한지 심성(心性)을 강론한 것이 아니라 말장난에 불과하였다. 그 한 예로 태극도설(太極圖說)에 대하여 다음과 같이 말하였다. "'중(中)'이니 '인(仁)'이니 '감(感)'이니 하는 것이 이른바 ☾이며, ○의 작용이 행해지는 것이다. '정(正)'이니 '의(義)'니 '적(寂)'이니 하는 것이 이른바 ☽이며, ○의 본체가 정립되는 것이다."[15] 주자는 여기에서 '인의(仁義)'와 '적감(寂感)'을 음양(陰陽)과 체용(體用)으로 분속시키고, 심지어 '중정(中正)' 두 글자까지도 음양과 체용으로 분리하였다. 이런 지점은 오류가 많고 너무 세밀

---

15) 『性理大全』卷1,「太極圖」朱子注. "蓋中也, 仁也, 感也, 所謂☾也, ○之用, 所以行也. 正也, 義也, 寂也, 所謂☽也, ○之體, 所以立也."

하게 나누어서 팔고문(八股文)[16]이 발생한 바탕이 되기도 하였다. 육상산(陸象山, 1139~1193)은 당시의 이러한 세태를 비꼬며 다음과 같이 말하였다.

정교하게 헤아리고 베끼며, 비슷하게 모방하고 빌려오며, 규칙대로 쓰는 것을 자신하고, 익숙하게 외는 것에 안주한다.[17]

또 「상산어록(象山語錄)」에 이런 말도 있다.

어떤 주장을 하는 이가 있었는데, 선생께서 "이는 쓸데없는 말이다."라고 하시거나, "시문(時文)의 견해"라고도 하셨다. 결국 학자들이 "맹자는 양주(楊朱)와 묵적(墨翟)을 배척하고, 한유(韓愈, 768~824)는 석가와 노자를 배척하였으며, 육 선생은 시문(時文)을 배척하였다."라고 하였다. 이 말에 대해 선생께서 "이 말도 좋다. 그러나 배척당한 양주·묵적·석가·노자에게는 어느 정도는 좋은 점이 있기에, 나는 시문만을 배척할 뿐이다."라고 말씀하시고는 한번 웃으셨다.[18]

---

16) 팔고문(八股文) : 여덟 개의 짝으로 이루어진 한시 문체로 1370년 8월 9일의 향시(鄉試)에서 처음으로 실시된 후부터 1901년 폐지될 때까지 과거의 답안을 기술하는 데에 쓰였다.

17) 『陸九淵集』 卷2, 「與朱元晦書」. 揣量模寫之工, 依放假借之似, 其條畫足以自信, 其習熟足以自安.

18) 『陸九淵集』 卷34, 「語錄 上」. 有立議論者, 先生云: "此是虛說." 或云: "此是時文之見." 學者遂云: "孟子闢楊墨, 韓子闢佛老, 陸先生闢時文." 先生云: "此說也好. 然闢楊墨佛老者, 猶有些氣道. 吾卻只闢得時文." 因一笑.

주자는 성인의 모습에 근거하여 논리를 정립하였다. 논리가 정연하여 빈틈이 없는 듯하였으나 상산의 관점에서 보면 그것은 그저 하나의 '주장'이며 '시문(時文)'에 불과하였다. 이렇게 시문화된 도학이 결국 정통이 되어 남송 말부터 명나라 중엽까지 주자학이 독점하는 국면을 형성하였다. 당시의 대유(大儒)라 할 수 있는 허형(許衡)[19]과 설선(薛瑄)[20] 등은 모두 주자를 답습하고 문호를 지킬 뿐이었다. 도학은 이 시기에 이르러 거의 일정한 투식으로 고착화되었다.

이에 진헌장과 이어서 등장한 왕양명은 모두 도학 혁명의 기치를 들었다. 그들은 200여 년간 답습해온 구습을 일소하여 참신하고 자연스런 분위기로 환기시켰으며, 시문화(時文化)·팔고문화(八股文化)된 도학을 타도하고 비판적 시각으로 핵심을 찌르는 신도학(新道學)을 제창하였다. 양명은 진헌장의 수제자인 담약수(湛若水)[21]에게 다음과 같이 말하였다.

----

19) 허형(許衡, 1209~1281) : 원나라 회맹(懷孟) 하내(河內) 사람으로 자는 중평(仲平)이고, 호는 노재(魯齋)며, 시호는 문정(文正)이다. 주희와 육구연(陸九淵)의 학문을 조화시키려 노력했고, 공담(空談)만을 일삼는 이학(理學)을 비판했다. 저서에 『독역사언(讀易私言)』과 『노재심법(魯齋心法)』, 『노재유서(魯齋遺書)』, 『허문정공유서(許文正公遺書)』, 『허노재집(許魯齋集)』이 있다.

20) 설선(薛瑄, 1389~1464) : 자는 덕온(德溫)이고, 호는 경헌(敬軒)이며 시호는 문청(文淸)이다. 정주(程朱)의 학설을 바탕으로 삼아 수기교인(修己敎人)과 회복본성(回復本性)을 주장했다. 저서에 『종정록(從政錄)』, 『독서록(讀書錄)』, 『설문청집(薛文淸集)』 등이 있다.

21) 담약수(湛若水, 1466~1560) : 자는 원명(元明), 호는 감천(甘泉)이다. 어려서는 진헌장(陳獻章)에게서 사사(事師)하였으며, 이후 왕양명과 같은 시기에 강학하여 각각의 문호를 세웠다. 양명은 주로 '치양지'를 말하였고, 감천은 주로 '수처체인천리(隨處體認天理)'를 말하였다. 저서로는 『담감천집(湛甘泉集)』이 있다.

이후 설명은 더 자세해졌으나 도는 더 어두워졌고, 분석은 정밀해졌으나 학문은 지리멸렬해 졌으며, 근본은 없으면서 외적 측면만 일삼아 더욱 번잡하고 어려워졌다. 맹자는 양주와 묵적을 문제시 하였으며, 주자(周子)와 정자 때에는 석가와 노자의 사상이 크게 유행하였다. 요즘 학자들은 모두 공맹을 으뜸으로 여기고, 양주·묵적을 천히 여기며, 석가와 노자를 배척할 줄 아니 성인의 도가 마치 세상에 크게 밝혀진 것만 같았다. 그러나 내가 그들을 따라 탐구해 보니 성인은 찾아 볼 수 없었다. 묵적처럼 겸애하는 자, 양주처럼 자신을 위하는 자, 노자처럼 청정하게 자기를 지키고, 석가처럼 마음과 성명(性命)을 궁구하는 자가 있는가? 내가 양주·묵적·노자·석가를 어떻게 생각해야 하는가? 저들은 성인의 도와는 차이가 있지만 그래도 각자 깨달은 바가 있다. 그렇지만 이 세상 학자들은 문장을 다듬고 꾸며서 세상에 자랑하고, 마음을 속여 거짓으로 꾸민다. 그리고 "성인의 도는 힘들기만 하고 아무런 공도 없으니 사람이 할 만한 것이 못 된다."라고 말하면서 단지 문장 속에서만 논변거리를 찾아서 옛 사람이 종신토록 궁구하지 못한 것을 지금 내가 대략적으로 말하였다라고 하고 스스로 이와 같이 하는 것에 만족하였다. 그리하여 성인의 학문이 마침내 없어졌으니 지금 가장 큰 문제가 문장을 암송하고 꾸미는 풍조가 아니겠으며, 이러한 폐단은 지나치게 자세히 설명하고 너무 정밀하게 분석한 데에서 기인한 것이 아니겠는가.[22]

---

22) 『王陽明全集』 卷7, 「別湛甘泉序」. 自是而後, 言益詳, 道益晦, 析理益精, 學益支離, 無本而事於外者, 益繁以難. 蓋氏患楊墨, 周程之際, 釋老大行. 今世學者, 皆知宗孔孟, 賤楊墨, 擯釋老, 聖人之道, 若大明於世. 然吾從而求之, 聖人不得而見之矣. 其能有若墨氏之兼愛者乎? 其能有若楊氏之爲我者乎? 其能有若老氏之淸淨自守, 釋氏之究心性命者乎? 吾

이 단락은 진헌장과 왕양명의 도학 혁신 운동의 공통된 핵심을 잘 드러내었다. 그들이 반대한 것은 '문장을 암송하고 꾸미는 풍조'였는데 달리 표현하면 팔고문화된 도학이었다. 이러한 도학은 논리가 정연하고 주도면밀하여 성인에 가까운 것처럼 보이지만, 실제로는 '비난하려 해도 근거를 들 수 없고, 결점을 찌르려 해도 찌를 데가 없는' 향원(鄕原)과 같아서 모방하며 그대로 따라가게 된다. 비유하자면 양주·묵적·석가·노자가 각각 깨우친 것이 있지만 성인과의 거리는 오히려 먼 것과 같다.

"설명은 더 자세해졌으나 도는 더 어두워지고, 분석은 더 정밀해졌으나 학문은 더 지리멸렬해졌다."라는 말은 암묵적으로 주자를 배척하며 팔고도학(八股道學)이 여기에서 나왔다고 인식한 것이다. 객관적으로 따져보면, 주자는 중국 근세 사상사에 있어서 가장 위대한 인물이긴 하지만, 그의 번쇄하고 지리멸렬한 학풍이 실제로 훗날 도학의 팔고문화를 점진적으로 열어주었다고 분명하게 말할 수 있다. 200여 년 동안 답습해온 주자학의 유폐(流弊)가 현저히 드러나 진헌장과 왕양명의 도학 혁신 운동이 시대에 부응하여 일어나게 되었다.

이 혁신 운동은 진헌장에게서 시작되어 왕양명에게서 완성되었다. 양명의 주장을 분석해보면 곳곳에서 도학의 진부한 형식을 타파하고 자유로운 정신을 표현하여 실로 당시 사상계에 해방 분위기를 크게 진작시켰음을 알 수 있다. 우선 그가 말한 '치양지(致良知)'에 대해 알

何以楊墨老釋之思哉? 彼於聖人之道異, 然猶有自得也. 而世之學者, 章繪句琢以誇俗, 詭心色取, 相飾以僞, 謂聖人之道勞苦無功, 非復人之所可爲, 而徒取辯於言詞之間. 古之人有終身不能究者, 今吾皆能言其略, 自以爲若是亦足矣. 而聖人之學遂廢, 則今所大患者, 豈非記誦詞章之習, 而弊之所從來, 無亦言之太詳, 析之太精者之過歟?

아보자.

양명은 이 세 글자를 제기하여 항상 사람들에게 잡을 수 없는 허령한 마음을 깨닫게 하였다. 확실히 양명은 때로 양지를 분명 매우 현묘(玄妙)한 것으로 말하기도 하였다. '하늘이 내려준 영활한 근간[天植靈根]' 또는 '조화(造化)의 정령(精靈)'이라고도 하였으니, 참으로 이는 현묘하고도 현묘한 것으로 파악한 것이라 할 수 있다. 그러나 이 속에서 분별해서 보아야 할 것이 있다. 만약 이런 학설이 단지 현묘하기만 하고 그 밖에 다른 것이 없다면, 어떻게 세상 사람들의 마음을 움직였겠으며 사상사에서 그렇게 중요한 위치를 점할 수 있었겠는가. 이러한 학설이 매우 현묘하긴 하지만 현묘한 가운데에 일종의 시대정신이 내포되어 있었으니, 현묘하지 않은 지점도 본디 지니고 있었음을 알아야 할 것이다. 양명이 임종(臨終) 한 달 전에 섭표(聶豹)에게 보낸 편지에 다음과 같은 내용이 있다.

양지는 천리(天理)의 자연스러운 명각(明覺)이 발현되는 곳이며, 진실하고 애틋한 마음이니, 바로 본체이다. 그러므로 이처럼 진실하고 애틋한 마음인 양지를 극진히 하여 어버이를 섬기는 것이 바로 효(孝)이며, 형을 따르는 것이 공손함[弟]이며, 임금을 섬기는 것이 충(忠)이다. 이것이 양지이며 진실하고 애틋한 마음이다.[23]

---

23) 『王陽明全集』 卷2, 「答聶文蔚」. 蓋良知只是一個天理自然明覺發現處, 只是一個眞誠惻怛, 便是他本體. 故致此良知之眞誠惻怛, 以事親便是孝, 致此良知之眞誠惻怛, 以從兄便是弟, 致此良知之眞誠惻怛, 以事君便是忠. 只是一個良知, 一個眞誠惻怛.

이렇게 치양지(致良知)를 설명하였으니 얼마나 친절하고 간단명료한가. 이를 어찌 현묘하다고만 할 수 있겠는가. 양명은 성현의 모습이나 도리(道理)의 격식에 상관없이 오로지 사람들이 직접 자신의 진실하고 애틋한 마음에 비추어 실천해 나가게 했을 뿐이다. 양지는 현재 완성된 상태이므로 빌려주거나 받을 수 있는 것이 아니다. 이는 아무리 옛 성인이라 할지라도 모두 마찬가지라고 하였다. 『전습록(傳習錄)』에서 다음과 같이 말하였다.

내가 여쭈었다. "양지는 하나인데, 『역(易)』에 문왕(文王)은 단사(彖辭)를 짓고, 주공(周公)은 효사(爻辭)를 쓰고 공자는 십익(十翼)을 지었으니, 각자 이치를 보는 관점이 어째서 이렇게 다릅니까?" 선생께서 대답하셨다. "성인이 어찌 틀에 박힌 형식에 구애되겠는가. 큰 요점은 모두 똑같이 양지에서 나왔으니 각각의 주장이 무슨 문제가 되겠는가. 예를 들어 같은 뜰 안에 있는 대나무의 가지와 마디는 대체로 비슷한데 만약 가지와 마디를 일정한 높이와 크기로 모두 똑같게 한다면 이는 오묘한 조화가 아니다. 그러니 그대들은 양지를 키워 나가기만 하면 된다. 양지가 같다면 그 밖의 차이는 문제되지 않는다. 그대들이 노력하여 공부하지 않는다면 죽순조차 싹트지 않을 텐데 어떻게 가지와 마디를 논할 수 있겠는가."[24]

---

24) 『王陽明全集』 卷3, 「門人黃省曾錄」. 問: "良知一而已, 文王作象, 周公繫爻, 孔子贊『易』, 何以各自看理不同?" 先生曰: "聖人何能拘得死格! 大要出於良知同, 便各爲說何害? 且如一圍竹, 只要同此枝節, 便是大同. 若拘定枝枝節節, 都要高下大小一樣, 便非造化妙手矣. 汝輩只要去培養那良知. 良知同, 更不妨有異處. 汝輩若不肯用功, 連筍也不曾抽得, 何處去論枝節!"

각자 자신의 양지에 따라 같으면 같은 대로 다르면 다른 대로 따르면 된다. 도리(道理)는 틀에 박힌 형식이 없으니 본원(本源)에서 흘러나오고 내면에서 발현되어야 한다. "군자는 한결같이 '인(仁)' 할 뿐 어찌 꼭 같겠는가."라는 이 말은 매우 자유롭고 유연하다. 양명은 다음과 같이 말하기도 하였다.

우리가 말하는 치지(致知)는 개인의 역량에 따를 뿐이다. 오늘의 양지가 현재 이와 같다면 단지 오늘 아는 만큼 철저히 확충해 나가고, 내일의 양지가 더 깨우친 것이 있으면 또 내일 아는 만큼 철저하게 확충해 가면 되는 것이다. 이렇게 하는 것이 정밀히 살펴 한 곳에 집중하는[精一] 공부라고 할 수 있다. 다른 사람과 학문을 논할 때에도 상대방의 역량에 따라야 한다. 예를 들어 이만큼의 싹이 자랐을 땐 그만큼의 물을 주고, 그 싹이 더 자라면 자란 만큼 필요한 물을 더 주어야 한다. 한 줌에서 한 아름이 될 때까지 물은 그때그때 필요한 만큼 주어야 한다. 만약 조금밖에 자라지 않은 싹에 한 통 가득 물이 있다고 해서 모두 부어버리면 물에 잠겨 오히려 썩고 말 것이다.[25]

사람들의 양지는 저마다 일정한 수준이 있고, 오늘은 오늘의 양지가, 내일은 내일의 양지가 있다. 양지에서 출발하기만 한다면, 너와

---

25) 『王陽明全集』卷3,「門人黃直錄」. 我輩致知, 只是各隨分限所及. 今日良知見在如此, 只隨今日所知擴充到底, 明日良知又有開悟, 便從明日所知擴充到底. 如此方是精一功夫.與人論學, 亦須隨人分限所及. 如樹有這些萌芽, 只把這些水去灌漑, 萌芽再長, 便又加水. 自拱把以至合抱, 灌漑之功, 皆是隨其分限所及. 若些小萌芽, 有一桶水在, 盡要傾上, 便浸壞他了.

내가 꼭 서로 같아야할 필요가 없을 뿐만 아니라 오늘의 나와 어제의 나도 꼭 같아야 할 필요가 없으니, 여기에는 정해진 틀이 전혀 없다. 우리는 단지 현재 갖추고 있는 역량만큼 착실하게 양지를 유기적으로 발전시켜 자연스럽게 나날이 진보시켜야 한다. 자신을 수양하든 남을 가르치든 모두 이러한 방법으로 해야 한다. 『전습록』의 두 단락을 예로 들어보자.

문인이 말하였다. "소단봉(邵端峯)은 아이들은 격물(格物) 공부를 할 수 없기 때문에 청소하고 응대하는 것만 가르치면 된다는 설을 논하였습니다." 선생께서 그에게 이렇게 말씀하셨다. "청소하고 사람을 응대하는 것도 하나의 일[物]이다. 어린아이의 양지가 그 정도에 도달하였다면 청소하고 응대하는 것을 가르치는 것이 바로 그만큼의 양지에 이르게 하는 것이다. 또한 어린아이들은 선생이나 어른을 어려워할 줄 아는데 이 역시 그들의 양지에 속한다. 때문에 노는 것에 정신을 팔고 있다가도 선생이나 윗사람을 보면 양손을 모아 인사를 올리고 공경을 표하는데, 이는 그들이 격물(格物)하여 선생이나 윗사람을 공경하는 양지를 이룰 수 있다는 것이다. 이처럼 어린아이에게도 그 나름대로의 격물치지(格物致知)가 있다."[26]

내가 여쭈었다. "공자께서 무왕(武王)의 음악에 대해서는 선(善)을

---

26) 『王陽明全集』卷3, 「門人錢德洪錄」. 門人有言: "邵端峰論童子不能格物, 只教以灑掃應對之說." 先生曰: "灑掃應對就是一件物. 童子良知只到此, 便教去灑掃應對, 就是致他這一點良知了. 又如童子知畏先生長者, 此亦是他良知處. 故雖嬉戲中, 見了先生長者, 便去作揖恭敬, 是他能格物以致敬師長之良知了. 童子自有童子的格物致知."

제대로 다하지 못하였다고 평가하였는데 아마도 만족스럽지 못한 점이 있어서 그렇게 말씀하신 것 같습니다."

선생께서 대답하셨다. "무왕의 입장에서는 본디 이렇게 해야 했다."27)

대인(大人)에게는 대인의 양지가, 동자(童子)에게는 동자의 양지가 있으며, 문왕(文王)에게는 문왕의 양지가, 무왕(武王)에게는 무왕의 양지가 있는 것이다. "무왕의 입장에서는 본디 이렇게 해야 했다."면 그가 진선(盡善)했는지 아닌지와 연관시킬 필요는 없다. 동자가 스스로 쇄소응대(灑掃應對)의 양지를 이루었다면 억지로 대인을 배울 필요는 없다. 각자 갈 곳을 가고 얻을 것을 얻는 것이니 저 사람에게는 여유가 있고 이 사람에게는 부족한 그런 것이 아니다. 양명은 이처럼 자유자재로 도리(道理)를 완전히 활간(活看)하였다. 이에 다음과 같은 말도 하였다.

그대들은 공부를 함에 있어서 무엇보다도 '조장(助長)'을 해서는 안 된다. 상지(上智)인 사람은 매우 드물며, 배우는 사람이 성인의 경지로 대번에 들어갈 수는 없다. 공부가 잘되기도 하고 잘되지 않을 때도 있는 것은 공부의 과정이다. 전에 했던 공부가 지금 순조롭지 못한데도 억지로 잘되는 것처럼 꾸며서는 안 되니, 그렇게 하는 것이 바로 '조장(助長)'이다. 이렇게 하면 전에 했던 공부도 모두 망치게 되니 이는

---

27) 『王陽明全集』 卷1, 「門人陸澄錄」. 問: "孔子謂武王未盡善, 恐亦有不滿意." 先生曰: "在武王, 自合如此."

결코 작은 문제가 아니다. 길을 가던 사람이 한번 넘어지면 바로 일어나 걸어가는 것과 같으니 넘어진 적이 없다는 듯이 행동하여 굳이 남을 속일 필요는 없다. 그대들은 항상 『주역』 「건괘(乾卦)·문언전(文言傳)」에서 말한 것처럼 '세상을 떠나 은거해 있으면서 그것을 근심할 필요가 없으며, 옳다고 인정받지 못해도 걱정하지 않는 마음'으로 양지에 따라 인내하기만 하면 된다. 남이 비웃거나 비난해도 상관하지 않으며 남들이 칭찬하든 욕을 하든 얽매이지 않아야 한다. 공부에 진척이 있을 때나 없을 때나 내가 '치양지'의 주체가 되어 오래도록 계속하면 저절로 효과가 있을 것이다.[28]

넘어지면 일어서고 일어서면 다시 달려갈 뿐이니, 전진하든 후퇴하든 칭찬하든 비난하든 상관치 않고 나는 진실한 마음으로 오로지 양지를 이루는 데에만 집중한다. 양지 외에는 아무것도 보지 않는다. 홀로 오가며 떨쳐 일어나고 견실하게 지켜 세상의 인습에 전혀 개의치 않는다. 이런 의미로 치양지를 설명하였으니 매우 적절하고 간단하지 않은가. 물론 이 속에도 현묘하고 신비로운 점은 있다.

양지는 도대체 어떤 것인가? 그것은 변화하고 발전하는 것이어서 오늘은 오늘대로 내일은 내일대로, 너는 너대로 나는 나대로 존재하

28) 『王陽明全集』 卷3, 「門人黃直錄」. 諸君功夫, 最不可助長. 上智絶少, 學者無超入聖人之理. 一起一代, 一進一退, 自是功夫節次. 不可以我前日用功夫了, 今卻不濟, 便要矯强做出一個沒破綻的模樣. 這便是助長, 連前些子功夫都壞了. 此非小過. 譬如行路的人, 遭一蹶跌, 起來便走, 不要欺人, 做那不曾跌倒的樣子出來. 諸君只要常常懷個'遁世無悶, 不見是而無悶'之心, 依此良知, 忍耐做去. 不管人非笑, 不管人毀謗, 不管人榮辱, 任他功夫有進有退, 我只是這致良知的主宰, 不息久久, 自然有得力處.

는 것이다. 가령 특정의 객관적 조건으로 규정된 것이 아니라면 '하늘이 내려준 영활한 근간[天植靈根]'이나 '조화의 정령[造化的精靈]'이라고 해도 좋다. 그러나 그것이 '영활한 근간[靈根]'이든 '정령(精靈)'이든, 사실상 도학의 진부한 격식을 타파하고 자유로운 해방정신으로 충만하게 되어 성인이 아닌 자신의 양지에 의지한 것이다. 이러한 점에서 그것은 주자학에 비해 더욱 근대적 색채를 띠었다고 할 수 있다.

'지행합일(知行合一)'에 대하여 알아보자. '지행합일'설은 주자학에 일침을 가하는 데에서 출발하였다. 주자는 지행(知行)을 '지'와 '행', 두 가지로 보았으며 '지'를 먼저하고 '행'을 나중에 할 것을 주장하였다. 그러나 양명은 그렇지 않았다. 그의 생각에 따르면 '지'를 말할 때 '행'은 이미 그 속에 있으며, '행'을 말할 때 '지'는 이미 그 속에 있는 것이다. 즉 '지행'은 통일체의 양면으로 분리할 수 없다. 가장 핵심적인 설명은 다음과 같다.

> '지(知)'를 진실하고 착실하게 하는 것이 바로 '행(行)'이며, '행'을 분명하고 자세히 살피는 것이 바로 '지'이다.[29)]

양명이 말한 지행은 본체의 측면과 양지의 측면에서 말한 것이다. 양지의 측면에서 말한 '지'는 원래 '진실하고 독실하다'는 의미를 갖는 '지'이며, 헤아리고 추론하는 '지'는 아니다. 양지의 측면에서 말한 '행'

---

29) 『王陽明全集』卷2, 「答顧東橋書」. 知之眞切篤實處, 卽是行. 行之明覺精察處, 卽是知.

은 원래 '분명하고 자세히 살피다'라는 자각의 '행'이지 애매모호하게 함부로 하는 '행'이 아니다. '치양지' 하나만으로도 '지'가 되고 '행'이 된다. 그러나 이러한 설명은 이해하기가 쉽지 않으며 현담(玄談)의 의미를 따지 않을 수 없다. 참된 정신이 어디에 있는지를 궁구하는 것은 '행'을 통해 '지'를 찾을 뿐이다. 그의 말을 살펴보기로 하자.

사람은 먹고 싶은 마음이 든 뒤에 먹을 줄 아니, 먹고 싶은 마음이 바로 '의(意)'이며 이것이 바로 '행'의 출발점이다. 음식 맛이 좋고 나쁜지는 입에 음식을 넣은 뒤에야 알 수 있으니 어찌 입에 넣기도 전에 먼저 음식 맛이 어떤지를 알 수 있겠는가. 가고 싶은 마음이 생긴 뒤에 길을 알게 되니, 가고 싶은 마음이 바로 '의'이며 이것이 바로 '행'의 출발점이다. 길이 험난한지 평탄한지는 자신이 직접 발을 디뎌본 뒤에야 알 수 있으니 어찌 직접 밟아보기도 전에 먼저 길이 험난한지 아닌지를 알 수 있겠는가.[30]

이 단락의 분석은 매우 정밀하다. 생각이 한번 움직이는 것을 행위의 시작으로 보았으니, '행' 한 걸음이 곧 '지' 한 걸음으로, '지'와 '행'은 항상 함께하며 서로 떨어지지 않는다고 한 것이다. 양명이 비록 '지행합일(知行合一)'을 말했지만 그의 논의의 초점은 '지'로부터 착수한 주자학에 대항하여 출발한 것이므로 사실상 '행(行)'자에 특별히

---

30) 『王陽明全集』卷2, 「答顧東橋書」. 夫人必有欲食之心, 然後知食, 欲食之心即是意, 即是行之始矣. 食味之美惡, 待入口而後知, 豈有不待入口, 而已先知食味之美惡者耶? 必有欲行之心, 然後知路, 欲行之心即是意, 即是行之始矣. 路歧之險夷, 必待身親履歷而後知, 豈有不待身親履歷, 而已先知路歧之險夷者耶?

중점을 두었다. '행'에서 시작해서 '행'으로 끝나며, '지'는 다만 '행'의 하나의 과정인 것이다. 그가 고린(顧璘)³¹⁾에게 보낸 답장에 명쾌한 말이 있는데 그 내용은 다음과 같다.

문(問)·사(思)·변(辨)·행(行)은 모두 배우는 것이다. 배우고서 행하지 않는 것은 없다. 예를 들면 이러하다. 효(孝)를 배웠다면 반드시 봉양에 힘쓰고 효도(孝道)를 몸소 실천할 수 있으니 그런 뒤에야 배웠다고 할 수 있다. 그러니 어찌 그저 공허하게 입으로만 말하고 귀로만 듣고서 효를 배웠다고 할 수 있겠는가. 활쏘기를 배웠다면 반드시 활시위를 매기고 화살을 걸어 팽팽하게 잡아당겨 과녁을 맞힐 것이며, 글쓰기를 배웠다면 반드시 종이를 펼치고 붓을 들고 먹을 묻혀 글을 쓸 것이다. 세상의 모든 배움은 실천하지 않고 배웠다고 말할 수 없으니 배움의 시작이 곧 행(行)이다. '독(篤)'이란, 돈독하고 두터이 한다는 뜻이다. 행하고 나서 그 행한 것을 돈독하게 하며 공부를 쉬지 않음을 말한다. 대개 배움에는 의문이 없을 수 없어서 질문을 하게 되는데, 질문이 바로 배움이며 행이다. 또한 의문이 없을 수 없어 생각을 하게 되는데, 생각이 바로 배움이며 행이다. 의문이 없을 수 없어 판단을 하게 되는데, 판단이 바로 배움이며 행이다. 판단이 분명해지고 생각이 신중해지며, 의문을 자세히 살펴서 제대로 잘 배운 다음 그에 따라 쉬지 않고 공부하는 것을 '독행(篤行)'이라고 하니, 배우고 묻고 생각

---

31) 고린(顧璘, 1476~1545) : 자는 화옥(華玉), 호는 동교(東橋)이다. 어려서부터 재주와 명성이 있었으며 시(詩)로 당시에 칭송이 자자하여 동향사람 진기(陳沂), 왕위(王韋) 등과 함께 '금릉의 세 인물[金陵三俊]'로 불렸다. 저서에 『부상집(浮湘集)』, 『산중집(山中集)』, 『식원시문고(息園詩文稿)』 등이 있다.

하고 판단한 다음에야 실행에 옮기는 것을 가리키는 것은 아니다. 이 때문에 일을 제대로 잘 하기 위한 측면에서는 '학(學)'이라고 하고, 의혹을 해결하고자 한다는 측면에서는 '문(問)'이라 하며, 설명을 잘 이해하고자 한다는 측면에서는 '사(思)'라고 한다. 그리고 자세히 잘 살펴보고자 한다는 측면에서는 '변(辨)'이라 하고, 실제 경험해 보고자 한다는 측면에서는 '행(行)'이라고 한다. 그 공부로 구분하여 말하면 다섯 가지가 되고, 일을 통합하여 말하면 한 가지일 뿐이다.[32]

주자는 학(學)·문(問)·사(思)·변(辨)은 지(知)에 속하며, 독행(篤行)은 '행(行)'에 속한다고 보았다. 그러나 양명은 처음부터 끝까지 '행'으로 일관하였으니 배움은 '행'에서 시작하여 최종적으로 '독행지(篤行之)'에 이른다. 문(問)·사(思)·변(辨)은 모두 '행'이 정체된 지점에서 의심스럽고 풀기 어려운 문제를 해결하는 하나의 수단으로, 결코 '행'과 분리된 독립적인 것이 아니다. 양명은 '행'을 떠나 아득히 먼 곳에서 '지'를 찾는 것을 가장 반대하였다. 그는 결코 범범하게 묻거나 생각하거나 판단하지 않고, 한결같이 지금 당장 실천하는 것을 목적으로 하였다. 일반적으로 사람들은 양명이 '치양지'만을 말하고 마치 독

---

32) 『王陽明全集』卷2,「答顧東橋書」. 夫問思辨行, 皆所以爲學. 未有學而不行者也. 如言學孝, 則必服勞奉養, 躬行孝道, 然後謂之學. 豈徒懸空口耳講說, 而遂可以謂之學孝乎? 學射, 則必張弓挾矢, 引滿中的, 學書, 則必伸紙執筆, 操觚染翰. 盡天下之學, 無有不行而可以言學者, 則學之始, 固已即是行矣. 篤者, 敦實篤厚之意. 已行矣, 而敦篤其行, 不息其功之謂爾. 蓋學之不能以無疑, 則有問, 問即學也, 即行也. 又不能無疑, 則有思, 思即學也, 即行也. 又不能無疑, 則有辨, 辨即學也, 即行也. 辨既明矣, 思既慎矣, 問既審矣, 學既能矣, 又從而不息其功焉, 斯之謂篤行, 非謂學問思辨之後而始措之於行也. 是故以求能其事而言謂之學, 以求解其惑而言謂之問, 以求通其說而言謂之思, 以求精其察而言謂之辨, 以求履其實而言謂之行. 蓋析其功而言, 則有五, 合其事而言, 則一而已.

서(讀書)나 계고(稽古) 혹은 스승이나 벗을 찾는 모든 행위를 버린 것처럼 평가하여 너무 간소하다고 의심하였다. 그러나 실제로 그러했던가? 양명은 범범하게 '지'를 구하지 않았고, 현재 자신이 절실히 알아야 하는 것에 대해서는 최대한 할 수 있는 만큼의 '지', 철저한 '지'를 요구하며 하나도 버리지 않았다. 그는 다음과 같이 말하였다.

명물(名物)·도수(度數)·초목(草木)·조수(鳥獸) 등 이 세상 모든 것은 종류를 헤아릴 수 없을 정도로 많은데, 성인이 아무리 본체에 대해서 분명히 알고 있다 하더라도 무슨 수로 그것들을 전부 알 수가 있겠는가. 성인은 알 필요가 없는 것에 대해서는 꼭 알려고 하지 않고, 알아야 할 것에 대해서는 '공자께서 태묘에 들어가서 매사에 대해 물었던 것'[33] 처럼 다른 사람에게 잘 물었다. 선유(先儒)는 "알면서도 질문한 것은 공손함의 극치"[34]라고 했는데, 이 주장은 말이 되지 않는다. 성인이 예(禮)와 악(樂) 그리고 명물(名物)에 대해서 다 알 필요는 없으나 '천리(天理)'를 알게 되면 자연히 수많은 법도와 제도들이 생겨난다. 몰라서 물은 것에도 천리의 절문이 있는 것이다.[35]

---

33) 공자께서……것 : 『論語』「八佾」15장. 子入大廟, 每事問. 或曰: "孰謂鄹人之子知禮乎? 入大廟, 每事問." 子聞之曰: "是禮也."

34) 알면서도……극치 : 『論語集註』「八佾」15장. 大廟, 魯周公廟. 此蓋孔子始仕之時, 入而助祭也. 鄹, 魯邑名. 孔子父叔梁紇, 嘗爲其邑大夫. 孔子自少以知禮聞, 故或人因此而譏之. 孔子言是禮者, 敬謹之至, 乃所以爲禮也.

35) 『王陽明全集』卷3,「門人黃直錄」. 天下事物, 如名物度數草木鳥獸之類, 不勝其煩, 聖人雖是本體明了, 亦何緣能盡知得? 但不必知的, 聖人自不消求知, 其所當知的, 聖人自能問人. 如'子入太廟, 每事問'之類. 先儒謂'雖知亦問, 敬謹之至', 此說不可通. 聖人於禮樂名物, 不必盡知. 然他知得一個天理, 便自有許多節文度數出來, 不知能問, 亦即是天理節文所在.

『맹자』「진심 상(盡心上)」의 "요순(堯舜) 같은 지혜로도 모든 것에
두루 미치지 못한 것은 급선무가 있었기 때문이다."[36]라는 구절에
대하여 육상산이 이미 함축적으로 정리하여 설명하였고, 양명이 더
욱 철저하게 규명하였다. 그들은 매우 절실하고 중요한 부분에 대해
서만 공부하여 조금도 정력을 낭비하지 않았다. 양지가 지시하는 대
로 곧바로 행하기만 하였다. 잘 행해지지 않을 때에는 저절로 배우고
[學], 묻고[問], 생각하고[思] 판단하게[辨] 하였다. 그래서 '지'가 '행'
으로 귀결되어 학(學)·문(問)·사(思)·변(辨)이 모두 '치양지'가 되었
다. 공부하는 방법이 주자학과 처음에는 별 차이가 없었지만 이처럼
엄청난 차이가 생기게 되었다. 그래서 양명은 나흠순(羅欽順)[37]에게
보낸 답장에서 다음과 같이 말하였다.

　　선생께서 저의 격물설을 의심하는 것은, 내적인 것을 옳다고 하며
　외적인 것은 잘못 되었다고 여기고, 자기반성에만 전념하고 강습이나
　토론을 내팽개치며, 한결같이 강령과 근본에 대해서만 마음을 쓰고
　세세한 조목에 대해서는 가볍게 여기며, 한쪽으로 치우쳐 무미건조하
　고 공허한 데에 빠져 변화하는 세상 이치나 인간사에 대해서는 최선
　을 다하지 않는다는 점일 것입니다. 그러나 정말 이와 같다면, 공자와

---

36) 『孟子』「盡心 上」. 堯舜之知, 而不徧物, 急先務也.

37) 나흠순(羅欽順, 1465~1547) : 자는 윤승(允升), 호는 정암(整菴)이다. 주자학의 이기론
(理氣論)에 부분적인 수정을 가했으며 왕양명이 쓴 「주자만년정론(朱子晚年定論)」을 정면에
서 비판한 것으로 유명하다. 그의 정신은 동림학파로 계승·발전되었다. 주요저서인 『곤
지기(困知記)』는 명말 청초에 주자학이 다시 활기를 되찾았을 때 높이 평가되었으며, 근래
에는 기(氣) 철학자로 주목받았다.

주자에게 죄를 지을 뿐 아니라 사설(邪說)로 사람을 속이고, 어긋난 도로 정의를 어지럽히는 것이 되니 사람들이 얼마든지 저를 징벌하려할 텐데 선생처럼 강직한 분이 가만히 계시겠습니까. 또 진실로 이와같다면, 조금이라도 경전을 해석할 줄 알고 성현의 말씀을 들은 자라면 누구나 문제점을 알 텐데 선생같이 고명한 분이 모를 리 있겠습니까. 제가 말한 격물설에는 주자가 말한 아홉 조목의 주장이 모두 망라되어 있습니다. 다만 격물에 핵심이 있으나 작용은 다르니 그 차이는 매우 작습니다. 그러나 조그만 차이가 나중에 엄청난 차이로 벌어지는 것은 실로 여기에서 비롯되니 잘 분별하지 않으면 안 됩니다.[38]

양명학은 결코 일반적으로 생각하는 것처럼 그리 간단하지 않다. 주자학과의 차이도 매우 미미해서 한번 보고 바로 분별할 수 있는 것이 아니다. 주자가 종사했던 독서(讀書)·계고(稽古)와 강습(講習)·토론(討論)에 양명도 종사했다. 그러나 주자에게 있어서 지(知)는 지(知)요, 행(行)은 행(行)이며, 강습하고 토론하는 것은 강습하고 토론하는 것이며, 돌이켜 자신을 돌아보는 것은 돌이켜 자신을 돌아보는 것으로 확연히 분별되는 별개의 일이었다. 반면 양명의 경우에는 양지(良知)를 요체로 하여 강습하고 토론하는 것도 치양지이고, 돌이켜 자신

---

38) 『王陽明全集』卷3, 「答羅整庵少宰書」, 凡執事所以致疑於格物之說者, 必謂其是內而非外也, 必謂其專事於反觀內省之爲, 而遺棄其講習討論之功也, 必謂其一意於綱領本原之約, 而脫略於支節條目之詳也, 必謂其沈溺於枯槁虛寂之偏, 而不盡於物理人事之變也. 審如是, 豈但獲罪於聖門, 獲罪於朱子, 是邪說誣民, 叛道亂正, 人得而誅之也. 而況於執事之正直哉? 審如是, 世之稍明訓詁, 聞先哲之緒論者, 皆知其非也. 而況執事之高明哉? 凡某之所謂格物, 其於朱子九條之說, 皆包羅統括於其中. 但爲之有要, 作用不同, 正所謂毫厘之差耳. 然毫厘之差, 而千里之繆, 實起於此, 不可不辨.

을 돌아보는 것도 치양지이며, '지'니 '행'이니 할 것 없이 모두 양지에서 출발하였다. 치양지하기만 하면 어떤 공부도 모두 그 안에 망라된다. 전자는 다원적(多元的)이고 후자는 일원적(一元的)이다. 전자는 머리가 아프면 머리를 치료하고 다리가 아프면 다리를 치료하는 것이며, 후자는 병의 근원을 바로 뽑아내 버리니 그야말로 '광대하고 깊은 곳에서 적절한 때에 발현되는 것'[39]이다. 모든 공부를 치양지로 귀결시켜야만 공부가 진실해지고 자신과 밀착되어 질문이 절실해지고, 생각을 가까운 자신으로부터 하며, 행실이 독실해 진다. 전혀 공부를 하지 않고서 치양지를 할 방법은 없으나, 치양지는 도리어 모든 공부에 활력을 불어넣어 준다. 이것이 바로 "격물에 핵심이 있으나 작용은 다르다.[爲之有要, 作用不同.]"라는 말인데, 이는 손의 양면처럼 매우 미묘한 차이가 있다. 손바닥을 한번 뒤집어서 '박문(博文)'을 '약례(約禮)' 공부로, '유정(惟精)'을 '유일(惟一)' 공부로, '도문학(道問學)'을 '존덕성(尊德性)' 공부로 만들며, '지'와 '행'을 하나로 합하기도 한다.

나는 양명학설과 후대 안리학파(顔李學派)[40]의 학설이 한쪽은 매우

---

39) 광대하고……발현되는 것 : 『中庸章句』 31장. 溥博淵泉, 而時出之.

40) 안리학파(顔李學派) : 청대 초기 사상에 상당한 영향을 끼친 학파로서 안원(顔元)과 이공(李塨)에 의해 시작되었다. '실학'이라는 기치하에 실문(實文)·실행(實行)·실체(實體)·실용(實用)을 주장하여 송명이학(宋明理學)과 대립하였다.
• 안원(顔元, 1635~1704) : 안리학파의 창시자이다. 자는 이직(易直) 또는 혼연(渾然)이며, 호는 습재(習齋)이다. 일생을 의학과 교육에 바쳤으며, 공자의 교육 사상을 계승하였으며 노작(勞作)교육을 주창하였다. 습동(習動)·실학(實學)·습행(習行)·치용(致用) 등을 주장하였으며, 덕육(德育)·지육(智育)·체육(體育) 세 가지를 중시하여 문무(文武)를 겸비한 경세치용할 인재 양성을 주장하였다. 송명 이학의 궁리거경(窮理居敬)·정좌명상(靜坐冥想) 주장을 맹렬히 배격하였다. 주요 저서로는 『사존편(四存編)』,『습재기여(習齋記餘)』가 있다.
• 이공(李塨, 1659~1733) : 자는 강주(剛主), 호는 서곡(恕穀)이다. 안원(顔元)의 학설을 가장 잘 계승하여 전파하고 발전시켰다. 저서로는 『사서전주(四書傳注)』,『주역전주(周易傳

37

현묘하고 다른 한쪽은 매우 실질적이어서 절대로 서로 용납할 수 없을 것 같은데, 오히려 많은 공통점을 가지고 있다는 사실이 의아했다. 두 학파 모두 학문은 실천과 분리될 수 없다고 주장하였으며, 독서(讀書)를 학문이라고 생각하는 것에 반대하였다. 안원(顏元)은 당시 학자들이 넓게 배우지 않고 많이 읽고 강론하고 저술하기만 한다고 비난하였다. 이는 양명이 입으로 외우고 귀로 듣기만 하는 학문을 힘써 배척한 정신과 들어맞는다. 안원이 금(琴)을 배우는 것으로 비유한 것은 양명이 활쏘기를 배우는 것에 비유했던 것과 매우 비슷하다. 원래 왕양명과 안원, 이 두 학파의 학문이 극단적으로 상반된 것은 한쪽은 심(心)만을 주장하고 다른 한쪽은 사물(事物)만을 주장했기 때문이다. 그러나 실제로 양명이 말한 심은 사물과 하나로 뒤섞여 분리되지 않는 것이다. 양명은 다음과 같이 말하였다.

> 눈은 본체가 없지만 만물의 색깔로 본체를 삼고, 귀는 본체가 없지만 만물의 소리로 본체를 삼는다. 코는 본체가 없지만 만물의 냄새로 본체를 삼고, 입은 본체가 없지만 만물의 맛으로 본체를 삼는다. 마음은 본체가 없지만 천지만물이 감응하는 옳고 그른 것으로써 본체를 삼는다.[41]

'천지만물이 감응하는 옳고 그른 것'을 떠나 따로 심(心)이라고 하

注)』 등이 있다.

41) 『王陽明全集』卷3, 「門人黃省曾錄」. 目無體, 以萬物之色爲體, 耳無體, 以萬物之聲爲體, 鼻無體, 以萬物之臭爲體, 口無體, 以萬物之味爲體, 心無體, 以天地萬物感應之是非爲體.

는 것은 없다. 치양지란 것도 온갖 사물이 감응하는 것에 따라 공부하는 것을 벗어나지 않는다. 상산(象山)은 "인정(人情)과 사물의 변화에 따라 공부한다."는 말을 했고, 양명도 "일을 통해 연마한다."는 말을 했다. 심학파(心學派)들이 현기(玄機)를 희롱하고 도학의 범위 안에서 변화된 양상을 지녔다 하더라도 부지불식간에 새로운 요소를 흡수하여 한 시대를 개척하는 선구가 되었다. 이러한 상황에서 양명학과 안학(顏學)은 마침내 암묵적으로 사상적 맥락이 통하였다. 종합하자면, 양명은 결코 독서·계고·강습·토론과 같은 공부를 반대하지는 않았지만 이러한 공부들을 '치양지'라는 총체적인 표제 아래에 예속시켰다. 그리고 지(知)를 추구하는 것에 대해 결코 반대하지는 않았지만 '지'를 추구하는 것이 '행'을 벗어난 별개의 것으로 여기지는 않았다. 행동과 생활 속에서 자연히 발생하는 문제만이 살아있는 문제이며, 행동과 생활 속에서 자연히 생겨난 지식만이 살아있는 지식이라고 여겼다. 우리는 현대의 실험파(實驗派), 특히 유물론자(唯物論者)의 학설에서 이러한 정신이 충분하고 건전하게 발현됨을 볼 수 있다. 양명의 '지행합일론(知行合一論)'은 이러한 정신의 원시적 표현이며, 도학의 암흑기에 미미한 한 줄기의 서광을 비추었다고 할 수 있다.

이상의 내용을 종합해 보면, 우리가 분석한 양명의 학설에서 '치양지(致良知)', '지행합일(知行合一)'을 중심으로 곳곳에서 일종의 자유해방 정신을 볼 수 있고, 팔고(八股)화 된 도학을 반대하며 도학의 진부한 격식을 타파하였음을 알 수 있다. 양명의 '심즉리(心卽理)'와 '만물일체(萬物一體)' 등의 주장을 더 분석한다 하더라도 이러한 자유주의 경향이 비슷하게 드러날 것이므로 더 이상 덧붙일 필요는 없을 것 같다. 양명의 대담한 말을 살펴보도록 하자.

학문은 마음에서 얻는 것을 중시합니다. 마음에서 구한 것이 바르지 않다면 아무리 공자의 말이라도 옳다고 할 수 없는데, 하물며 공자보다 못한 사람들이라면 말해 무엇 하겠습니까. 마음에서 구한 것이 옳다면 아무리 평범한 사람의 말이라도 잘못되었다고 할 수 없는데, 하물며 그 말이 공자에게서 나왔다면 무슨 말이 더 필요하겠습니까.[42]

양명은 의연하게 공자가 판단한 시비(是非)대로 따르지 않고 자기의 마음을 믿었다. 독자적으로 판단하고 실천하여 자기만의 주장을 확립하였다. 성현의 모습이니 도리의 격식이니 하는 것들은 모두 염두에 두지 않았다. 그래서 그는 다음과 같은 말도 하였다.

순(舜)이 부모에게 알리지 않고 아내를 맞이한 것이 순 이전에 준칙(準則)이 될 만한 전례가 있어서 어떤 책에서 그러한 근거를 찾고 누군가에게 물어서 그렇게 한 것이겠는가? 아니면 그 마음의 한결같은 양지에서 구하여 경중의 마땅함을 저울질한 다음 어쩔 수 없이 그렇게 한 것이겠는가? 무왕(武王)이 부친의 장례도 마치기 전에 군사를 일으켜 출정한 것이 무왕 이전에 준칙이 될 만한 전례가 있어서 어떤 책에서 그러한 근거를 찾고 누군가에게 물어서 그렇게 한 것이겠는가? 아니면 그 마음의 한결같은 양지에서 구하여 경중의 마땅함을 저

---

42) 『王陽明全集』卷3,「答羅整庵少宰書」. 夫學貴得之心. 求之於心而非也, 雖其言之出於孔子, 不敢以爲是也, 而況其未及孔子者乎? 求之於心而是也, 雖其言之出於庸常, 不敢以爲非也, 而況其出於孔子者乎?

울질한 다음 어쩔 수 없이 그렇게 한 것이겠는가?[43]

운용(運用)의 묘(妙)는 전적으로 하나의 마음에 달려 있다. 전례(前例)를 끌어 올 것도 없고, 격식에 얽매일 필요도 없다. 임기응변으로 내가 새로운 방식을 만들어도 무방하다. 상산은 "요순 이전에 무슨 책이 있어서 읽었겠는가?"라고 하였고, 양명은 " …… 무슨 책에서 근거를 찾고 누구에게 묻겠는가?"라고 말하였는데, 모두 매우 대담하고 명쾌한 말이다. 이들은 결코 기존의 문장이나 의미에 구애되는 서생(書生)들과는 같지 않았다. 『전습록』에 다음과 같은 글이 실려 있다.

설간(薛侃)[44] · 추수익(鄒守益)[45] · 마자신(馬子莘) · 왕심재가 선생을 모시고 앉아 있었다. 그때 이들이 선생께서 영번(寧藩)의 난을 평정[46] 하신 뒤로 세상 사람들의 비난이 더욱 거세진 것을 탄식하시자 각자 그 까닭에 대해서 이야기하게 되었다. 선생의 공적과 권세, 그리고 지

---

43) 『王陽明全集』卷2,「答顧東橋書」. 夫舜之不告而娶, 豈舜之前已有不告而娶者爲之準則, 故舜得以考之何典, 問諸何人, 而爲此耶? 抑亦求諸其心一念之良知, 權輕重之宜, 不得已而爲此耶? 武之不葬而興師, 豈武之前已有不葬而興師者爲之準則, 故武得以考之何典, 問諸何人, 而爲此耶? 抑亦求諸其心一念之良知, 權輕重之宜, 不得已而爲此耶?

44) 설간(薛侃, 1486~1545) : 자는 상겸(尙謙), 호는 중리(中離)이다.

45) 추수익(鄒守益, 1491~1562) : 자는 겸지(謙之), 호는 동곽(東廓)이다. 교육을 중시하였으며 간이명백(簡易明白) · 박실무화(樸實無華) · 직지본심(直指本心)을 숭상하였다. 왕양명의 치양지 학설을 도덕교육의 근본으로 여기고 치양지를 충분히 발휘하였다. 저서로는 『동곽문집(東廓文集)』, 『시집(詩集)』, 『학돈유집(學豚遺集)』 등이 있으며, 『동곽선생유고(東廓鄒先生遺稿)』가 전해진다.

46) 영번(寧藩)의 난을 평정 : 왕양명은 그의 나이 48세(1519) 때, 남창(南昌)에 근거지를 두고 반기를 든 영왕(寧王) 주신호(朱宸濠)의 난을 14일 만에 평정하였다.

위가 날로 높아지자 세상에 시기하는 자가 날로 많아졌기 때문이라고 말하는 사람도 있었고, 선생의 학문이 날로 밝아지자 주자학파에서 시비를 거는 것이라고 말하는 사람도 있었으며, 또 어떤 사람은 선생께서 남경에 계신 뒤로 뜻을 함께 하며 믿고 따르는 사람들이 날로 늘어나자 배척하는 사람이 많아졌기 때문이라고 말하기도 하였다. 그 말을 듣고 선생께서 말씀하셨다. "그대들의 말에는 모두 일리가 있지만 아직 내 생각에는 미치지 못하였다." 여러 사람들이 그것이 무엇인지를 여쭙자 선생께서 말씀하셨다. "내가 남경에 살기 전에는 향원(鄕愿)과 같은 생각을 했었다. 그러나 지금은 이 양지가 참으로 옳고 그르다고 판단하는 것을 믿고 곧바로 실천하여 조금도 감추는 것이 없게 되었다. 이제는 광자(狂者)의 마음을 갖게 되었으니 세상 사람들이 나를 보고 말과 행동이 일치하지 않는다고 해도 개의치 않는다." 이에 설간이 나와서 말하였다. "참으로 이와 같으시니 바로 성현의 적통(嫡統)이시다."[47]

이 단락은 양명학의 정신을 가장 잘 표현하였다. 양명은 '광자(狂者)'로써 자임하고 곧바로 실천하여 아첨하고 교활한 향원의 느낌을 완전히 없애 버렸다. 양명이 사람들에게 크게 비난을 받은 이유가 여

---

47) 『王陽明全集』卷3, 「門人黃省曾錄」. 薛尚謙, 鄒謙之, 馬子莘, 王汝止侍坐. 因嘆先生自征寧藩以來, 天下謗議益衆, 請各言其故. 有言先生功業勢位日隆, 天下忌之者日衆, 有言先生之學日明, 故爲宋儒爭是非者亦日博, 有言先生自南都以後, 同志信從者日衆, 而四方排阻者日益力. 先生曰: "諸君之言, 信皆有之. 但吾一段自知處, 諸君俱未道及耳." 諸友請問. 先生曰: "我在南都以前, 尙有些子鄕愿的意思在. 我今信得這良知眞是眞非, 信手行去, 更不着些覆藏. 我今纔做得個狂者的胸次, 使天下之人都說我行不掩言也罷." 尙謙出曰: "信得此過, 方是聖人的血脈."

기에 있었으며, 그가 당시 사상계에 해방 혁신의 영향을 미칠 수 있었던 것도 이 때문이다. 양명학의 정신은 바로 이 '광(狂)'자에 있다고 할 수 있다. 공자는 광사(狂士)를 생각하고 향원(鄕愿)을 혐오하였으며, 맹자는 이러한 이치를 더욱 자세히 설명하였으니, '광자'의 위상이 원래 그리 낮은 것은 아니다. 양명은 이를 근거로 '광'의 기치를 높이 들고 '광'의 학설을 고취시켜 도학 혁신 운동을 크게 일으켰다.

양명이 세상을 떠난 뒤에 양명학은 우파와 좌파로 분화하였다. 섭표(聶豹) · 나홍선(羅洪先) 등의 우파는 '광'의 국면을 애써 만류하여 이통(李侗)[48]의 '미발론(未發論)'으로 돌아갔다. 왕용계 · 왕심재 등의 좌파는 '광'의 정신을 더욱 극단적으로 발전시켰다. 후자는 마침내 '광선파(狂禪派)'를 형성하였는데, 본서에서 특별히 논하고자 하는 바가 바로 이것이다.

---

48) 이통(李侗, 1093~1163) : 남송 남검주(南劍州) 검포(劍浦, 복건성 南平) 사람으로, 자는 원중(願中)이고, 호는 연평(延平)이며, 시호는 문정(文靖)이다. 나종언(羅從彦)에게 정자(程子)의 이학(理學)을 배워 이정(二程)의 삼전제자(三傳弟子)가 되었다. 양시(楊時), 나종언과 함께 '검남삼선생(南劍三先生)'으로 불렸다. 그의 문하에서 주희(朱熹)와 나박문(羅博文), 유가(劉嘉) 등이 배출됨으로써 이정(二程)의 학문이 주희에게 이어지는 교량적 역할을 했다. 저서에 주희가 편찬한 『이연평집(李延平集)』이 있다.

II

왕용계(王龍溪)와 왕심재(王心齋)

왕용계와 왕심재는 양명 좌파의 양대 영수이다. 황종희(黃宗羲)[49]는
다음과 같이 말하였다.

양명 선생의 학문은 태주(泰州, 心齋)와 용계가 있음으로 인하여 천
하에 유행할 수 있었으나, 한편으로는 그들 때문에 점차 실전(失傳)되
었다. 그들은 때때로 스승의 학설에 만족하지 못하여 불교의 은밀한
뜻을 더욱 계발하여 스승으로 삼았으니, 이는 양명을 밟고 올라가 선
(禪)을 이룬 것이다.[50]

선(禪)인지 아닌지를 지금 굳이 논할 필요는 없다. 그러나 용계와

<hr>

49) 황종희(黃宗羲, 1610~1695) : 자는 태충(太沖)이며, 호는 남뢰(南雷) 또는 이주(梨洲)이
다. 절강성 여요(餘姚)에서 태어났다. 아버지 황존소(黃尊素)는 동림당의 명사로, 동림당 탄
압 때 옥사하였다. 그의 학문은 박람(博覽)과 실증(實證)을 존중하고, 청나라 학문에 커다란
영향을 남겼다. 저서로는 명대의 철학사라고 할 『명유학안(明儒學案)』, 군주 독재제도를 통
렬히 비판한 『명이대방록(明夷待訪錄)』 등이 알려졌다. 특히 『명이대방록』은 청나라 말기
혁명사상의 형성에도 영향을 주었다.
50) 『明儒學案』卷32,「泰州學案 一」. 陽明先生之學, 有泰州[心齋]龍溪而風行天下, 亦因
泰州龍溪而漸失其傳. 泰州龍溪時時不滿其師說, 益啓瞿曇之祕而歸之師, 蓋躋陽明而爲禪
矣.

46

심재는 종종 스승의 학설을 넘어섰다. '광자(狂者)'라는 극단적인 방향으로 발전하여 양명학의 좌익을 형성하기도 하였다. 게다가 사도(使徒)와 같은 정신으로 양명의 가르침을 도처에 전파하여 사방에서 그 사조를 열정적으로 고취시켰던 것도 사실이다. 후대 학자들이 그들을 어떻게 배척하였는가와 상관없이 그들은 양명학에서 가장 높은 지위를 차지하였다. 아래에서는 두 사람의 학술을 각각 상세하게 고찰해보기로 하겠다.

1. 왕용계(王龍溪)

왕용계(王龍溪, 1498~1583)는 이름은 기(畿)이고 자는 여중(汝中)이며, 절강성(浙江省) 산음(山陰) 출신으로 왕양명과 같은 군(郡) 사람이다. 명나라 효종(孝宗) 홍치 11년(弘治, 1498)에 태어나서 신종(神宗) 만력 11년(萬曆, 1583)에 세상을 떠났으니 그의 나이 86세였다. 정덕(正德, 1506~1521), 가정 연간(嘉靖, 1522~1566)에 양명이 월(越, 지금의 절강성 일대)땅으로 돌아와 강학하였을 때, 용계는 20대의 나이로 찾아가 배웠다. 당시 양명의 문인들이 매우 많아서 양명이 직접 다 가르칠 수 없었기 때문에 처음 배우러 온 자들에게 항상 먼저 용계와 전덕홍(錢德洪)[51] 같은 고제(高弟)들을 찾아가도록 하였다. 용계는 호탕

---

51) 전덕홍(錢德洪, 1496~1574) : 본명은 전관(錢寬)이나 전덕홍으로 개명하였다. 자는 홍보(洪甫)이며 호는 서산(緒山)이다. 왕용계와 더불어 양명의 고제로 알려졌으며 양명 우파의 중심인물이다. 양명의 사구교(四句敎)에 대한 해석에서, 마음의 무선무악(無善無惡)을 주장한 왕용계와 달리 지선무악(至善無惡)을 강조하였다. 『전습록(傳習錄)』, 『왕문성공전서(王文成公全書)』 편집에 주도적 역할을 하였으며, 저서로는 『평호기(平濠記)』, 『서산회어(緒山會

47

하고 온화하였으며, 자질에 따라 계발시켜 주었기 때문에 성취한 자가 더욱 많았다. 양명이 세상을 떠난 이후에는 남경의 직방주사(職方主事)를 역임하였고 점차 승진하여 무선랑중(武選郎中)에 이르기도 하였다. 그러나 재상 하언(夏言)[52]의 논척을 당하고는 오래지 않아 관직을 그만두고 떠났다. 물러나 은거한 지 40여 년 동안 강학에만 매진하였다. 양도(兩都, 북경과 남경)에서부터 오(吳, 지금의 강소성, 안휘성 일대), 초(楚, 지금의 호남성, 호북성 일대), 민(閩, 지금의 복건성 일대), 월(越) 지역에 이르기까지 모두 강학하는 장소가 있었고, 강소성(江蘇省)과 절강성(浙江省)에서는 강학이 더욱 성행하였다. 여든이 되도록 널리 강학을 전파하는 일을 게을리하지 않았다. 그의 평생 강학에서 가장 주의 깊게 살펴야 할 부분들은 다음 몇 가지로 요약할 수 있다.

1) 강학에 대한 열정

용계는 강학(講學)을 사명으로 여겨 수십 년 동안 이 하나의 대업에만 전념하며 어느 곳에서나 바쁘게 활동하였고 비방하는 말이 분분히 일어나도 개의치 않았다. 그는 간곡하게 다음과 같이 말하였다.

구구한 이 몸 온갖 잡념은 모두 잊고, 모든 정신을 이 한 가지 일에

語)』가 있다.

52) 하언(夏言, 1482~1583) : 강서성(江西省) 귀계(貴溪) 사람으로 하귀계(夏貴溪)라고도 불렀다. 자는 공근(公謹), 호는 계주(桂洲)이다. 1517년에 진사가 되었으며, 1538년에는 내각수보(內閣首輔)가 되었다.

만 집중하고 있습니다. 그러나 추수익(鄒守益), 섭표(聶豹), 나홍선(羅洪先), 당순지(唐順之)가 연이어 세상을 떠난 것을 생각하니, 뜻을 같이 하는 우리들은 더욱 외로워졌습니다. 모인 이들 중에 진실로 이 일을 사명으로 삼을 만한 몇몇 사람을 얻어 그들에게 맡길 수 있다면 마음을 놓을 수 있을 것입니다. 만약 그렇게 하지 못한다면 양명 선생의 학맥은 끊어지고 말 것입니다.[53]

하찮은 여든 노인이 세상에 버리지 못할 미련이 그래도 있겠습니까? 다만 실낱같이 이어지는 선생님의 학맥을 짊어질 만한 믿음직한 제자 한두 명을 얻지 못한다면 마음을 놓지 못할 것이니 간절히 사방에서 벗을 구하는 뜻이 실로 여기에 있습니다.[54]

저는 이미 깊은 산중에 들어온 터라 다시 세상에 대한 근심은 없으나 벗을 찾고자 하는 일념은 마음속에서부터 솟아나서 주체할 수가 없습니다. 봄, 여름에는 수서(水西, 지금의 귀주성에 위치함)와 백산(白山, 지금의 광서성에 위치함)의 모임에 갔고, 늦가을에는 강우(江右, 지금의 강서성 일대)의 모임에 갔다가 연말이 되어서야 월땅으로 돌아왔습니다. 나를 아는 자들은 내 마음이 근심에 차 있다 하고, 나를 모르는 자들은 나더러 무엇을 구하러 다니느냐고 합니다. 인생은 오직 이 하나의

53) 『王龍溪全集』卷12,「與徐成身書」. 區區身外百念都忘, 全體精神只幹辦此一事. 但念東廓雙江念菴荊川諸兄相繼淪謝, 同心益孤. 會中得幾個眞爲性命漢子, 承接此件事, 方放得心. 不然, 老師一脈, 幾於絶矣!
54) 『王龍溪全集』卷19,「與沈宗顔書」. 區區八十老翁, 於世界更有恁放不下? 惟師門一脈如線之傳, 未得一二法器出頭擔荷, 未能忘情, 切切求友於四方者, 意實在此.

일 뿐입니다. 육양(六陽)은 지(地)에서부터 시작되니, 스승의 도가 세워지면 선인(善人)들이 많아질 것입니다. 세교(世敎)를 회복하고 인륜을 바로 하는 것보다 급선무는 없습니다. 오직 자기의 도(道)를 알아주는 사람만이 함께할 만합니다.[55]

지금 후학들은 진실로 발심(發心)하여 성명(性命)의 학문을 공부하는 자가 적습니다. 작년에 강우(江右)에 나홍선의 상(喪)에 다녀왔고, 그 전에 섭표(聶豹), 추수익(鄒守益), 노강(魯江), 진구천(陳九川)[56]도 연이어 세상을 등져서 우리 학파가 더욱 외로워졌습니다. 그래서 양명 선생의 학맥이 근근이 이어지고 있는 형편입니다. 나는 늙었으니 진실로 발심(發心)할 수 있는 몇 사람을 얻어 이 은미한 말을 전해야 합니다. 그럴 수 있다면 학문의 종통(宗統)이 끊어지지 않을 것입니다. 교유하는 가운데 몇 사람이나 얻을 수 있겠습니까? 비록 요즘 몇 년 동안 나라 안의 분위기가 고취되고 추동되는 것 같지만 핵심을 파악하는 자는 많지 않습니다. 과중(科中)의 경오(敬吾)와 위천(緯川)은 자못 이 과업에 대해 깊은 믿음이 있고, 부중(部中)의 노원(魯源)과 만정언(萬廷言)[57] 모두 탁월한 견해가 있는데 이들이 수시로 모여서 구경

---

55) 『王龍溪全集』卷12, 「與蕭來鳳書」. 區區入山旣深, 無復世慮. 而求友一念, 若根於心, 不容自已. 春夏往赴水西白山之會, 秋杪赴江右之會, 歲暮始返越. 知我者謂我心憂, 不知我者謂我何求. 人生惟此一事. 六陽從地起, 師道立則善人多. 挽回世敎, 敍正人倫, 無急於此. 惟可與知己道也.

56) 진구천(陳九川, 1494~1562) : 자는 유준(惟濬)이며 호는 죽정(竹亭)이다. 명수산(明水山)에 살았기 때문에 명수(明水)라고 불렸다. 왕양명의 문하에 있었다. 관직을 그만 둔 이후에 명산을 주유하며 강학하였으며, 학문의 핵심을 '치양지'로 삼았다. 저서로는 『명수선생집(明水先生集)』이 있다.

(究竟)의 담론을 마음껏 나누었습니다. 이른바 저기에서 유익하지 않더라도 반드시 여기에서는 유익하다고 할 수 있겠습니다.[58]

이런 말들은 『용계집(龍溪集)』에 이루 다 실을 수 없을 정도로 많다. 읽다 보면 용계의 마음속에 열정이 가득 차고 굳게 이어져 죽을 때까지 멈출 수 없었다는 것을 참으로 알게 될 것이다. 용계는 칭찬과 비난, 그리고 영예와 모욕에 개의치 않았다. 위정자들이 양명학을 기피하는지, 배우러 온 사람들이 참으로 발심(發心)하여 성명(性命)의 학문을 공부하는지에 대해서는 개의치 않았고, 단지 스승의 학설로 천하를 교화시키는 일에만 마음 졸이며 안절부절못하였다. 이처럼 모든 것을 내버리고 강학에만 목숨을 바친 사람은 고금(古今)에 찾아보기 어렵다. 당시에 그에게 쉬면서 하라고 권유한 사람이 있었지만 그는 전혀 흔들리지 않았다. 『용계집』 권5에 다음과 같은 말이 있다.

자충(子充)과 계실(繼實)이 공손히 청하였다. "선생께서는 천하를 주유(周遊)하시며 가시는 곳마다 인재를 양성하고 후원하시니, 진실로 사람을 사랑하는 마음이 끝이 없으십니다. 그러나 왕래하고 교제하실

---

57) 만정언(萬廷言, ?~?) : 자는 이충(以忠)이며, 호는 사묵(思默)이다. 왕양명과 나홍선에게 수학하였다. 진사에 급제하였으나 귀향하여 삼십여 년간 두문불출하고 학업에 정진하였다. 저서에 『역학(易學)』, 『역설(易說)』, 『경세요략(經世要略)』 등이 있다.

58) 『王龍溪全集』 卷12, 「與貢玄略書」. 眼前後輩, 眞發心爲性命者少. 去年往江右弔念菴兄, 雙江東廓魯江明水相繼淪謝, 吾黨益孤. 老師一脈, 僅僅如線. 自分年衰時邁, 須得眞發心者二三輩傳此微言, 庶免斷滅宗傳. 不知相接中亦得幾人否? 年來海內風聲雖覺鼓動, 針針見血者亦不多得. 科中敬吾緯川頗深信此件事, 部中魯源思默皆有超卓之見, 可時時覓會以盡究竟之談. 所謂不有益於彼, 必有益於此也.

때, 지나치게 정신을 쏟게 되시니 이는 고령에 감당하시기 어려운 일입니다. 건강을 돌보시고 출타를 적게 하십시오. 만남을 쉬고 일을 줄여 사방(四方)에서 배우러 모여들기를 기다리십시오. 신룡(神龍)이 못에 있으면 사람들로 하여금 우러르고 감히 넘볼 수 없게 하여 교화가 이루어집니다. 이에 사람들이 모두 얻은 바가 있음을 다시금 깨닫게 될 것입니다."

선생께서 대답하셨다. "자네들이 나를 아끼는 마음이 지극하다. 내가 어찌 스스로를 아끼지 않겠는가마는, 내면에는 본디 멈출 수 없는 마음이 있다. 만약 근근이 가르치는 일만 한다면, 또 그 마음을 저버리는 것이다. 나는 평소 집안에 거처하였을 때, 친구와 처자식, 노복(奴僕)들과 잘 지내고, 안일한 마음을 가지고 습관적으로 일을 처리하며 그럭저럭 대충 넘어갔으니, 이는 참으로 부지불식간에 그 명(命)이 제재를 받은 것이었다. 그러다 집을 나서자 곧 정신이 전과 같지 않음을 알게 되었다. 사대부(士大夫)들과 교유할 때도 이 학문이 아니면 궁구(窮究)하지 않았고 벗들과 대화를 나눌 때도 이 학문이 아니면 이야기하지 않았다. 밤낮으로 모여서 오로지 이 한 가지 일에만 힘썼다. 이에 잡념과 망상이 생겨나지 않을 뿐만 아니라, 세상의 정리(情理)와 풍속에 대해서도 골몰하지 않게 되었다. 정신(精神)은 자연스레 전일(專一)해졌고, 생각은 자연스레 유연해졌다. 교학상장(教學相長)은 자기의 성명(性命)을 지극히 궁구하고자 함이니, 뜻을 함께 하는 자들과 더불어 연마하고 서로 본받지 않으면 안 된다. 뜻을 함께 하는 자들 가운데 이로 인해 흥기한 바가 있어 더불어 성명(性命)을 터득하고자 한다면 무리 가운데에서 스스로 취하여 보탤 수 있을 것이니, 내가 전수해 줄 수 있는 방법이 있는 것은 아니다. 남자는 천지(天地) 사방(四方)

에 뜻을 두어야 하니 집안에 틀어박혀 이 생(生)을 마쳐서는 안 된다. 내가 사람들 말고 누구와 더불어 살겠는가![59] 원래 이것은 공문(孔門)의 가법(家法)이다. 우리들은 출사(出仕)와 은거(隱居)에 상관없이 벗을 사귐으로써 더 발전할 수 있다. 원래 이것은 자기 직분 내의 일이다. 남이 믿어줄지 아닌지와 이 학문이 밝혀질지 아닌지는 시운에 달린 것이니, 내가 억지로 할 수 있는 것이 아니다. 바깥세상과 단절하고 자신만 선(善)해지려는 데 이르러 신룡의 헛된 명예를 키우는 것은, 세상의 일과 아무 관련이 없는 듯하니 선을 함께 하고자 하는 본래의 마음이 아닌 듯하다. 내가 못해서 안 하는 것이 아니라 차마 할 수 없어서 안 하는 것이다."[60]

모여서 강학한 것은 남을 이루어 주기 위해서일 뿐만 아니라 스스로의 완성을 위해서이기도 하였다. 이러한 강학의 분위기 속에서 남과 내가 하나의 덩어리로 융화되었다. 감화되고 고쳐져 가르침이

---

59) 내가……살겠는가 : 『論語』, 「微子」 6장. 鳥獸不可與同群, 吾非斯人之徒與而誰與?

60) 『王龍溪全集』 卷12, 「天柱山房會語」. 子充繼寔而請曰: "先生轍環天下, 隨方造就引掖, 固是愛人不容已之心. 但往來交際, 未免陪費精神, 非高年所宜. 靜養寡出, 息緣省事, 以待四方之來學. 如神龍之在淵, 使人可仰而不可窺, 風以動之, 更覺人皆有所益." 先生曰: "二子愛我可謂至矣. 不肖亦豈不自愛? 但其中亦自有不得已之情. 若僅僅專以行教爲事, 又成辜負矣. 時常處家, 與親朋相燕昵, 與妻奴佃僕相比狎, 以習心對習事, 因循隱約, 固有密制其命而不自覺者. 纔離家出游, 精神意思便覺不同. 與士大夫交承, 非此學不究, 與朋儕酬答, 非此學不談. 晨夕聚處, 專幹辦此一事. 非惟閒思妄念無從而生, 雖世情俗亦無從而入. 精神自然專一, 意思自然冲和. 教學相長, 欲究極自己性命, 不得不與同志相切劘, 相觀法. 同志中因此有所興起, 欲與共了性命, 則是衆中自能取益, 非吾有法可以授之也. 男子以天地四方爲志, 非堆堆在家可了此生. 吾非斯人之徒與而誰與? 原是孔門家法. 吾人不論出處潛見, 求友取益, 原是己分內事. 若夫人之信否, 與此學之明與不明, 則存乎所遇, 非人所能强也. 至於閉關獨善, 養成神龍虛譽, 與世界若不相涉, 似非同善之初心, 予非不能, 蓋不忍也."

되기도 하고 배움이 되기도 하였다. 용계는 일생 곳곳에서 이러한 분위기를 고무시켰다. 일체가 되어 선(善)을 함께하려는, 그 멈출 수 없는 마음이 특히 농후하였다. 당시 용계는 두문불출(杜門不出)하던 나홍선을 다음과 같이 힘껏 설득하였다.

귀성(貴省, 江西省)은 곽(廓) 선생이 세상을 떠난 뒤로 청원(靑原)과 복고(復古)의 모임이 심하게 와해되어, 여러 사우(師友)들은 허망하여 돌아갈 곳이 없는 듯하였습니다. 이들이 반드시 진심(眞心)을 모두 발명(發明)하고 성명(性命)의 학문을 모두 깨달을 수 없다는 것은 잘 압니다. 그러나 풍교(風敎)를 진작시키고 서로 주장하고 화답하는 일에 사도(斯道)를 주관하는 자가 없어서는 안 됩니다. 한 사람이 창도(唱導)하면 여러 사람이 따라서 화답하는 법이니, 그렇게 창도하는 자들이 많아지면 화답하는 자도 더욱 많아지게 됩니다. 이것이 이른바 "도의(道義)는 사우로 말미암아 생겨나는 것이니 그 의리가 중요하고 그 만남이 즐겁다."[61]라는 것이니, 이 도의 밝지 않은 곳을 찾으려 해도 찾을 수 없을 것입니다. 그러나 각각 떨어져 거처한다면 화력(火力)이 모이지 않아 점차 사그라져 재로 변하고 말 것이니, 이 도의 밝은 곳을 찾으려 해도 찾을 수 없을 것입니다.

그대는 평소 행실이 고매하고 진실하며 순수하여 뜻을 함께 한 자들이 평소 믿고 따랐습니다. 그런데 지금 두문불출한지 여러 해가 되었습니다. 그대 한 몸은 안락함을 얻었겠지만 세도(世道)는 어떻게 하

---

61) 도의(道義)는……즐겁다 : 『通書』, 「師友 下」. 道義者, 身有之, 則貴且尊. 人生而蒙, 長無師友則愚. 是道義, 有師友有之, 而得貴且尊, 其義不亦重乎! 其聚不亦樂乎!

면 좋겠습니까? 그대는 이 무리들의 발심(發心)이 진실하지 못한 것을 보고는 결국 떠나려는 마음이 생겼고, 홀로 성명(性命)을 이루는 것이 낫다고 여겼습니다. 또 당순지(唐順之)가 세상에 나와 대업이 완수되지 못하는 것을 보고는 경계하는 마음이 생겨 세속을 벗어나려는 뜻을 더욱 굳혔으니, 생각건대 이 또한 옳지 않습니다. 대승(大乘)의 선종(禪宗)에서도 오히려 자신의 깨달음만을 추구하는 것을 꺼립니다. 더구나 그대는 평소에 만물동체(萬物同體)의 참된 씨앗을 뿌리고 늘 세상의 고통에 신경 쓰며 천기(天機)에 감응하여 어디서나 생기를 발현하였으니 어찌 자신만을 위해 그만두겠습니까. 만약 숙질(宿疾)이 있다면 때때로 요양하는 것도 좋을 것입니다. 그러나 그대는 영천에서 조심스레 기거하며 가학(家學)을 잊지 않고 있으니, 봄·가을 모일 때에도 사람들을 위하여 세상에 나와 몸소 이 일을 맡고 앞장서기를 바랍니다. 각각 실천하고 서로 본받게 하며, 지식만을 가지고 말을 늘어놓거나 헛된 견해를 키우는 일을 추종하지 않도록 힘써 주십시오. 여러 모임들에서 환하게 닦고 밝힌 것으로 구업(舊業)을 빛나게 할 수 있다면, 대장부가 이 커다란 인연으로 세상에 한 번 나오는 일에 그릇됨이 없을 것입니다. 내가 비록 늙었으나 늦기 전에 달려가 만나보고 절차탁마(切磋琢磨)하는 도움을 주고받지 않으면 안 될 것이니, 이는 참으로 우리들의 일인 것입니다.[62]

---

62) 『王龍溪全集』卷10,「與羅念菴書」. 貴省自廓翁揖背後, 靑原復古諸會所荒落殆甚, 諸友悵悵若無所歸. 固知此輩未必盡發眞心, 未能盡爲性命. 然風聲鼓動, 彼倡此和, 主盟斯道者不可無人. 一人倡之, 衆人從而和之, 已而倡之者衆, 和之者益重. 所謂道誼由師友有之, 義重聚樂, 求此道之不明不可得也. 若各各離居, 火力不聚, 漸至煙消, 寢成灰息, 求此道之明, 亦不可得也. 吾兄素行超卓, 眞純粹白, 同志素所信向. 乃今閉關多年, 高臥不出. 於一己

'만물일체(萬物一體)'는 양명학의 중요한 정신이다. 양명이 섭표에게 답한 첫 번째 편지를 보면 그가 언급한 '발본색원론(拔本塞源論)'은 모두 열정적인 구세(救世)의 마음에서 나왔음을 알 수 있다. 이러한 정신은 왕용계에게서도 매우 잘 발휘되었다. 그는 싫증내지 않았고 게을리 하지도 않았다. 어렵다는 것을 알면서도 실천했고 절대로 자기만을 위하지 않았으며 자기의 안락은 모두 도외시하였다. 용계는 세상의 일을 모두 자기의 직분 내의 일로 보아 남들의 고통과 병통이 자기와 연관되어 있다고 생각하였다. 왕경(王敬)은 "용계 선생의 깨달음뿐만 아니라, 가슴 속에 가득 찬, 사람을 사랑하는 뜨거운 마음 또한 결코 민멸(泯滅)되지 않을 것이다."라고 말하였다. 이러한 점에서 보았을 때, 용계는 실로 의심할 것 없이 양명의 적전(嫡傳)이라 할 수 있다.

2) 광자(狂者)와 견자(狷者) 그리고 향원(鄉愿)

양명은 향원(鄉愿)을 매우 싫어하고 광자(狂者)를 중요하게 생각했다. 이러한 정신은 용계에게서 또한 매우 잘 발현되었다.『용계집』권1에는 다음과 같은 내용이 실려 있다.

受用得矣, 如世道何? 兄見此輩發心不眞, 遂生厭離, 不如自了性命, 於計爲得. 且見荊川出山, 大業未究, 遂有所懲, 益堅避世. 竊計此亦過矣. 大乘禪宗尙不肯作自了漢. 況兄平生種下萬物同體眞種子, 世間痛癢, 素所關心, 天機感觸, 隨處生發, 豈容自已. 若果夙疾未瘳, 不妨隨時休息. 況穎泉憂居, 不忘家學. 春秋會時, 還望爲衆出關, 將身擔當此事, 以爲之倡. 務各各以實行相觀法, 不從知解辯說滋長虛見. 使諸會所煜然修明, 有光舊業, 庶不枉大丈夫爲此一大因緣出世一番耳. 弟雖老矣, 不敢不如期趨晤, 共効切劘之助, 固吾人分內事也.

매순보(梅純甫)가 광자(狂者)와 견자(狷者) 그리고 향원(鄕愿)의 구분에 대하여 물었다. 선생께서 대답하셨다. "예나 지금이나 사람들의 인품은 아홉 마리 소의 털처럼 서로 제각각이다. 공자께서는 중행(中行)의 인물을 얻지 못하자 광자를 생각하셨고, 견자를 생각하셨다. 그러나 향원에 대해서는 매우 미워하여 끊어버리고자 하셨으니, 이는 향원을 덕의 적이라고 여기셨기 때문이다. 그러니 어찌 무수한 털 중에 하나일 뿐이라고 할 수 있겠는가! 광자(狂者)의 뜻은 오로지 성인(聖人)이 되고자 하려는 것이지만 그 행실이 뜻을 따라가지 못하여 병통이 생긴다. 그러나 그 광명(光明)하고 초탈(超脫)한 마음은 조금도 감추어지거나 숨겨지지 않으니 또한 이곳이 바로 힘을 얻는 지점이다. 만약 생각을 잘 다스릴 수 있어서 때때로 세밀하게 단속한다면 중행의 인물이 될 수 있을 것이다. 견자는 비록 삼가고 지킬 수는 있으나 반드시 성인이 되고자 하는 뜻이 아직 없다. 견자(狷者)는 부끄러움을 알고 구차하지 않기 때문에 분발하고 실천하게 하여 도에 들어갈 수 있다. 그러므로 성인께서 견자를 생각하신 것이다. 향원(鄕愿)으로 말하자면 광자도 아니고 견자도 아니지만 처음에는 마찬가지로 성인을 배우려고 하였다. 그러나 성인의 겉모습만 배우려 하여 거처하고 행할 적에 성인이 충신(忠信)하고 청렴결백한 것을 비슷하게 따라하고, 세속에 야합하여 세상과 다름을 주장하지 않아 성인이 세상과 어울리고 포용하는 것을 따라하였다.[63] 성인의 경우 선(善)한 사람은 좋아하고 선하지 않은 사람은 미워하기 때문에 오히려 비방하는 말이 있을

---

63) 성인의……따라하였다 : 『孟子』, 「盡心 下」37장. 同乎流俗, 合乎汚世, 居之似忠信, 行之似廉潔, 衆皆悅之, 自以爲是而不可與入堯舜之道. 故曰: "德之賊也."

수 있다. 그런데 향원은 그 선해 보이는 점에서는 군자에게 잘 보이기 충분하고, 영합하는 점에서는 소인에게도 잘 보이기 충분하니, 성인보다도 더욱 완전하여 흠이 없는 것 같다. 마치 자색(紫色)이 붉은색을 빼앗고, 정(鄭)나라의 음악이 아악(雅樂)을 어지럽히는데 도리어 광채가 더욱 아름답게 보이는 것과 같다. 진실로 마음이 드넓고 천부적으로 매우 총명한 자가 아니면 그 교묘함이 숨어 있는 곳을 밝혀낼 수 없을 것이다. 무릇 성인이 성인이신 까닭은 정신명맥(精神命脈)의 전체를 오로지 내면으로만 힘쓰고 남에게 알려지기를 구하지 않기 때문이다. 그러므로 항상 자신의 잘못을 스스로 살피고 자만하지 않아서 날로 끝없이 나아간다. 향원은 오직 세상에 아첨하는 것을 마음으로 삼아서 모든 정신이 외면만을 살핀다. 그러므로 스스로 옳다고 여기나 요순(堯舜)의 도(道)로 들어가지 못한다. 학문의 바르고 바르지 못함은 바로 여기서 결정되는 것이다. 성인의 학문이 밝지 못한 뒤로 세상에 중행의 인물이 드물고, 뜻을 크게 가지지도 못하고[不狂], 삼가지도 못하는[不狷] 습속이 사람들의 마음 속 깊이 스며들었다. 우리 중에 성인을 배우는 자들은 정신명맥(精神命脈)을 따라서 찾고 토론하여 깊이 궁구하지 않고, 다만 지엽적인 것과 이익을 쫓고 손해를 피하는 행태만을 배워 비방을 면하고 세상에 잘 보이려 한다. 게다가 또 거만하게 스스로 옳다고 여기고 향원 같은 지경에 빠지면서도 깨닫지 못하니 참으로 안타깝다. 다행히 우리들은 완전히 성인의 겉모습만 따라하려고 하지는 않아서 정말로 향원에 이르지는 않았으니 아직은 구제하고 고칠 수 있는 여지가 있다. 진실로 스스로 돌이켜 부끄러움을 아는 데 전념할 수 있다면 견자의 경지에 들어갈 수 있을 것이며, 생각을 잘 다스리는 데 전념할 수 있다면 광자의 경지에 들어갈 수 있을 것이고,

때에 맞게 하는 일에 전념할 수 있다면 중행의 경지에 들어갈 수 있을 것이다. 이러한 경지에 들어간 자가 주인 노릇을 하고, 여기에서 벗어난 자가 종노릇을 하는 것은 형세상 그리되는 것이다. 그런데도 결단하지 못하고 자기가 미워하는 바에 안주하고, 생각하는 바를 지키려 하지 않으니 이는 또 무슨 마음인가?"[64]

광자와 견자, 그리고 향원을 분변한 이와 같은 말은 매우 정확하며, 향원의 마음을 규정한 부분이 특히 정밀하다. 이러한 말에 비추어 볼 때, 자신의 참된 성정(性情)과 양지(良知)에서부터 확충하고 길러 나가서 정신명맥(精神命脈)의 전체를 오로지 내면으로 힘써야만 성현의 참된 길로 들어갈 수 있는 것이다. 그런데 세유(世儒)들은 성현의 겉모습과 도리(道理)의 격식을 흉내 내어 오로지 다른 사람의 안색과

---

64) 『王龍溪全集』 卷1, 「與梅純甫問答」. 純甫梅子問狂狷鄉愿之辨. 先生曰: "古今人品之不同, 如九牛毛, 孔子不得中行而思及於狂, 又思及於狷. 若鄉愿則惡絶之甚, 則以爲德之賊, 何啻九牛毛而已乎? 狂者之意, 只是要做聖人. 其行有不掩, 雖是受病處, 然其心事光明超脫, 不作些子蓋藏回護, 亦便是得力處. 若能克念, 時時嚴密得來, 卽爲中行矣. 狷者雖能謹守, 未辦得必做聖人之志. 以其知恥不苟, 可使激發開展以入於道, 故聖人思之. 若夫鄉愿, 不狂不狷, 初間亦是要學聖人. 只管學成殼套, 居之行之, 像了聖人忠信廉潔, 同流合污, 不與世間立異, 像了聖人混俗包荒. 聖人則善者好之, 不善者惡之, 尚有非可刺. 鄉愿之善旣足以媚君子, 好合同處又足以媚小人, 比之聖人更覺完全無破綻. 譬如紫色之奪朱, 鄭聲之亂雅, 更覺光彩艷麗. 苟非心靈開竅, 天聰明之盡者, 無以發其神奸之所由伏也. 夫聖人所以爲聖, 精神命脈, 全體內用, 不求知於人, 故常常自見己過, 不自滿假, 日進於無疆. 鄉愿惟以媚世爲心, 全體精神盡從外面照管, 故自以爲是, 而不可與入堯舜之道. 學術邪正路頭, 分決在此. 自聖學不明, 世鮮中行, 不狂不狷之習淪浹人之心髓. 吾人學聖人者, 不從精神命脈尋討根究, 只管學取皮毛支節, 趨避形迹, 免於非刺, 以求媚於世, 方且傲然自以爲是, 陷於鄉愿之似而不知, 其亦可哀也已. 所幸吾人學取聖人殼套尚有未全, 未至做成眞鄉愿, 猶有可救可變之機. 苟能自反, 一念知恥卽可以入於狷, 一念知克卽可以入於狂, 一念隨時卽可以入於中行. 入者主之, 出者奴之, 勢使然也. 顧乃不知決擇, 而安於其所惡者, 不安於其所思者, 亦獨何心哉?"

행동에 부합하고자 하니 이것은 오롯이 향원의 학문이다. 용계는 또 광자를 다음과 같이 칭찬하였다.

> 무릇 광자는 옛 사람과 벗하는 데 뜻이 있어서,[65] 절목(節目)에는 소략하고 뜻과 말은 고원(高遠)하였다. 그리고 미봉책과 틀에 박힌 방식으로 세상에 용납되기를 구하는 것도 좋게 여기지 않았다. 그 행실이 뜻을 따라가지 못하는 것이 비록 광자의 허물이지만, 또한 그 마음에 밝고 뛰어난 측면이 조금도 덮여지거나 숨겨지지 않으니 도(道)를 이룰 수 있을 것이다. 천하에 드러난 허물은 천하와 더불어 고쳐지니 내가 어찌 마음에 담아두겠는가. 만약 생각을 잘 다스릴 수 있다면 중행(中行)의 경지에 들어갈 수 있을 것이니, 이것이 공자께서 광자를 생각하신 까닭이다.[66]

용계는 그 자신이 광자였기 때문에 광자의 마음을 이와 같이 푸른 하늘에 밝은 해가 떠있듯이 분명하게 묘사할 수 있었다. 그는 말하였다.

> 현자(賢者)는 자기의 본심을 믿기 때문에 시비(是非)의 판단이 남에

---

65) 옛……있어서 : 『孟子』,「萬章 下」 8장. 孟子謂萬章曰: "一鄕之善士, 斯友一鄕之善士. 一國之善士, 斯友一國之善士. 天下之善士, 斯友天下之善士. 以友天下之善士爲未足, 又尙論古之人, 頌其詩, 讀其書, 不知其人, 可乎? 是以論其世也, 是尙友也."

66) 『王龍溪全集』 卷5,「與陽和張子問答」, 夫狂者志存尙友, 廣節而疎目, 旨高而韻遠, 不屑彌縫格套以求容於世. 其不掩處, 雖是狂者之過, 亦其心事光明特達, 略無回護蓋藏之態, 可幾於道. 天下之過, 與天下共改之, 吾何容心焉. 若能克念, 則可以進於中行. 此孔子所以致思也.

따라 바뀌는 일이 조금도 없다.[67]

그리고 또 다음과 같이 말하였다.

성현의 학문은 오직 믿음이 있어야 도달할 수 있다. 시비(是非)의 판단은 외부의 영향을 받지 않는다. 그래서 스스로 옳다고 믿는 것은 반드시 결행하며 비록 은둔하여 남에게 인정받지 못하더라도 근심하지 않는다. 반면 스스로 옳지 않다고 믿는 것은 절대로 행하지 않으며 비록 하나의 불의한 일을 행하고 한 명의 무고한 사람을 죽임으로써 천하를 얻는다 하더라도 행하지 않는다.[68]

당순지는 용계에 대하여 다음과 같이 평하였다.

스스로의 믿음에 독실하여 행동에 거침이 없고, 널리 포용하여 깨끗함과 더러움을 가리지 않았다.[69]

장원익(張元益)은 용계에 대하여 다음과 같이 평하였다.

차라리 소략(疏略)하여 행실이 뜻을 따라가지 못하는 광사(狂士)가

67) 『王龍溪全集』卷5, 「與陽和張子問答」. 賢者自信本心, 是是非非, 一毫不從人轉換.
68) 『王龍溪全集』卷4, 「答退齋林子問」. 聖賢之學, 惟有信得此及. 是是非非, 不從外來. 故自信而是, 斷然必行, 雖遯世不見是而無悶, 自信而非, 斷然不行, 雖行一不義殺一不辜而得天下不爲.
69) 『明儒學案』卷12, 「浙中相傳學案 二」. 篤於自信, 不爲行跡之防, 包荒爲大, 無淨穢之擇.

될지언정 완전무결한 호인(好人)이 되려고 하지 않았다. 차라리 일세의 비난거리가 될지언정 일세의 아첨꾼이 되려고 하지 않았다.[70]

이러한 광자의 마음은 양명학의 진정한 정신을 가장 잘 표현하고 있다. 반면 양명학이 많은 물의를 일으켰던 것도 바로 여기에서 기인한다.

3) 현성양지(現成良知)

현성양지(現成良知)는 용계와 나홍선이 논쟁하였던 핵심 주제이다. 나홍선은 섭표의 귀적설(歸寂說)[71]을 깊이 신뢰하여 생각을 거두어 응집시킬 것을 주장하였으나 현성양지에 대해서는 동의하지 않았다. 나홍선이 다음과 같이 말하였다.

> 왕년에 배움에 대하여 이야기하는 자들을 보았는데 다들 "선(善)을 알고 악(惡)을 아는 것이 바로 양지(良知)이며, 양지에 따라 행하는 것이 바로 치지(致知)이다."라고 말하였다. 내가 일찍이 여기에 힘써 보

---

70) 『王龍溪全集』卷22, 「龍溪墓誌銘」. 寧爲闊略不掩之狂士, 毋寧爲完全無毁之好人, 寧爲一世之囂囂, 毋寧爲一世之翕翕.

71) 귀적설(歸寂說) : 치양지(致良知)를 귀적(歸寂)으로 본 학설로, 미발지중(未發之中)인 양지가 미발의 적(寂)한 본체를 가지고 있고, 그 본체가 이발(已發)의 작용에도 중요하다는 입장을 갖고 있다. 귀적설은 섭표가 제창하고 나홍선·유문민 등을 거쳐 왕시괴에 이르러 정밀해졌다. 그러나 섭표의 귀적설은 본래 동적인 왕수인의 심학을 정적인 것으로 환원시키려는 것이었기 때문에 양명학의 발전 방향에 배치되는 측면도 있었다. 이 때문에 섭표는 왕수인의 다른 문인들과 논란을 벌이게 된다.

았는데, 결국 터득한 바가 없었고 이윽고 후회하였다.[72]

양지는 본디 품수(稟受)받은 본연에서 나오는 것으로 민멸(泯滅)되지 않는다. 그러나 항상 어린 아이일 때처럼 유행(流行)하고 발현(發現)하게 하고자 한다면 반드시 그것을 궁구하는 공부가 필요하다. 마른 나무처럼 고요하고 적막하게 한 뒤에 모든 잡념을 없애고 천리를 환하게 밝혀내는 것이 아니라면 여기에 쉽게 도달할 수 없을 것이다. 양명이 용장(龍場)에서 깨달은 것도 바로 이것이다. 그런데 배우는 자들은 양명의 용장에서의 깨달음은 돌아보지 않고 만년의 완숙한 경지만을 논한다. 이는 만리를 가는 자가 깊은 골짜기에서 나오지도 못하면서 사통팔달의 길에서 자유롭게 다니고자 하는 것과 같으니 이 어찌 단계를 건너뛰는 폐단에만 그치는 것이겠는가.[73]

예전에 "양지는 항상 드러나 있다."라는 구절의 잘못된 점은 배양하는 공부가 빠져있다는 것이었다. 배양은 원래 생각을 거두어 한군데로 응집시키는 일에 속한다. 갑진(甲辰, 1544)년 여름 열흘간 정좌하였더니 어렴풋이 알 수 있었고, 또 용계 선생과 그 문하의 주장을 뒤엎을 수 있었다. …… 양명은 양지를 제시하고 그 위에 '치(致)'자를

---

72) 『念菴集』, 「甲寅夏游記」. 往年見談學者皆曰: "知善知惡, 卽是良知, 依此行之, 卽是致知." 予嘗從此用力, 竟無所入, 久而後悔之. [이 글은 『염암집』에는 실려 있지 않고, 『明儒學案』卷18, 「江右相傳學案 三」에 실려 있음.]

73) 『念菴集』 卷3, 「寄謝高泉」. 良知固出於稟受之自然而未嘗泯滅, 然欲得流行發現常如孩提之時, 必有致之之功. 非經枯槁寂寞之後, 一切退聽而天理炯然, 未易及此. 陽明之龍場是也. 學者舍龍場之懲創, 而第談晚年之熟化. 譬之趣萬里者, 不能蹈險出幽, 而欲從容於九達之達, 豈止躐等而已哉?

첨가하였으니, 이는 확충하고 기르라는 뜻이다. …… 지금 도리어 다들 지각(知覺)이 발현한 것을 일러 양지라고 하고, 또 '치(致)' 자를 '의(依)' 자의 의미로 바꿔보는 지경에 이르렀으니, 이는 발현은 있으되 응집은 없는 것이다.[74]

'양지(良知)' 두 글자는 양명 선생이 일생 경험한 뒤에 터득한 것이다. …… 지금 초학자들이 쉽게 들어가도록 바꾸었으니, 현재 발현된 것을 '양지'의 증거라고 보는 실수를 면치 못한 것이다. 자득하는 일은 진실로 어설프게 받아들여서는 안 된다. 그런데도 그 설을 그대로 고수하는 자들이 구실을 만들어 사람들로 하여금 사리분별을 못하고 방자하게 만드니 매우 잘못되었다.[75]

나홍선은 '치(致)' 자의 의미를 강조하여 설명하였다. 생각을 거두어 한군데로 응집시키는 것, 이것이 바로 치양지의 실제 공부이다. 반드시 고요함 속에서 수년간 수양하여 마른 나무처럼 적막해지고 모든 생각을 놓아버린 뒤에야 양지의 진면목이 밝게 드러나는데, 이러한 과정은 양명 또한 겪은 것이다. 우부(愚夫)와 우부(愚婦)들 또한 언뜻언뜻 발현되는 한 점의 영명함을 인도하고 계발(啓發)시킨다면 가

---

74) 『念菴集』 卷3, 「與尹道輿」. 從前爲'良知時時見在'一句誤却, 欠却培養一段工夫. 培養原屬收斂翕聚. 甲辰夏, 因靜坐十日, 怳怳見得, 又被龍溪諸君一句轉了. …… 陽明拈出良知, 上面添一'致'字, 便是擴養之意. …… 今却盡以知覺發用處爲良知, 至又易'致'字爲'依'字, 則是只有發用無生聚矣.

75) 『念菴集』 卷2, 「寄張須野」. 良知二字, 乃陽明先生一生經驗而後得之. …… 當時遷就初學令易入, 不免指見在發用以爲左券. 至於自得, 固未可以草草謬承. 而因仍其說者, 類借口實, 使人猖狂自恣, 則失之又遠.

능할 것이다. 그러나 만약 우부를 성인과 같이 여겨 오로지 당장의 지각(知覺)에 의거하여 마음대로 행동하기만 하고 생각을 거두어 한 군데로 응집시키는 공부에 힘써 충실하게 '치양지'하지 않는다면, 끝내 창광(猖狂)의 길로 빠져들고 말 것이다. 양명은 결코 이렇지 않았다. 나홍선의 이와 같은 주장은 비록 몸소 체득하고 확실히 자득한 곳이 있어서 부화뇌동하는 일반적인 사람들과는 같지 않지만, 양명이 제시한 치양지의 본의(本意)와는 거리가 있다. 따라서 용계는 다음과 같이 나홍선을 비판하였다.

(당신은) 세상에 현성양지가 없으니 죽도록 공부하지 않으면 결코 생겨나지 않는다고 생각한다. 그런데 이러한 헛된 견해를 가지고 부화뇌동하는 세상의 무리들을 바로잡으려고 하면 대증요법(對症療法)이 될 수는 있다. 그러나 현재의 양지가 요순과 다르니 반드시 공부하고 바로잡은 뒤에야 얻을 수 있다고 한다면, 굽은 것을 억지로 바르게 하려는 잘못을 면할 수 없을 것이다. 애초에 밝은 하늘[昭昭之天]과 넓은 하늘[廣大之天]에 차이가 있다고 할 수 있겠는가.[76]

또 말하였다.

양명 선생께서 제시한 '양지(良知)' 두 글자는 바로 현재(見在)의 양

---

76) 『王龍溪全集』卷2, 「松原晤語」. 至謂世間無有現成良知, 非萬死工夫斷不能生. 以此較勘世間虛見附和之輩, 未必非對病之藥. 若必以現在良知與堯舜不同, 必待功夫修整而後可得, 則未免於矯枉之過. 曾謂昭昭之天與廣大之天有差別否?

지를 가리켜 말한 것이다. 현재의 양지는 일찍이 성인과 같지 않은 적이 없었으니, 같지 않은 것은 단지 양지를 지극히 다 하는지 안 하는지의 차이에 있을 뿐이다.[77]

양명 학설의 특색은 양지가 주재(主宰)를 하면 곧바로 갖추어져서 기다릴 것이 없다는 것을 제시한 데에 있다. 그러므로 양명학을 근본으로 삼지 않는다면 모르겠지만 근본으로 삼은 이상 마땅히 현성양지를 믿어야 한다. 양지는 보일 듯 말 듯하여 항상 드러나 있지는 않는 것이 사실이다. 그러나 양명은 "공부가 잘 되기도 하고 잘 되지 않을 때도 있으니 이는 공부의 과정이다."라고 하여 사람들로 하여금 넘어지면 일어서고 일어서면 다시 달려가도록 하였다. 양명은 결코 사람들로 하여금 먼저 다년간의 생각을 거두어 응집시키는 공부를 하여 자신의 양지를 확보하게 하지 않았다. 나홍선은 온건한 길을 선택하여 가려고 하였는데, 자신도 모르게 이통(李侗)을 따르고 때때로 변호하고 보충하였으니 이는 결국 양지에 대하여 아직도 믿음이 부족한 측면이 있었기 때문이다.

'치양지' 세 글자를 문하의 사람 중 누군들 듣지 못했겠냐마는 오직 나만이 믿어서 도달할 수 있었다.[78]

---

77) 『王龍溪全集』卷4, 「與獅泉劉子問答」. 先師提出良知二字, 正指見在而言. 見在良知與聖人未嘗不同, 所不同者能致與不能致耳.

78) 『王龍溪全集』, 「刻王龍溪先生全集序」. 致良知三字, 及門者誰不聞, 惟我信得及.

현성양지를 믿지 않는 것은 양지를 믿지 않는 것과 같다. 따라서 반드시 용계처럼 한 뒤에야 믿어 도달하였다고 할 수 있다. 용계도 '치(致)' 자를 가볍게 본 것은 아니었다. 다만 나홍선의 '치(致)'의 방법과 같지 않았을 뿐이었다. 이와 관련해서는 다음에서 더 살펴보기로 하겠다.

4) 습심(習心)·습기(習氣)의 제거와 일상에서의 수양

용계가 현성양지를 믿었다고 하여 그가 과연 조금도 공부를 하지 않았다고 할 수 있을까? 전혀 그렇지 않다. 용계에게는 그 나름의 공부가 있었다. 용계는 다음과 같이 말하였다.

양명 선생께서 말씀하셨다. "'양지' 두 글자는 내가 필사의 노력을 통해 터득해낸 것을 오랜 세월 수행하여 이룬 것이다. 그런데 배우는 자들이 너무 쉽게 여겨 치양지를 제대로 하려 하지 않아 도리어 황금을 가지고 고철로 써버릴까 걱정된다." 양명 선생께서 남경(南京)에 있을 적에 어떤 사람이 비방하는 편지를 보내왔는데, 이를 보시고는 자신도 모르는 사이에 마음이 흔들렸고, 잠시 뒤에야 평정을 되찾으셨다. 이 일로 인해 스스로 마치 탁수(濁水)가 아무리 맑아져도 결국 탁함이 남아 있는 것과 같이 명리(名利)를 추구하는 마음이 아직 완전히 없어지지 않았다고 여기셨다. 내가 일찍이 번왕(藩王)을 평정하셨던 일을 여쭈었는데, 선생께서는 다음과 같이 말씀하셨다. "당시에 이와 같이 대처했을 뿐이었는데, 다시 생각해 보니 여전히 습기가 있는데서 미미한 동요가 있었음을 알게 되었다. 만약 지금 다시 그러한 상황에 처한다면 그리 하지 않을 것이다." 무릇 양지의 학문은 양명께서 깨달으신 것으로 그 습심(習心)과 습기(習氣)를 제거하여 축적하고 보존하는 공부가 이처럼 치밀하였다. 그런데 지금 우리들은 남의 생각을 벗어나지 못하여 언설과 지식에서 깨닫고자 하니, 그 습심(習心)과 습기(習氣)를 제거하여 축적하고 보존하는 공부가 이처럼 거친 것이다. 그런데도 한갓 자잘한 헛된 견해로 모방하고 꾸미면서 이 학문이 밝아지길 바란다. 이는 비유하자면, 부화하는 데 힘쓰지 않으면서 닭이 되기를 바라는 것과 같고, 여의주를 기르는 데 힘쓰지 않으면서 날아오르기를 바라는 것과 같으며, 태원(胎元)[79]을 기르는 데 힘쓰지 않으면서 태원을 벗어나 신선으로 변하기를 바라는 것과 같으니 그 불가함이 자명하다.[80]

또 말하였다.

우리는 습심과 습기로 겹겹이 쌓여 있어서 세상의 오랜 습속으로부터 쉽게 벗어날 수 없다. 세상으로 말하자면 천백 년 동안 물들어

---

79) 태원(胎元) : 도교에서 말하는 사람의 원기(元氣).

80) 『王龍溪全集』卷2,「滁陽會語」. 先師自謂: "良知二字, 是吾從萬死一生中體悟出來, 多少積累在. 但恐學者見太容易, 不肯實致其良知, 反把黃金作頑鐵用耳." 先師在留都時, 曾有人傳謗書, 見之不覺心動, 移時始化, 因謂終是名根消煞未盡, 譬之濁水澄淸, 終有濁在. 余嘗請問平藩事, 先師云 : "在當時只合如此做, 覺來尙有微動於氣所在. 使今日處之, 更自不同." 夫良知之學, 先師所自悟, 而其煎銷習心習氣, 積累保任工夫, 又如此其密. 吾黨今日未免傍人門戶, 從言說知解承接過來, 而其煎銷積累保任工夫又復如此其疏, 徒欲以區區虛見, 影響緣飾, 以望此學之明. 譬如不務覆卵而卽望其時夜, 不務養珠而卽忘其飛躍, 不務煦育胎元而卽望其脫胎神化, 益見其難也已.

온 것이며, 개인으로 말하자면 반생 기대어 온 습관이다. 현재의 일체
의 수행과 반성도 세상에서 매우 좋은 일이라고 간주되는 것만을 찾
아 하니 결국 남의 말과 시선을 의식하는 것이다. 세속에서 벗어난 사
람이라면 반드시 혼돈 속에서부터 근본을 세우고, 좋은 심성을 철저
하게 세척하여 깨끗하게 해야 한다. 지엽(枝葉)이 마를수록 영근(靈根)
은 더욱 견고해진다. 여기에서 천지(天地)가 생성되고, 인물(人物)이 나
오니 이것이 바로 대생(大生)이고, 이것이 바로 낳고 낳아 그침이 없는
[生生不息] 참된 씨앗이다. 지금은 아직도 많이 못 미친다.[81]

이상의 말들을 보면 나홍선의 주장과 마치 한 입에서 나온 것처럼
일치한다. 어떤 점에서는 오히려 나홍선이 말한 것보다 더욱 절실하
고 철저하게 경계하였다. 용계는 양명이 학문에 정진하였던 과정과
힘을 쏟았던 절차를 깊이 이해하여[82] '양지'는 쉽게 얻을 수 있는 것
이 아니라는 것을 알았다. 그래서 용계 또한 반드시 철저히 습심(習
心)과 습기(習氣)를 제거하고 마른 나무처럼 고요하고 적막한 가운데
낳고 낳아 그침이 없는 참된 씨앗을 길러야 한다고 인식하였다. 그러
나 용계는 나홍선과 근본적으로 같지 않았다. 용계에게 있어 습심과
습기를 제거하여 양지를 잘 지켜내는 공부는 단지 일상생활 하는 가

---

81) 『念菴集』卷5,「冬游記」. 吾人包裹障重, 世情窠臼裏, 不易出頭. 以世界論之, 是千百年
習染, 以人身論之, 是半生倚靠. 見在種種行持點檢, 只在世情上尋得一件極好事業來做, 終
是看人口眼. 若是超出世情漢子, 必須從渾沌裏入定根基, 將一種好心腸徹底洗滌令乾淨. 枝
葉愈枯, 靈根愈固. 從此生天, 生地, 生人, 生物, 方是大生, 方是生生不息眞種子, 今去此尙
遠也.

82) 【원주】『明儒學案』에서 양명 학문의 몇 가지 변화와 가르치는 법의 몇 가지 변화에
대해 서술하였다. 바로 「滁陽會語」에서 살펴본 바에 관련되는 것이다.

운데 있을 뿐이다. 어느 경우에나 힘을 다하여 동(動)할 때나 정(靜)할 때나 가리지 않는다. 발현이 바로 수렴이며, 공부가 바로 본체이다. 양지가 한 푼이라도 드러난다면 그것이 그대로 한 푼의 치양지가 된다. 치양지할수록 더욱 밝아지니, 자연히 날로 진전됨이 있다. 양지 그대로에 의거하여 행하는 것, 이것이 바로 치양지이지, 다시 또 다른 방식의 치양지 공부가 있는 것은 결코 아니다. 습심과 습기를 제거하여 양지를 잘 지켜내는 공부 역시 수시로 발현되는 양지 위에서 하는 것이지, 공부가 이루어지고 나서야 양지가 발현되는 것은 결코 아니다. "선악(善惡)을 아는 것, 이것이 곧 양지이며 이 양지에 따라 행동하는 것이 곧 치양지이다." 이와 같은 말은 나홍선이 보기에는 너무 간략한 것이었지만, 사실 습심과 습기를 제거하여 양지를 잘 지켜내고, 갈고 닦으며 쌓아가는 무한한 공부는 모두 이 안에 있는 것이다. 다음으로 공부에 대한 용계의 말을 살펴보겠다.

우리들이 일찍이 정좌를 중단하지는 않았지만 만약 반드시 여기에만 기대어 성취하고자 한다면 기다리기만 하는 자세를 면치 못할 것이니 지극한 방법이 아니다. 성인의 학문은 세상을 경륜함을 위주로 하니 원래 세상과 괴리되지 않은 것이다. 옛날에 사람들을 가르칠 적에 다만 학문에 힘쓰고 항상 학문에 마음을 두는 것만을 말하였지 오로지 폐관정좌(閉關靜坐)만을 말한 적은 없었다. 만약 날마다 감응하고 그때그때 정신을 수습한다면 편안하고 충만하여 욕심에 흔들림이 없을 것이니 정좌와 다를 바가 없게 된다. 게다가 욕망의 근원은 감추어져 있어 상황과 맞닥뜨리지 않으면 쉽게 드러나지 않는다. 마치 금덩이가 구리와 납에 뒤섞여 있을 경우 열을 가하지 않고서는 쉽게 녹

여낼 수 없는 것과 같다. 만약 현재 감응한 것만 힘을 얻을 수 없다 하여, 반드시 폐관정좌(閉關靜坐)하여 무욕의 심체(心體)를 기른 후에야 비로소 완성된다고 한다면 이는 현재의 공부에 어긋날 뿐만 아니라 고요함만을 좋아하고 행동함을 싫어하여 세상과 왕래함이 없을 것이니, 어떻게 다시 세상을 경륜할 수 있겠는가. 홀로 수행하는 것은 어디에서나 가능하지만, 크게 수행하는 사람은 세속의 번뇌 속에서 도량(道場)을 만든다. 우리들이 만약 요, 순, 문왕, 무왕, 주공, 공자의 학맥을 따르고자 한다면 이와 같이 편의를 구해서는 안 된다.[83]

공자의 문하에서 사람을 가르치는 방법은 『예기(禮記)』에 다음과 같이 나타나있다. "뜻을 분변하고 무리와 어울리며 스승을 친애하고 벗을 가려 사귀는 것을 일러 소성(小成)이라 하고, 주관을 확고히 세우고 도리에 위배되지 않는 것을 일러 대성(大成)이라 한다."[84] 일찍이 정좌에 대한 말은 없었는데, 부처와 노자에 의해 생겨나더니 배우는 자들이 이를 답습하면서도 깨닫지 못하는 지경에 이르렀다.

옛 사람들은 어렸을 때부터 배움이 있었으니, 마음을 거두고 성품

---

83) 『王龍溪全集』卷1, 「三山麗澤錄」. 吾人未嘗廢靜坐, 若必藉此爲了手, 未免等待, 非究竟法. 聖人之學, 主於經世, 原與世界不相離. 古者敎人只言藏修游息, 未嘗專說閉關靜坐. 若日日應感, 時時收攝, 精神和暢充周, 不動於欲, 便與靜坐一般. 況欲根潛藏, 非對境則不易發. 如金體被銅鉛混雜, 非遇烈火則不易銷. 若以見在感應不得力, 必待閉關靜坐, 養成無欲之體, 始爲了手, 不惟蹉卻見在功夫, 未免喜靜厭動, 與世間已無交涉, 如何復經得世? 獨修獨行, 如方方則可. 大修行人於塵勞煩惱中作道場. 吾人若欲承接堯舜姬孔學脈, 不得如此討便宜也.

84) 뜻을……한다 : 『禮記』, 「學記」. 古之敎者, 家有塾, 黨有庠, 術有序, 國有學. 比年入學, 中年考校, 一年視離經辨志, 三年視敬業樂羣, 五年視博習親師, 七年視論學取友, 謂之小成. 九年知類通達, 强立而不反, 謂之大成.

을 길러 근본을 세우게 하고, 성인이 되면 언제 어디서나 배움에 힘을 다하여 각기 이루는 바가 있었다. 그런데 후대에 배움은 끊기고 가르침은 쇠퇴하여 어려서는 성품을 기를 줄 모르고, 공리(功利)의 습속(習俗)에 물들어 버렸다. 그래서 모든 정신이 외면에서 제멋대로 일어나 심성(心性)이 어떤 것인지도 알지 못하게 되었다. 이른바 "그 성정(性情)으로 돌아가고자 하나 들어갈 길이 없다."는 것이니 안타까울 따름이다.

정자(程子)의 문하에서는 사람들이 정좌하는 것을 보고 잘 배우는 것이라 감탄하였다. 이는 그들로 하여금 정신을 수습하여 내면을 탐구하도록 한 것이니 이것 또한 한 방편이며, 양명께서 말하신 소학(小學)을 보충할 수 있는 공부인 것이다. 만약 치지(致知) 공부가 실천되는 것을 볼 수 있다면, 각기 분수에 따라 행하여 고요한 가운데에서 몸소 음미해 보는 것도 좋을 것이고, 생활 속에서 연마하고 살펴보는 것도 좋을 것이다. 이는 비유컨대, 초목이 자람에 뿌리가 견고하게 자리 잡고 있기만 한다면, 온풍이 부는 따뜻한 날에는 참으로 초목을 길러주고, 매서운 서리와 폭염을 만나더라도 또한 초목을 견고하게 하는 것과 같다. 무릇 양지의 본체는 원래 동(動)함도 정(靜)함도 없으며, 본질적으로 변화하여 두루 유행하는 것이다. 이것이 바로 학문의 요지이며, 공자 문하의 교육법이다. 만약 양지의 본체를 알지 못한다면 단지 동정(動靜)의 두 경계상에서 취사선택할 뿐이다. 이와 같다면 제멋대로 움직이거나 정좌에 집착할 뿐이니, 두 가지 모두 길러지지 못한다. 그러면서도 성취하기를 바라니 어렵지 않겠는가.[85]

용계는 경세(經世)를 설명함에 있어 일에 대처해 가며 수행하라고 말하였다. 그는 분명히 정좌(靜坐)를 이야기하였지만, 또한 분명히 원시 유가의 수학(修學) 방법을 제시하기도 하였다. 어떤 말은 의외로 청대 유학자의 학설과 유사하다. 만약 용계의 다른 심오한 담론들은 제쳐두고, 이와 같은 말들만 살펴본다면 아마 용계가 사공파(事功派)[86]나 실용파(實用派)가 아닐까 의심할 지도 모르겠다. 물론 용계 또한 정좌를 실천하기에 합당하다고 한 경우가 있는데 이것 또한 수행의 한 방편이라고 생각하였다. 그러나 이것을 결코 최고의 방법으로 여기지는 않았다. 양지는 동정(動靜) 간에 차이가 없다. 따라서 치양지 또한 동정에 따라 변하지 않는다. 우리는 반드시 동정과 순역(順逆)이 눈앞에 닥치고 감응하는 매우 복잡한 상황에서 습심(習心)과 습기(習氣)를 제거하고 일상에서 수양해야만 진실로 힘을 얻을 수 있다. 만약 하던 대로 정좌하기만 한다면 그것은 바로 편의를 구하는 것이다. 이는 결국 고요함만을 좋아하고 행동함을 싫어하는 것이니 이러한 공부는 믿을 만한 것이 못 된다.

---

85) 『王龍溪全集』 卷4, 「東遊會語」. 孔門敎人之法見於禮經, 其書曰: "辨志, 樂群, 親師, 取友, 謂之小成; 强立而不反, 謂之大成." 未嘗有靜坐之說. 靜坐之說, 起於二氏, 學者殆相沿而不自覺耳. 古人自幼便有學, 使之收心養性, 立定基本. 及至成人, 隨時隨地, 從事於學, 各有所成. 後世學絶敎衰, 自幼不知所養, 薰染於功利之習, 全體精神, 奔放在外, 不知心性爲何物. 所謂欲反其性情而無從入, 可哀也已. 程門見人靜坐, 便嘆以爲善學. 蓋使之收攝精神, 向裏尋求, 亦是方便法門, 先師所謂因以補小學一段功夫也. 若見得致知工夫下落, 各各隨分做去, 在靜處體玩也好, 在事上磨察也好. 譬諸草木之生, 但得根株着土, 遇着和氣暖日固是長養他的, 遇着嚴霜烈日亦是堅凝他的. 蓋良知本體, 原是無動無靜, 原是變動周流. 此便是學問頭腦, 便是孔門敎法. 若不見得良知本體, 只在動靜二境上揀擇取舍, 不是妄動, 便是着靜, 均之爲不得所養, 欲望其有成也難矣哉.

86) 사공파(事功派): 심성의 수양보다 사회, 정치적 문제를 중요시 한 송대의 학파. 북송대의 왕안석(王安石), 남송대의 진량(陳亮), 설계선(薛季宣), 진부량(陳傅良), 섭적(葉適) 등이 대표적이다.

5) 천천증도(天泉證道)

천천증도는 명말 도학의 일대(一大) 쟁점이었다. 『왕용계전집(王龍溪全集)』의 「천천증도기(天泉證道紀)」에 이와 관련된 기록이 있는데, 그 대강은 다음과 같다.

양명 선생의 학문은 양지를 근본으로 여긴다. 매번 문인들과 학문을 논할 때에 사구교(四句敎)를 가르침의 법으로 삼으셨는데, 사구교는 다음과 같다. "선도 없고 악도 없는 것[無善無惡]은 심(心)의 본체이고, 선도 있고 악도 있는 것[有善有惡]은 의(意)의 움직임이며, 선을 알고 악을 아는 것[知善知惡]은 양지(良知)이고, 선을 행하고 악을 제거하는 것[爲善去惡]은 격물(格物)이다." 배우는 자들이 이를 따라 힘써 각자 터득한 바가 있었다.

전덕홍은 "이것이 양명 선생의 문하에서 사람을 가르치는 정본(定本)이니, 조금도 고칠 수 없다."라고 하였다.

용계 선생은 다음과 같이 말하였다. "양명 선생께서 때에 따라 가르침을 세우셨는데 이는 '권법(權法)'이라 할 수 있으니 정본(定本)이라고 고집해서는 안 된다. 체(體)·용(用)·현(顯)·미(微)는 단지 하나의 기미이고, 심(心)·의(意)·지(知)·물(物)은 단지 하나의 일일 뿐이다. 만약 심(心)이 무선무악(無善無惡)하다는 것을 안다면, 의(意)·지(知)·물(物) 또한 선하지도 악하지도 않음을 알아야만 할 것이다."

전덕홍이 답하였다. "만약 그러하다면 이는 양명 선생의 가르침을 훼손하는 것이니, 잘 배운 것이라 할 수 없다."

용계 선생이 답하였다. "배움은 반드시 스스로 증명하고 스스로 깨달아야 하니, 남의 주장을 그대로 따라서는 안 된다. 만약 양명 선생의 권법을 정본이라고 고집한다면, 언설에 얽매임을 면치 못할 것이니 또한 잘 배운 것이라 할 수 없다."

당시 양명 선생께서 양광(兩廣) 지역으로 가려고 하셨다. …… 날이 저물자 천천교(天泉橋)에 앉아 각자의 견해를 가지고 질문을 드렸다. 양명 선생께서 대답하셨다. "자네들의 이와 같은 질문은 중요하다. 우리의 교법(敎法)은 원래 이 두 가지이다. 사무설(四無說)은 상등(上等)의 자질을 가진 사람을 위해 가르침을 세운 것이고, 사유설(四有說)은 중등(中等) 이하의 자질을 가진 사람을 위해 가르침을 세운 것이다. 상등의 사람은 무선무악(無善無惡)의 심체(心體)를 깨달아 곧 무(無)에서 근본을 세우게 된다. 따라서 의(意)·지(知)·물(物)도 모두 무(無)에서 생겨난다. 하나가 성취되면 나머지도 따라 이루어지니 본체가 바로 공부이다. 간이하고 직접적이어서 쓸 데 없는 것도 모자란 것도 없으니 돈오(頓悟)의 학문이다. 중등 이하의 사람은 본체를 깨달은 적이 없어서 유선유악(有善有惡)한 곳에서 근본을 세울 수밖에 없다. 따라서 심(心)·지(知)·물(物)도 모두 유(有)에서 생겨난다. 모름지기 선을 행하고 악을 제거하는 공부로써 상황에 따라 대처하면서 차츰 깨달음에 들어가게 해야 한다. 그리하여 유(有)에서 무(無)로 돌아가 다시 본체를 회복시켜야 할 것이니, 그 공부를 이루면 똑같다. 세상에서 상등의 사람을 쉽게 찾을 수 없기 때문에 다만 중등 이하의 사람에 대해서만 가르침을 세운 것이다. …… 여중(汝中, 王畿)의 견해는 내가 오랫동안 천발(闡發)해내고자 했던 것이다. 그러나 사람들의 믿음이 충분하지 않은데, 한갓 엽등(獵等)의 병폐만 더하는 것은 아닐까 염려하여 지금에 이르기까지 마음에만 묻어두고 있었다. 이것이 바로 마음으로 전해진 비장(秘藏)이며 안자(顔子)와 명도(明道)도 구태여 말하지 않은 바이다. …… 여중의 뜻은 마땅히 간직해야 할 것이니 경솔하게 남들에게 보여주어서는 안 된다. 대략적으로 말하려고 한다면 도리어 본지에서 어긋나게 된다. 덕홍(德洪)은 오히려 이러한 방식을 따라야만 비로소 통달하게 된다. 덕홍의 성품은 침착하고 굳건하며, 여중은 밝고 활달하다. 따라서 그 터득한 바도 그 성품대로 취하는 것이다. 만약 서로의 장점을 취할 수 있다면 우리의 교법(敎法)은 위아래로 모두 통하여 선학(善學)이 될 수 있을 것이다."[87]

용계의 사무설(四無說)은 후대 유학자들에게 매우 비난을 받았다. 동림학파(東林學派)는 '무선무악(無善無惡)' 네 글자를 집중적으로 공격하였으며, 위로 양명까지 비판하였다. 유종주(劉宗周)[88]와 황종희

---

87) 『王龍溪全集』, 「天泉證道紀」. 陽明夫子之學, 以良知爲宗. 每與門人論學, 提四句爲敎法: "無善無惡心之體, 有善有惡意之動, 知善知惡是良知, 爲善去惡是格物." 學者循此用功, 各有所得. 緒山錢子謂: "此是師門敎人定本, 一毫不可更易." 先生謂: "夫子立敎隨時, 謂之權法, 未可執定. 體用顯微, 只是一機; 心意知物, 只是一事. 若悟得心是無善無惡之心, 意卽是無善無惡之意, 知卽是無善無惡之知, 物卽是無善無惡之物." …… 緒山謂: "若是, 是壞師門敎法, 非善學也." 先生謂: "學須自證自悟, 不從人脚跟轉. 若執着師門權法以爲定本, 未免滯於言詮, 亦非善學也." 時夫子將有兩廣之行, …… 晩坐天泉橋上, 因各以所見請質. 夫子曰: "正要二子有此一問. 吾敎法原有此兩種. 四無之說, 爲上根人立敎, 四有之說, 爲中根以下人立敎. 上根之人, 悟得無善無惡心體, 便從無處立根基, 意與知物, 皆從無生. 一了百當, 卽本體便是工夫. 易簡直截, 更無剩欠, 頓悟之學也. 中根以下之人, 未嘗悟得本體, 未免在有善有惡上立根基. 心與知物, 皆從有生. 須用爲善去惡工夫, 隨處對治, 使之漸漸入悟, 從有以歸於無, 復還本體, 及其成功一也. 世間上根人不易得, 只得就中根以下人立敎. …… 汝中所見, 我久欲發, 恐人信不及, 徒增躐等之病, 故含蓄至今. 此是傳心秘藏, 顔子明道所不敢言者. …… 汝中此意, 正好保任, 不宜輕以示人. 槪而言之, 反成漏泄. 德洪却須進此一格, 始爲玄通. 德洪資性沈毅, 汝中資性明朗, 故其所得亦各因其所近. 若能互相取益, 使吾敎法上下皆通, 始爲善學耳."

88) 유종주(劉宗周, 1578~1645): 자는 기동(起東)이고, 호는 염대(念臺), 극념자(克念子), 즙

76

는 「천천증도기」가 양명이 평소 말하던 것과 다르다 하여 용계 개인의 학설로 치부하고 추수익(鄒守益)의 「청원증처기(靑原贈處記)」와 대조해보기도 하였다. 사실 '천천증도(天泉證道)'의 일은 전덕홍이 펴낸 『양명연보(陽明年譜)』나 『전습록(傳習錄)』에 모두 기재되어 있으며, 사유설(四有說)과 사무설(四無說)은 용계의 기록과 특별한 차이가 없다. 나홍선과 전덕홍의 글에 황홍강(黃弘綱)[89]에게 들었다고 한 것 또한 용계가 기술한 바와 일치한다. 따라서 「천천증도기」는 결코 용계 개인의 주장이 아님을 알 수 있으니, 「청원증처기」에만 근거하여 용계의 말을 의심할 수는 없는 것이다. 사무설이 비록 용계 스스로의 깨달음을 통하여 얻어낸 것이라고는 하지만 양명의 본지와 실로 통하였고, 그래서 양명 또한 깊이 인정하였다. 양명학의 본래 경향은 자연주의이며 어떠한 행적에 얽매이지 않는 것이어서, 서슴지 않고 움직이며 하늘에 운명을 맡긴 채로 행동하였다. 따라서 선악(善惡)이 동시에 민멸(泯滅)하고 요(堯)와 걸(桀) 또한 함께 사라졌다. 사무설(四無說)은 실로 당연한 결론인 것이다.

산선생(蕺山先生)이며, 시호는 충개(忠介)이다. 일찍이 즙산에서 강학했다. 학문은 묵수(墨守)를 반대하고 심득(心得)을 위주로 했으며, 주희의 이재기선설(理在氣先說)에 반대하여 기(氣)를 천지만물의 근원으로 보았다. 학술사적으로는 허부원(許孚遠)을 계승하여 황종희(黃宗羲), 진확(陳確)에게 전해준 인물로 평가된다. 저서에 『주역고문초(周易古文鈔)』, 『성학종요(聖學宗要)』, 『유즙산집(劉蕺山集)』 등이 있다.

89) 황홍강(黃弘綱, 1492~1561) : 자는 정지(正之)이고, 호는 낙촌(洛村)이다. 왕양명의 제자로 섭표(聶豹), 추수익(鄒守益), 나홍선(羅洪先) 등과 함께 양명학을 전파했다. 저서에 『황낙촌집(黃洛村集)』이 있다.

2. 왕심재(王心齋)

왕심재(王心齋, 1483~1541)의 이름은 간(艮), 자(字)는 여지(汝止)로, 태주(泰州) 사람이다. 명나라 헌종(憲宗) 성화 19년(成化, 1483)에 태어나 세종(世宗) 가정 19년(嘉靖, 1541)에 세상을 떠났으니, 향년 58세였다. 왕심재는 양명 문하 중에서 가장 기괴한 인물이다.

그는 본디 염정(鹽丁)으로서, 몇 권의 책도 전혀 읽어보지 않았다. 그러나 항상 『효경(孝經)』, 『논어(論語)』, 『대학(大學)』을 소매 안에 넣고 다녔다. 그러다 종종 다른 이들의 질문을 받으면, 바로 대답하지 않고 오래 고민한 후에 입에서 나오는 대로 풀이하였다. 그는 경서로 깨달음을 증명하고 깨달음으로 경전을 증명하여, 터득한 것이 있을 때마다 사람들에게 강론하였다. 아울러 자신의 집 대문에 "이 도(道)는 복희·신농·황제·요·순·우·탕·문왕·무왕·주공·공자의 도를 관통하니, 배우고 싶은 자들이 있거든 노소(老少), 귀천(貴賤), 현우(賢愚)를 막론하고 전수해 주겠다."라고 방(榜)을 써 붙였다. 그렇게 몇 년 동안 체득하고 궁구한 끝에 정덕(正德, 1506~1521) 연간에 큰 깨달음이 있었다. 이에 『예기(禮記)』에서 제정한 오상관(五常冠), 심의(深衣), 대대(大帶), 홀판(笏板)에 의거하여 복장을 착용하고서 "요의 말씀을 말하고 요의 행실을 행하면서, 요의 복장을 착용하지 않음이 옳겠는가."라고 하였다.

그때 마침, 양명이 강서(江西) 지방을 순무(巡撫)하면서, 양지의 학문을 강론하였다. 어느 날, 어떤 강서 사람이 심재의 말을 듣고 경탄하며, "어찌 이리도 왕 중승(中丞)의 말씀과 비슷한가."라고 하자, 심재는 기뻐하면서 "이러한 점이 있구나! 하지만 왕공께서는 양지를 논하시고 나는 격물(格物)을 말하였다. 만약 의견이 같다면 이는 하늘이 왕공을 천하 후세 사람들에게 준 것이요, 만약 의견이 다르다면 이는 하늘이 나를 왕공에게 준 것이다."라고 하였다. 바로 그날 아버지에게 청하고서 바로 배를 타고 예장(豫章)으로 가서 양명을 만나기 위해 명함을 넣었는데, 스스로 바닷가에서 온 사람이라 칭하며 시 두 수를 예물로 삼았다. 심재가 가운데 문을 통해 들어오자 양명은 섬돌에서 내려와 영접하였다. 심재 또한 조금의 객기를 부리지 않고 엄숙하게 자리에 올랐다. 양명은 심재가 옛 복식과 관(冠)을 착용한 모습을 보고 물었다. "무슨 관인가?" "유우씨(有虞氏)[90]의 관입니다." "무슨 복장인가?" "노래자(老萊子)[91]의 복식입니다." "노래자를 배웠는가?" "그렇습니다." 이렇게 문답이 이어지고 나서, 양명이 다시 물었다. "노래자의 복식을 배웠을 뿐이지, 그가 당에 올라 거짓으로 엎어져 얼굴을 가리며 울던 것은 배웠는가?" 결국 심재는 안색을 바꾸고 차츰 양명의 옆으로 자리를 옮겼다. 그 후 양명과 치지격물(致知格物)에 대한 논의를 반복하고는, 크게 탄복하여 "간이(簡易)하고도 명쾌하구나. 내가 도달할 경지가 아니다."라고 하고서, 마침내 무릎 꿇고 절하며 제자를 자칭하였다. 그러나 물러나서 궁리해 보니, 간혹 합치되지 않은 것이 있었다. 이에 "내가 경솔하였구나."라고 후회하며, 다음 날 양명을 만나보고 이 사실을 말하였다. 양명은 "좋구나! 그대가 경솔하게 믿고

---

90) 유우씨(有虞氏) : 순(舜) 임금을 가리킨다.

91) 노래자(老萊子) : 춘추 시대 말기 초나라 사람이다. 늙은 부모를 즐겁게 해드리려고 나이 일흔에 어린 아이가 입는 색동옷을 입고 재롱을 부린 일화는 유명하다. 중국 24 효자(孝子) 가운데 한 사람이다.

따르지 않음이여."라고 하였다. 심재가 다시 자리에 올라 양명과 한참을 변론한 끝에 비로소 크게 탄복하며 마침내 애초에 그가 제자로 자처한다는 다짐을 바꾸지 않았다. 그 후 양명이 문인들에게 말하기를 "예전에 내가 주신호(朱宸濠)⁹²⁾를 사로잡았을 때도 전혀 동요되지 않았는데 외려 지금 이 사람 때문에 동요되는구나."라고 하였다.

이후에 양명이 월(越) 지방으로 돌아갈 때 심재가 그를 따라갔다. 얼마 후, 탄식하며 "천년 동안 끊어졌던 학문을 하늘이 선생께 열어 주셨으니, 이 세상에 선생님의 말씀을 듣지 못하는 이가 있게 할 수 있겠는가." 하고는 양명에게 공자가 수레를 타고 천하를 주유한 일로 물어보니, 양명은 웃기만 하고 대답하지 않았다. 마침내 심재는 집으로 돌아가 스스로 포륜(蒲輪)⁹³⁾을 만들어 줄곧 강학을 하면서 주유하여 북경에 이르렀다. 당시 양명의 학문에 대해 비방하는 말이 벌떼처럼 일어났다. 게다가 심재의 관복(冠服)과 언행이 다른 사람과는 달랐기에 모든 사람들이 괴이한 이들의 우두머리로 지목하였다. 이에 북경에 거주하는 동문들은 돌아가기를 권하고, 양명도 편지를 보내어 책망하자 심재도 그제야 회계(會稽)로 돌아갔다.

양명은 심재의 의기가 너무 높고 행실이 지나치게 기괴한 것을 이유로 제재를 가하고자 하였다. 결국 양명은 심재가 문 앞까지 와도

---

92) 주신호(朱宸濠, ?~1521) : 명나라의 종실(宗室)로 명 태조의 아들인 주권현(朱權玄)의 아들이다. 정덕(正德) 14년(1519)에 태후의 밀지를 받들었다고 사칭하여 남창(南昌) 지방에서 반란을 일으켰다. 당시 순무남공도어사(巡撫南贛都御史)를 지냈던 왕양명에 의해 진압된 후 통주(通州)에서 주살되었다.

93) 포륜(蒲輪) : 부들로 수레바퀴를 감싸서 푹신푹신하게 만든 것. 현자를 초빙할 때 쓰였다.

3일 동안 만나주지 않았다. 하루는 양명이 손님을 배웅하러 문을 나섰을 때, 심재가 길가에 오래도록 무릎 꿇은 채, "제 잘못을 알겠습니다."라고 하였지만 양명은 돌아보지 않고 들어갔다. 심재는 곧바로 양명을 따라 들어가 다시 크게 "중니께서도 너무 심한 것은 하지 않으셨습니다."[94]라고 하니, 양명이 읍을 하며 일으켜 세웠다. 이때부터 더욱 규각(圭角)을 감추어 평범히 살면서 순수한 기를 길러 화평해져 인간의 속된 마음을 없앴다.

양명이 죽고 나서 심재는 집으로 돌아가 문도들을 가르쳤다. 동문으로서 모여 강론하는 자들은 항상 심재가 문도의 지도자가 되기를 바랐다.

심재의 학문은 깨달음을 근본으로, 자기 탐구를 요체로 삼고, 효제(孝悌)를 실제의 덕목으로 여겼다. 또한 배움을 즐기는 것을 도에 들어가는 문으로, 태허(太虛)를 집으로 여겼으며, 고금(古今)을 하루의 낮밤으로 생각하고, 배움을 밝히고 후세 학자를 계발하는 것을 자신의 소임으로 자처하였다. 그리고 『주역(周易)』 건괘(乾卦) 구이(九二)의 '현룡재전(見龍在田)'을 바른 자리라 여기고,[95] 공자의 학문을 가법(家法)으로 삼았다.

---

94) 중니께서도……않으셨습니다 : 『孟子』, 「離婁 下」 9장. 孟子曰: "仲尼不爲已甚者."

95) 건괘(乾卦)……여기고 : 『周易』, 「乾卦」, 象傳. 九二. 見龍在田, 利見大人.
* 구이(九二)의 현룡재전(見龍在田)이란 말은 큰 덕을 가진 사람이 아직 벼슬을 하지 않고 재야에 있는 것을 가리킨다. 공자가 필부로서 자신을 수양하고 학문을 강론하면서 세상에 모습을 드러냈고, 하루도 은거하지 않은 것과 같이 왕심재 자신도 필부로서 세상을 주유하면서 천하를 구제하는 것을 급선무로 삼겠다는 의지를 천명한 것이다.(『明儒學案』 卷32, 「泰州學案一－處士王心齋先生艮」)

어떤 자가 심재를 이윤(伊尹)[96]과 부열(傅說)[97]과 같은 경지라고 말하였다. 이에 대해 심재는 "이윤과 부열의 일은 잘하지 못하고, 이윤과 부열의 학문은 따를 수 없다. 그러나 이윤과 부열이 올바른 군주를 만난 것은 절묘한 만남이라 할 수 있을 것이다. 만일 그들이 군주를 만나지 못했더라면 종신토록 홀로 선하였을 것이다. 공자께선 그러지 않으셨다."라고 하였다.

심재가 경세(經世)에 적극적이었다는 점을 볼 때, 왕용계(王龍谿)와 다름이 없다. 이것은 바로 양명의 만물일체 사상의 맥락에서 파생되어 나온 것이다. 그러나 양명학의 광자(狂者) 정신은 심재에게서 더욱 분명하게 드러났다. 그가 이끈 태주학파에서 이러한 정신은 충분히 발휘되어 양명학의 극단적 좌파를 형성하였다. 아래에 심재 강학의 대지(大旨)를 간추려 서술하겠다.

1) 낙학주의(樂學主義)

심재의 학설 중에 사람들에게 전송되는 가장 유명한 것은 그의

---

96) 이윤(伊尹) : 은나라 초기 사람으로 이름이 이(伊)고, 윤(尹)은 관직 이름이다. 탕왕(湯王)의 인정을 받아 등용되었다. 하(夏)나라를 멸하고 은나라를 건국하는데 큰 공을 세워 은나라의 재상이 되었다. 탕왕이 죽은 뒤 외병(外丙)과 중임(仲壬) 두 임금을 보좌했다. 중임이 죽고 태갑(太甲)이 왕위에 올라 정사를 돌보지 않고 탕왕의 법을 따르지 않자 그를 동(桐)으로 축출하고 섭정하기도 하였다. 3년 뒤 태갑이 잘못을 뉘우치자 다시 왕위에 올렸다. 후세에 고대의 명재상으로 전해졌다.
97) 부열(傅說) : 은나라 고종(高宗) 때 사람으로 부암(傅巖)에서 담장을 쌓는 노예였다고 한다. 고종이 꿈에서 성인(聖人)을 보았는데, 이름이 열이라고 했다. 기억을 더듬어 인상을 그리게 하고 부암의 들판에서 찾았다. 고종이 부열에게 "가물 때라면 너를 장맛비로 삼겠다."라고 하면서 재상으로서의 임무를 내려주었다. 후세에 고대의 명재상으로 전해졌다.

「낙학가(樂學歌)」이다. 그 내용은 다음과 같다.

사람의 마음은 본디 즐거움이지만
사욕으로 자신을 결박한다네.
사욕이 한 번 싹틀 때에
양지를 도리어 자각해야 하니[98]
한 번 자각하면 사욕은 사라져
사람의 마음은 예전처럼 즐겁게 된다네.
즐거움이란 이 배움을 즐거워하는 것이고
배움이란 이 즐거움을 배우는 것이니
즐겁지 않으면 학문이 아니요
배우지 않으면 즐거움이 아니라네.
즐거운 뒤에 배우고
배운 뒤에 즐거우니
즐거움이 배움이요, 배움이 즐거움인 것을
아, 천하의 기쁨이 어찌 이 학문만 하리오!
천하의 학문이 어찌 이 즐거움만 하리오![99]

---

98) 양지를 도리어 자각해야 하니 : 본서에는 '還知退自覺'으로 되어 있으나, 『명유학안』에 의거하여 '良知還自覺'으로 수정하고, 번역문도 이를 반영한다.

99) 『明儒學案』卷32, 「泰州學案一·處士王心齋先生艮」. 人心本自樂, 自將私欲縛. 私欲一萌時, 良知還自覺. 一覺便消除, 人心依舊樂. 樂是樂此學, 學是學此樂. 不樂不是學, 不學不是樂. 樂便然後學, 學便然後樂. 樂是學, 學是樂. 嗚呼! 天下之樂, 何如此學? 天下之學, 何如此樂?

예전에 주돈이는 이정(二程)에게 공자와 안회가 즐거워한 지점을 찾으라 하였다.[100] 양명 또한 "즐거움은 바로 마음의 본체이다."라고 하였다. 증점(曾點),[101] 장주(莊周),[102] 소옹(邵雍),[103] 진헌장(陳獻章)의 경우에는 대부분 오로지 '즐거움' 그 한 길을 향해 나아갔다. 이 '즐거움[樂]'이란 글자는 원래 고대부터 중요시되던 것이었다. 그러나 여기서 특별히 '낙학(樂學)' 두 글자를 제시하여 종지(宗旨)로 삼았으니, 이것은 심재가 발명한 것으로 간주하여야 한다. 이른바 '즐거움'은 생기(生機)가 확 트여 발현된다는 의미이다. 생기가 확 트여 발현되면 즐겁고, 생기가 막히고 억제되면 즐겁지 못하다. 가야 하면 가고, 멈춰야 하면 멈추며, 울어야 하면 울고, 웃어야 하면 웃으니, 한 조각 천연의 생기가 본연 그대로 존재함이다. 이러한 자득한 즐거움은 부

---

100)　예전에⋯⋯하였다 :『二程遺書』卷2 上. 昔受學於周茂叔, 每令尋顔子仲尼之樂處, 所樂何事.

101)　증점(曾點, ?~?) : 증자(曾子)의 아버지로, 자는 자석(子晳)이다. 공자를 모시다가 각자 자신의 뜻을 말해 보라는 질문을 받고 "봄날 옷이 만들어졌으면 어른 대여섯 명과 아이 예닐곱 명을 데리고 기수(沂水)에 가서 목욕하고 무우(舞雩)의 대 아래서 바람을 쐬면서, 시를 읊조리다가 돌아오고 싶습니다.(『論語』「先進」25장. 莫春者, 春服旣成, 冠者五六人, 童子六七人, 浴乎沂, 風乎舞雩, 詠而歸.)"라고 대답하자 공자가 그를 인정한 고사가 있다.

102)　장주(莊周, BC 369~BC 286) : 중국 전국 시대 송나라의 사상가로 자는 자휴(子休)이다. 노자(老子)의 사상을 계승하여 노장(老莊)으로 병칭되는 도가의 대표자이다. 도법자연(道法自然)의 이론을 발전시켜 물아(物我)가 동등하며 시세에 안주하고 순리에 처할 것을 주장했다.

103)　소옹(邵雍, 1011~1077) : 자는 요부(堯夫)고, 호는 안락선생(安樂先生) 또는 이천옹(伊川翁)이며, 시호가 강절(康節)이라 주로 소강절(邵康節)이라 불린다. 선천학(先天學)을 창시하고 만물은 모두 태극(太極)에서 말미암아 변화 생성된다고 주장했다.『황극경세서(皇極經世書)』62편을 지어 천지간 모든 현상의 전개를 수리로 해석하고 그 장래를 예시했으며, 또『관물내외편(觀物內外編)』2편에서 허심(虛心)과 내성(內省)의 도덕수양법을 설명했다. 그 외의 저서로는『이천격양집(伊川擊壤集)』20권,『어초문답(漁樵問答)』1권,『박물편(觀物篇)』,『선천도(先天圖)』가 있다.

귀영달에 초연한 즐거움이며, 빈천하고 환난 가운데서도 통하는 즐거움이니, 이것이야말로 인심 본체에 깃들어 있는 진정한 즐거움이다. 사욕에 얽매이지 않을 수 있다면 생기가 자연히 확 트여 발현되며, 본체(本體)의 진정한 즐거움이 저절로 드러나게 된다. 이른바 '배움'은 또한 이 본체를 유지하여 생기를 항상 확 틔워 발현시켜 사욕이 해치지 못하게 하는 것일 뿐이다. '즐거움'은 생기가 확 트여 발현되는 것이요, 배움도 또한 바로 이 생기를 확 트이고 발현시키는 것을 배우는 것이다. 단지 생기를 확 틔워 발현시킨다면 그것이 바로 '즐거움'이며 또한 '배움'인 것이다. 이 때문에 "즐거움이란 이 배움을 즐거워하는 것이고, 배움이란 이 즐거움을 배우는 것이다."라고 한 것이다. 심재는 '즐거움'과 '배움'을 하나로 융화시켜 마음에 한 점 걸림없이 천성을 따라 행동하였다. 이 내면엔 자연주의가 가득하니, 이것은 완전히 광자(狂者) 정신과 동일하다고 할 수 있겠다. 심재 어록에 다음과 같은 말이 실려 있다.

어떤 벗이 공부를 너무 엄격하게 하였다. 선생이 그를 깨우치며 말하기를 "이 배움은 자네를 얽매는군."이라 하고, 나무를 깎는 사람을 가리켜 보여주며 "저 사람은 공부를 한 적은 없지만 그래도 언제 저 일을 그만둔 적이 있는가."라고 하였다.[104]

배움은 본디 이러한 즐거움을 배우는 것이며, 본디 생기를 확 트

---

104) 『明儒學案』 卷32, 「泰州學案一·處士王心齋先生艮」. 一友持功太嚴. 先生覺之曰 : "是學爲子累矣." 因指斲木者示之曰 : "彼卻不曾用功, 然亦何嘗廢事."

이게 하고 생각대로 되게 하는 것이다. 그런데 공부를 너무 엄격하게 하면 생기의 자연스러운 확충을 방해하여 도리어 괴로운 일이 되니, 배우지 않느니만 못하게 된다. 지극한 이치와 오묘한 도리는 물을 긷고 땔감을 옮기는 것과 같다. 단지 저 나무를 깎는 사람은 평범하고 자연스럽게 일을 해 나갈 뿐이니, 무슨 공부를 할 필요가 있겠는가. 이에 대해 심재는 아래와 같이 말하였다.

> 천리(天理)란 것은 천연적으로 자연히 있는 이치이다. 그런데 어떤 일을 안배(按排)하려고 하면 곧 인욕(人欲)이 된다.[105]

천리는 그 즉시 드러나기 때문에 안배할 필요가 없다. 안배를 하자마자 저절로 유행하는 본체에 해를 끼친다. 심재가 서월(徐樾)[106]과 달빛 아래에서 산보한 적이 있다. 그때 서월이 시시각각 점검하고 있으니, 심재가 곧 큰 소리로 "하늘과 땅의 기운이 서로 통하지 않고 막혔으니, 비(否)로구나!"[107]라고 하였다. 또 어느 날 저녁, 심재가 서월과 거닐다 어느 작은 도랑에 이르게 되었다. 그러자 심재는 곧장 도랑을 건너고는 서월을 돌아보며 "무엇을 그리 망설이는가!"라고 하였

---

105) 『明儒學案』 卷32, 「泰州學案一·處士王心齋先生艮」. 天理者, 天然自有之理也. 纔欲按排如何, 便是人欲.

106) 서월(徐樾) : 자는 자직(子直)이고 호는 파석(波石)이다. 왕양명을 따라 종유했다. 가정 7년(嘉靖, 1529)에 왕심재에게 학업을 전수받아 고족제자(高足弟子)가 되었으며 태주학파(泰州學派)의 계승자가 되었다. 원강(元江)의 토관(土官) 나감(那鑒)이 거짓으로 항복했는데, 이를 믿고 그의 성 앞에 이르렀다가 살해당했다. 저서에 『파석집(波石集)』이 있다.

107) 하늘과……비(否)로구나 : 『周易』, 「否卦」 象傳. 象曰: "天地不交, 否!"

다. 심재가 다른 사람을 지적한 지점이 대부분 이와 유사하다. 에둘러 말하지 않고 즉각 지적해 주었으니 자연주의적 입장이었다. 그의 시에 다음과 같은 내용이 있다.

사람의 마음이란 본래 일이 없으니
일이 있으면 마음은 즐겁지 않네.
일이 있어도 없는 듯이 행하면
일이 많아도 어긋나지 않네.[108]

일이 만 가지로 변하여 어지러울 때, 일이 없는 것처럼 행하여 어느 것에도 얽매이지 않고 자유롭게 살아가는 모습, 이것이 바로 낙학주의의 본질이라 하겠다.

2) 회남격물설(淮南格物說)

심재는 왕양명을 만나기 이전에 격물(格物)을 가르침의 중심으로 삼았다. 그 유명한 '회남격물설(淮南格物說)'은 바로 심재가 주창한 것이다. 『명유학안(明儒學案)』에서는 그 대지(大旨)를 다음과 같이 서술하고 있다.

선생께서 말하였다. "격물(格物)의 물(物)은 바로 물유본말(物有本

---

108) 『明儒學案』卷32,「泰州學案一·處士王心齋先生艮」,「示學者」. 人心本無事, 有事心不樂. 有事行無事, 多事亦不錯.

末)¹⁰⁹⁾의 물(物)이니 자신과 천하, 나라와 집안이 하나의 물이다. 격(格)은 자신이 근본이고 집안과 나라 그리고 천하가 말단임을 아는 것이다. 행함에 제대로 안 되는 것이 있으면 모두 자기에게 돌이켜 구하여야 하니, 자기반성이 바로 격물의 공부이다. 그러므로 집안과 나라 그리고 천하를 다스리려 한다면 그 관건은 자신을 편안히 하는 데 달려 있다. 이에 『주역』에서 '자신이 편안해야 천하와 나라와 집안이 보존될 수 있다'¹¹⁰⁾라고 한 것이다. 자신이 편안하지 않으면 근본이 확립되지 않는다. 자신을 편안히 할 줄 아는 자라야 자기 자신을 사랑하고 공경한다. 자신을 사랑하고 공경하는 자는 반드시 감히 타인을 사랑하지 않거나 공경하지 않는 행위를 하지 못한다. 타인을 사랑하고 공경할 수 있다면 타인이 반드시 나를 사랑하고 공경하여 나 자신이 편해질 것이다. 한 집안이 나를 사랑하고 공경하면 집안이 가지런해질 것이고, 한 나라가 나를 사랑고 공경하면 나라가 다스려질 것이며, 천하가 나를 사랑하고 공경하면 천하가 화평해질 것이다. 그러므로 타인이 나를 사랑하지 않으면 타인의 불인(不仁)뿐 아니라 자신의 불인도 알 수 있을 것이요, 타인이 나를 공경하지 않으면 타인의 불경(不敬)뿐 아니라 자신의 불경함도 알 수 있을 것이다." 이것이 이른바 회남격물설이다.¹¹¹⁾

---

109) 물유본말(物有本末) : 『大學章句』경1장. 物有本末, 事有終始, 知所先後, 則近道矣.

110) 자신이……있다 : 『周易』「繫辭下傳」5장. 子曰: "危者, 安其位者也. 亡者, 保其存者也. 亂者, 有其治者也. 是故君子安而不忘危, 存而不忘亡, 治而不忘亂. 是以身安而國家可保也."

111) 『明儒學案』卷32,「泰州學案一·處士王心齋先生艮」. 先生以 "格物, 卽物有本末之物. 身與天下國家一物也. 格知身之爲本, 而家國天下之爲末. 行有不得者, 皆反求諸己, 反

『명유학안』에서는 또 그의 말을 다음과 같이 인용하였다.

격(格)은 격식의 격과 같으니 혈구지도(絜矩之道)¹¹²⁾를 말한다. 나
자신이 바로 일종의 곱자[矩]이고 천하·나라·집안은 바로 하나의 각
[方]이다. 곱자로 잴 때 각이 바르지 않은 것은 곱자가 바르지 않았기
때문임을 알 수 있다. 이 때문에 다만 곱자를 바르게 할 뿐이지 각에
서 바름을 구하지는 않는다. 곱자가 바르면 각이 바르게 되고, 각이
바르게 되면 곧 격(格)을 이룰 수 있다. 그러므로 '물(物)이 바르게 된
다[物格]'고 한 것이다. 나 자신이 상대하고 있는 윗사람, 아랫사람, 앞
사람, 뒷사람, 왼쪽에 있는 사람, 오른쪽에 있는 사람이 물(物)이고, 혈
구지도가 바로 격(格)이다. 그 근본이 어지러우면서 말단이 다스려지
는 경우는 없으니,¹¹³⁾ 여기에서 바로 혈(絜), 탁(度), 격(格)의 뜻을 알
수 있다. 격물은 근본을 아는 것이요, 입본(立本)은 자신을 편안하게
하는 것이다. 자신을 편안하게 하여 집안을 편안하게 하면 집안이 가
지런해지고, 자신을 편안하게 하여 나라를 편안하게 하면 나라가 다
스려지며, 자신을 편안하게 하여 천하를 편안하게 하면 천하가 화평
해진다. 그러므로 "자신을 수양하여 남을 편안하게 한다.", "자신을 수

己是格物的工夫. 故欲齊治平, 在於安身. 『易』曰: '身安而天下國家可保也.' 身未安, 本不立
也. 知安身者, 則必愛身敬身, 愛身敬身者, 必不敢不愛人不敬人, 能愛人敬人, 則人必愛我
敬我, 而我身安矣. 一家愛我敬我, 則家齊, 一國愛我敬我, 則國治, 天下愛我敬我, 則天下平.
故人不愛我, 非特人之不仁, 己之不仁可知矣, 人不敬我, 非特人之不敬, 己之不敬可知矣."
此所謂淮南格物也.

112) 혈구지도(絜矩之道) : 혈구(絜矩)는 본디 곱자를 가지고 헤아린다는 의미로서 자신의
처지를 미루어 남의 처지를 생각하는 방도를 말한다.

113) 그 근본이……없으니 :『大學章句』경1장. 其本亂而末治者, 否矣.

양하여 백성을 편안하게 한다.",[114] "자신을 수양하여 천하를 화평하게 한다."[115]라고 한 것이다. 자신을 편안히 할 줄 모르면서 천하, 나라, 집안의 일에 종사하니 이것은 근본을 잃은 것이다. 여기에서 잘못되면 장차 자신의 몸이 삶아지고, 다리가 잘리고, 굶어 죽으며, 자로처럼 갓끈을 매고 죽어도[116] 또 이를 고집하면서 옳다고 생각할 것이다. 자신을 능히 보전할 수 없으면서 어떻게 천하와 나라, 그리고 집안을 보전하겠는가.[117]

심재의 격물설은 과연 『대학』에서 말한 격물의 본의와 합치하는가? 이에 대해 우리들은 신경 쓸 필요가 없다. 어쨌든 도학자들이 경서를 해석한 것은 모두 자신의 주장을 위주로 해서 옛 경서를 가탁하여 자신의 종지를 드러냈을 뿐, 본래부터 반드시 경서의 본의와 합치되기를 요구하지는 않았기 때문이다. 송나라 이후로 '격물(格物)'이

---

114) 자신을……편안하게 한다 : 『論語』「憲問」45장. 子路問君子. 子曰: "修己以敬." 曰: "如斯而已乎?" 曰: "修己以安人." 曰: "如斯而已乎?" 曰: "修己以安百姓, 修己以安百姓, 堯舜其猶病諸."

115) 자신을……화평하게 한다 : 『孟子』「盡心 下」32장. 君子之守, 修其身而天下平.

116) 갓끈을 매고 죽어도 : 죽음의 자리에 처했을 때의 의연한 자세를 말한다. 공자의 제자 자로(子路)가 위(衛)나라에 변란이 일어났을 때 창을 맞고 치명상을 당하였다. 이때 "군자는 죽을 때에도 갓끈을 풀지 않는 법이다." 하고는 갓끈을 다시 매고[結纓] 죽었던 고사가 있다.(『春秋左氏傳』「哀公 15年」)

117) 『明儒學案』卷32,「泰州學案一·處士王心齋先生艮」. 格如格式之格, 卽絜矩之謂. 吾身是個矩, 天下國家是個方, 絜矩則知方之不正, 由矩之不正也. 是以只去正矩, 却不在方上求, 矩正則方正矣, 方正則成格矣. 故曰: "物格." 吾身對上下前後左右是物, 絜矩是格也. 其本亂而末治者否矣, 便見絜度格字之義. 格物, 知本也, 立本, 安身也. 安身以安家而家齊, 安身以安國而國治, 安身以安天下而天下平也. 故曰: "修己以安人.", "修己以安百姓.", "修其身而天下平." 不知安身, 便去幹天下國家事, 是之爲失本. 就此失脚, 將烹身割股餓死結纓, 且執以爲是矣. 不知身不能保, 又何以保天下國家哉?

두 글자를 해석하는 방법들은 무수히 많았다. 대체로 한 도학자가 독자적 해설을 세우면 곧바로 자신만의 격물설이 있었던 셈이다. 예컨대 주자의 '사물에 나아가 이치를 궁구함[即物窮理]', 양명의 '양지를 지극히 함[致良知]', 담약수(湛若水)의 '곳곳에서 천리를 체득함[隨處體認天理]'이란 말은 모두 격물에서 생성된 학설이다. 만약 단순히 저들의 학설을 경서의 본의만을 해석하였다고 규정한다면, 사소한 문제 때문에 학설의 내용에 대해서는 신경 쓰지 않게 되니 오히려 명쾌하게 그들 자신의 '독자적인 학설'이라고 간주하는 것이 더 낫다. 심재의 격물설 또한 마찬가지이다. 물론 심재가 '혈구(絜矩)', '애경(愛敬)', '반기(反己)', '수신(守身)' 등의 단어를 사용하여 격물에 대해 해석하였다는 점에서 견강부회하였다는 혐의를 벗어날 순 없다. 그러나 그의 존신주의(尊身主義)와 자아중심주의(自我中心主義)는 매우 주목할 만한 것이다. 심재는 자신을 가장 중대한 것으로 보아 자신을 높이고 자신을 믿어 맨몸으로 모든 일을 감당하여 천하를 구제하는 것을 자신의 소임으로 여겼다. 그는 다음과 같이 말하였다.

성인은 도(道)로 천하를 구제하셨으니 지극히 존귀한 것은 도이고, 사람들은 능히 도를 넓힐 수 있으니 지극히 존귀한 것은 자기 자신이다. 도가 존귀해지면 자기 자신이 존귀해지고 자신이 존귀해지면 도가 존귀해진다. 그러므로 배운다는 것은 스승 되기를 배움이요, 어른 되기를 배움이요, 임금 되기를 배우는 것이다. 천지만물을 자신에게 의탁하고 자신을 천지만물에 의탁하지 않아야 하니, 이를 버려둔다면 모두 아녀자의 도이다.[118]

심재는 하늘을 떠받치고 땅에 우뚝 선 대장부가 되어 자신으로 우주를 지탱하고자 하였다. 그는 엄숙히 사도(師道)를 자처하고, 심지어는 군도(君道)를 자처하기도 하였다. 뜻이 원대하여 한 점 머뭇거리고 세상에 아첨하는 경향이 없었다. 이 자질 덕분에 참으로 자기 자신을 존중할 수 있었던 것이다. 격물(格物)의 '격(格)'이 격식(格式)의 '격(格)'과 같다고 한 해석은 자못 의미가 있다. 그는 자기 자신을 집안·나라·천하의 격식으로 삼고자 하였다. 바꾸어 말하자면, 바로 자신을 본보기로 삼으려고 한 것이다. 자기 자신이 사랑하면 한 집안이 사랑하게 되고, 한 나라가 사랑하면 천하 사람들이 모두 사랑하게 되며, 자기 자신이 공경하면 한 집안이 공경하게 되고, 한 나라가 공경하면 천하 사람들이 모두 공경하게 되니 이것이 자기 자신을 집안·나라·천하의 '격식'으로 삼은 것이 아니겠으며, 이것이 자신을 본보기로 삼은 것이 아니겠는가. 자신이 근본이요, 집안·나라·천하는 말단이니, 집안·나라·천하는 자신을 뒤따라오는 것이다. "행함에 제대로 안 되는 것이 있으면 모두 자기에게 돌이켜 구해야 하니, 자기반성이 바로 격물의 실질적 공부이다."라고 한 해석은 개인의 위상을 특별히 중요시 한 것이다. 인으로써 천하 사람들을 거느리고 겸양으로써 천하 사람들을 이끌면, 나가서는 제왕의 스승이 되고 은거해서는 천하 만세의 스승이 된다. 여기에서 개인이 얼마만큼 위대한가를 볼 수 있으니, 이 또한 광자(狂者) 정신을 표출한 것이다.

---

118) 『明儒學案』卷32, 「泰州學案一·處士王心齋先生艮」, 聖人以道濟天下, 是至尊者道也. 人能宏道, 是至尊者身也. 道尊則身尊, 身尊則道尊. 故學士者, 所以學爲師也, 學爲長也, 學爲君也. 以天地萬物依於身, 不以身依於天地萬物, 舍此皆妾婦之道.

III

태주학파(泰州學派)의 중요 인물

태주학파(泰州學派)는 양명학의 극단적 좌파이다. 양명학의 자유해방 정신 및 광자(狂者) 정신은 태주학파에 이르러서 비로소 남김없이 발휘되었다. 태주학파는 왕심재(王心齋)로부터 시작되어 중간에 서월(徐樾), 안균(顔鈞), 하심은(何心隱), 나여방(羅汝芳), 주여등(周汝登), 도망령(陶望齡)[119] 등의 인물들을 거쳐 크게 번창하여 후대가 전대를 능가하였다. 그러나 이 몇몇 학자들의 저작이 대부분 전해지지 않고, 그나마 전해진 것도 극히 구하기 힘들다. 이에 『명유학안』 중에서 가장 특이한 인물을 가려 뽑아 다음과 같이 약술한다.

1. 왕벽(王襞)

왕벽(王襞, 1511~1587)의 호는 동애(東崖)이고. 자는 종순(宗順)으로 심재의 둘째 아들이다. 아홉 살 때 아버지를 따라 회계에 갔다. 심재는 매번 강할 때마다 왕벽에게 노래를 부르고 시를 읊게 하였는데 그

---

119) 도망령(陶望齡, 1562~?) : 자는 주망(周望)이고, 호는 석궤(石簣)이며, 시호는 문간(文簡)이다. 왕양명의 학술을 좋아하고 이름이 알려졌으며, 공안파(公安派) 소속 문인이기도 하다. 저서에 『해장(解莊)』, 『수천각집(水天閣集)』, 『헐암집(歇巖集)』이 있다.

노래가 악기 소리에 딱 들어맞았다. 양명은 그를 왕용계(王龍谿)와 전덕홍(錢德洪)에게 수학하게 하였는데 이때를 전후하여 약 20년 동안 회계에 머물렀다. 이후 심재를 도와 회남에서 강회(講會)를 열었다. 심재가 세상을 떠나자 아버지의 강석(講席)을 이어 각 군을 왕래하면서 가르치는 일을 주관하였다. 돌아와서는 촌락에서 조각배를 타고 노닐며 노랫소리가 산림에 울려 퍼지니, 무우(舞雩)[120]의 기상이 있었다. 만력 15년(萬曆, 1587)에 세상을 떠났으니, 향년 그의 나이 77세였다.

왕벽의 학문은 완전한 자연주의였다. 그는 다음과 같이 말하였다.

양지(良知)는 저절로 사물에 감응할 수 있고, 저절로 심사(心思)를 요약하여 만 가지 변화와 수작(酬酌)할 수 있다. 아는 것을 안다고 하고, 모르는 것을 모른다고 할 뿐이다. 조금도 수고롭게 억지로 힘쓰고 우물쭈물할 필요 없으니 지혜(智慧)를 쓰는 자는 절로 일이 많아질 뿐이다.[121]

'학(學)'이라는 한 글자만 언급해도 여러 가지 생각을 해야 할 것 같다. 이는 본래 아무것도 없고 원래부터 저절로 존재하여 명각(明覺)의

---

120) 무우(舞雩) : 도를 즐기고 뜻을 이루려 할 뿐 벼슬을 구하지 않는다는 뜻이다. 『論語』「先進」 25장에 공자를 모시다가 각자 자신의 뜻을 말해보라는 질문을 받고 증점이 "봄날 옷이 만들어졌으면 어른 대여섯 명과 아이 예닐곱 명을 데리고 기수(沂水)에 가서 목욕하고 무우(舞雩)의 대 아래서 바람을 쐬면서, 시를 읊조리다가 돌아오고 싶다.[莫春者, 春服旣成 冠者五六人, 童子六七人, 浴乎沂 風乎舞雩, 詠而歸.]"라고 대답한 데서 유래하였다.

121) 『明儒學案』卷32,「泰州學案一·處士王東崖先生襞」. 良知自能應感, 自能約心思而酬酌萬變. 知之爲知之, 不知爲不知. 一毫不勞勉强扭揑, 而用智者自多事也.

자연스러운 감응을 따를 뿐임을 알지 못해서이다. 아침부터 저녁까지의 모든 동작들이 어느 것이 도가 아니겠는가. 다시 무엇인가를 하려는 것은 바로 뱀에게 다리를 그려 넣는 격이다.[122]

새가 울고 꽃이 떨어지며, 산이 높고 냇물이 흐르며, 배고플 때 먹고 목마를 때 마시며, 여름에 갈옷을 입고 겨울에 갖옷을 입는 것이 지극한 도(道)니, 더 이상 추구할 것이 없다.[123]

이 말들은 정말 자유롭고 이미 갖추어져 있어서, 진실로 한 터럭만큼의 힘도 쓸 필요가 없음을 강론한 것이다. 이는 바로 자연주의적 본색으로, 심재가 강론한 자연주의에 비해 더욱 명백하고 투철한 면모를 보인다. 왕벽의 말 중에는 낙학주의를 해석한 것도 있다.

어떤 이가 물었다. "배움이란 무엇입니까?" 왕벽이 말하였다. "즐거움이다." 재차 배움에 대해 묻자 왕벽이 대답하였다. "즐거움이란 마음의 본체이다. 즐겁지 않은 지점이 있다면 마음의 처음 모습이 아니다. 나는 마음의 처음 모습을 회복하기를 추구할 뿐이다." "그렇다면 반드시 어떻게 해야 다시 즐겁겠습니까?" "본체는 일찍이 즐겁지 않은 적이 없다. 그런데 지금 '반드시 어떻게 해야 다시 즐거울 수 있다'

---

122) 『明儒學案』 卷32, 「泰州學案一·處士王東崖先生襞」. 纔提起一個學字, 却似要起幾層意思. 不知原無一物, 原自現成, 順明覺自然之應而已. 自朝至暮, 動作施爲, 何者非道? 更要如何, 便是與蛇畫足.

123) 『明儒學案』 卷32, 「泰州學案一·處士王東崖先生襞」. 鳥啼花落, 山峙川流, 飢食渴飮, 夏葛冬裘, 至道無餘蘊矣.

라고 한다면 이는 본체의 밖에 무엇인가를 더하려고 하는 것이다."
"그렇다면 마침내는 배움에 일삼을 것이 없다는 것인지요?" "어찌 그
렇겠는가! 배움이 아닌 것이 없으니 배움이란 모두 이 즐거움을 구하
는 것이다. '즐거움이란 이 배움을 즐거워하는 것이요, 배움이란 이
즐거움을 배운다'라고 하니, 우리 선친께서 일찍이 이에 대해 말씀
하셨다." "이와 같다면 진실로 즐거움에 구분이 있습니까?" "있다. 관
심 둘 만한 것이 있은 후에 즐거운 것은 사람의 감정으로서 즐거워하
는 것이니, 한 번 그것을 잃게 되면 마치 부족한 듯 허전해한다. 반면
에 관심 둘 만한 것이 없는데도 스스로 즐거워하는 것은 천리로서 즐
거워하는 것이다. 계절의 순환, 즐거움과 슬픔, 영화로움과 욕됨, 얻음
과 잃음에 가는 곳마다 즐겁지 않음이 없다." "이미 관심 둘 만한 것이
없다면 즐거움이란 무엇입니까? 도입니까? 마음입니까?" "외물이 없
으면 즐겁고, 외물이 있으면 그렇지 않다. 또 즐거움이 도요, 도가 곧
마음이다. 때문에 '즐거워하는 것이 도요, 즐거워하는 것이 마음이다'
라고 하면 이것은 상(牀) 위에 상을 얹는 격이다." "배움이란 이게 다
입니까?" "예전에 공자께서 안연을 칭찬하시면서 '그 즐거움을 고치
지 않는다.'124)라고만 말씀하시고, 또 자신은 '즐거움은 그 가운데에
있다'125)라고 하셨으며, 또 감탄하시면서 증점(曾點)을 인정[許與]하신
것126)도 이 때문이다. 이정자(二程子)도 주돈이에게 이에 대하여 들었

---

124) 그 즐거움을……않는다 : 『論語』「雍也」9장. 子曰: "賢哉! 回也. 一簞食, 一瓢飮, 在
陋巷, 人不堪其憂. 回也不改其樂, 賢哉! 回也."

125) 즐거움은……있다 : 『論語』「述而」15장. 子曰: "飯疏食飮水, 曲肱而枕之, 樂亦在其
中矣."

126) 증점(曾點)을 인정[許與]하신 것 : 『論語』「先進」25장. 莫春者, 春服旣成, 冠者五六

다. 여기에서 몸을 마칠 뿐이니 어찌 더 더할 것이 있겠는가?" "공자
와 안자의 즐거움은 쉽게 알 수 없으니, 저는 근심으로 시작하여 즐거
움으로 끝마치려 하는데 괜찮겠습니까?" "공자와 안자의 즐거움은 어
리석은 부부도 똑같이 즐거워하는 것이니 어찌 쉽게 알 수 없다고 말
하겠는가. 또 즐거움은 마음의 본체요, 근심은 마음의 장애이다. 만
약 그 즐거움을 알고자 하는데 근심으로 시작한다면 이는 그 본체를
온전히 하고자 해서 고의로 장애를 두는 것과 같다." "그렇다면 어찌
하여 '도를 걱정한다'[127]라고 하며, '군자는 종신토록 걱정할 일이 있
다'[128]라고 하는 것입니까?" "이른바 근심이란 이렇게 집착하고 수고
스럽게 외물(外物)을 근심하는 것이 아니다. 근심하는 것은 도이다. 그
도를 근심하는 것은 이 즐거움을 얻지 못할까 근심하는 것이다. 순임
금께서는 농사를 짓고 질그릇을 구우며 고기를 잡을 때부터 황제가
될 때까지 어디서나 즐겁지 않은 적이 없으셨다. 그러나 나는 그러하
지 못하다. 이 때문에 군자가 종신토록 근심하는 것이다. 근심하는 것
은 즐거움에 대한 것이니, 즐겁게 되면 절로 근심할 필요가 없다."[129]

人, 童子六七人, 浴乎沂, 風乎舞雩, 詠而歸.

127) 도를 걱정한다 : 『論語』「衛靈公」 31장. 君子憂道, 不憂貧.

128) 군자는……있다 : 『禮記』「檀弓 上」. 君子有終身之憂. 而無一朝之患, 故忌日不樂.

129) 『明儒學案』 卷32, 「泰州學案一·處士王東崖先生襞」. 問: "學何以乎?" 曰: "樂." 再問
之則曰: "樂者, 心之本體也. 有不樂焉, 非心之初也. 吾求以復其初而已矣." "然則必如何而
復樂乎?" 曰: "本體未嘗不樂, 今日必如何而復能, 是欲有加於本體之外也." "然則遂無事於
學乎?" 曰: "何爲其然也? 莫非學也, 而皆所以求此樂也. 樂者, 樂此學, 學者, 學此樂. 吾先子
蓋嘗言之也." "如是則樂亦有辨乎?" 曰: "有. 有所倚而後樂者, 樂以人者也. 一失其所倚, 則
懊然若不足也. 無所倚而自樂者, 樂以天者也. 舒慘, 欣戚, 榮辱, 得喪, 無適而不可也." "旣無
所倚, 則樂果何物乎? 道乎? 心乎?" 曰: "無物則樂, 有物則否也. 且樂卽道, 樂卽心也, 而
曰所樂者道, 所樂者心, 是牀上之牀也." "學止於是而已乎?" 曰: "昔孔子稱顏回, 但曰: '不改

이 글은 낙학가(樂學歌)의 의소(義疏)로 봐야 할 것이니, 두 문단을 합하여 본다면 그 본지를 더욱 쉽게 알 수 있을 것이다. 그가 추구해 나간 방향은 분명히 증점(曾點)과 같았으니, 심재의 아들 된 것이 부끄럽지 않다 하겠다.

2. 안균(顔鈞)

안균(顔鈞, ?~?)은 자가 산농(山農)으로 길안(吉安) 사람이다. 일찍이 유방채(劉邦采)[130]를 사사하였지만 소득이 없자 마침내 서월을 사사하여 태주학파의 학문을 터득하였다. 유협(遊俠)을 숭상하여 사람의 어려움을 앞장서서 도와주기를 좋아했으니, 조정길(趙貞吉)[131]이 귀양 갈 때 귀양지까지 따라가고, 서월이 원강부(元江府)에서 전사했을 때 그의 유골을 수습하여 장사 지내 주었다. 안균은 만물을 사랑하는 뜻

其樂.' 而其自名也, 亦曰: '樂在其中.' 其所以喟然而與點者, 亦以此也. 二程夫子之聞學於周茂叔也於此. 蓋終身焉, 而豈復有加也?" 曰: "孔顔之樂, 未易識也, 吾欲始之以憂, 而終之以樂, 可乎?" 曰: "孔顔之樂, 愚夫愚婦之所同然也, 何以曰未易識? 且樂者, 心之體也, 憂者, 心之障也, 欲識其樂而先之以憂, 是欲全其體而故障之也." "然則何以曰: '憂道'? 何以曰: '君子有終身之憂'乎?" 曰: "所謂憂者, 非如是之膠膠役役然, 以外物爲戚戚者也. 所憂者道也, 其憂道者, 憂其不得乎此樂也. 舜自耕稼陶漁, 以至爲帝, 無往不樂, 而吾獨否也. 是故君子終身憂之也. 是其憂也, 乃所以爲樂, 其樂也, 則自無庸於憂耳.'

130) 유방채(劉邦采, ?~?) : 자는 군량(君亮)이고, 호는 사천(獅川, 師川)이다. 왕양명의 학문을 듣고 그를 스승으로 섬겼다. 학문에 있어서 성명(性命)을 모두 수양할 것을 주장하였다. 저서에 『역온(易蘊)』이 있다.

131) 조정길(趙貞吉, 1508~1576) : 자는 맹정(孟靜)이고, 호는 대주(大洲)이며, 시호는 문숙(文肅)이다. 박학다문(博學多聞)한 것으로 유명했고, 왕양명의 학문에 정통했다. 저서에 『문숙집(文肅集)』이 있다.

을 품고 세상에 큰일을 하고자 하였다. 그는 일찍이 주이(周怡)[132]에게 다음과 같은 시를 부쳤다.

  부슬부슬 안개비 강둑을 덮었는데
  강 가 어부들 낚시 자리 다투는구나.
  고요한 밤 고기 잡아 술 마시는데
  거센 물결 달빛 실어 오누나.
  봄바람이 구주(九州)에 불어온다면
  세상에 어찌 삼귀대(三歸臺)[133] 있으랴?
  임금이 인자하고 신하가 의로우면 백성이 편안하니
  사냥꾼과 풀 베고 나무하는 자 마음껏 오가리라.[134]

　그러나 사람들은 안균의 거친 기상을 보고 현자든 어리석은 자든 할 것 없이 그를 미워하였고, 그가 다른 일로 남경(南京)에 하옥되었을 적에는 그를 죽이려고까지 하였다. 그러자 나여방이 그를 구해내기 위하여 정시(庭試)에도 응하지 않고 6년 동안 그와 함께 지냈다. 나여방은 주이에게 "산농(안균을 가리킴)과 30여 년 동안 교제했는데,

---

132) 주이(周怡, 1506~1569) : 자는 순지(順之)이고, 호는 눌계(訥溪)이며, 시호는 공절(恭節)이다. 성품이 강직하고 직언을 잘하였다. 저서에 『눌계주소(訥溪奏疏)』가 있다.

133) 삼귀대(三歸臺) : 춘추 시대에 제(齊) 나라 관중(管仲)의 대 이름이다. "관중이 삼귀대를 짓느라고 백성에게 많은 폐해를 주었다."라고 하였다.(『說苑』, 「善說」)

134) 『明儒學案』卷32, 「泰州學案一·前言」. 蒙蒙煙雨鎖江坂, 江上漁人爭釣臺. 夜靜得魚呼酒肆, 湍流和月撥將來. 若得春風遍九垓, 世間那有三歸臺. 君仁臣義民安堵, 雉兎芻蕘去復來.

깊은 내심은 결코 거짓이 아니었소. 나는 산농의 학문이 공맹(孔孟)을 직접 이어 후대의 성인을 기다린다는 것을 결코 의심할 수 없다고 감히 생각하오. 그리고 그대가 보잘것없는 저를 진작부터 알아주셨으나, 그대가 아무리 백 명의 나를 알아보았다 하더라도 오늘의 산농자(山農子)를 한번 알아보는 것만 같지 못하다고 생각하오."라고 말하였다. 안균은 수자리 덕분에 풀려나 여든이 넘도록 장수하였다. 안균의 학문에 대해『명유학안』에서는 대략 다음과 같이 말하였다.

　　사람의 마음은 만물(萬物) 중에서 가장 오묘하여 헤아릴 수 없는 것이고, 본성은 맑은 구슬과 같아 본래 티끌이나 오염이 없으니, 무슨 보고 들을 것이 있으며 무슨 조심하고 두려워할 필요가 있겠는가. 평소에는 그저 본성대로만 따라 행하여 자연에 맡기는 것을 도(道)라 한다. 방일한 때가 있은 뒤에 비로소 조심하고 두려워함으로써 수양해야 한다. 무릇 유자들이 견문을 우선시하니, 도리와 격식은 모두 도의 장애가 되기에 충분하다.[135]

현재 그 자세한 내용을 연구할 수 없지만 주장의 대지에 입각하여 살펴보면 안균이 전통적인 도리와 격식을 다 제거하였음을 알 수 있으니, 곧 계신(戒愼)·공구(恐懼)의 공부 또한 한쪽에 방치해두었던 것이다. 거리낌 없이 용감하게 앞으로 곧장 나아가 세상의 그물에 걸리

---

135)『明儒學案』卷32,「泰州學案一·前言」. 人心妙萬物而不測者也. 性如明珠, 原無塵染. 有何覩聞? 着何戒懼? 平時只是率性所行, 純任自然, 便謂之道. 及時有放逸, 然後戒愼恐懼以修之. 凡儒先見聞, 道理格式, 皆足以障道.

고 여러 사람의 미움을 받았지만, 그의 거친 기상과 유협 정신은 명교(名敎)로 얽맬 수 있는 것이 아니었다. 양명학은 여기에 이르러 한 층 더 변모하게 된다.

3. 하심은(何心隱)

하심은(何心隱, 1517~1579)은 본래 성이 양(梁)이고 이름은 여원(汝元)이며, 자가 부산(夫山)이었는데, 후에 하심은으로 이름을 바꾸었다. 길주(吉州) 영풍(永豊) 사람이다. 젊을 때 제생(諸生)으로 충원되어 안균에게서 왕심재의 자신을 편안하게 하는 '입본(立本)'의 가르침[136]을 들었다. 그때 길주에서 학문으로 명성이 알려진 서너 명의 대로(大老)들이 있었다. 하지만 하심은은 자신의 식견을 믿고서 매양 그들을 경시하였다. 하심은은 『대학』의 팔조목 중 제가(齊家)를 우선시해야 한다고 생각했다. 그래서 췌화당(萃和堂)을 지어 친족과 모여지내면서 몸소 친족의 일들을 관리하여 관혼상제(冠婚喪祭)나 부역(賦役)이 있을 때 일체의 일을 재량하여 잘 성사시켰다. 읍의 영주가 부세 이외의 세금을 물리려고 하자 하심은이 글을 보내어 그를 질타하였다. 결국 영주가 노하여 그 상사에게 하심은을 죄 주는 것이 마땅한 것처럼 모함하여 하옥시켰다. 마침 효감(孝感) 사람 정학안(程學顏)[137]이 호총제(胡總制)의 막부에 있어서 강서순무(江西巡撫)에게 격문(檄文)

---

136) 입본(立本)의 가르침 : 『明儒學案』卷32, 「泰州學案一·處士王心齋先生艮」 참조. 格物, 知本也, 立本, 安身也. 安身以安家而家齊, 安身以安國而國治, 安身以安天下而天下平也.

137) 정학안(程學顏, ?~?) : 자는 이포(二浦)이고, 호(號)는 후대(後臺)이다.

102

을 보내어 하심은을 옥에서 빼내었다. 호총제는 그를 만나보고서 사람들에게 "하심은은 쓸모없지만 주위 사람들의 정신을 왕성하게 만들더군."이라고 말하였다. 후에 하심은은 정학안과 경사(京師)로 가서 나여방, 경정향(耿定向)[138]과 종유하였다. 하루는 절에서 장거정(張居正)[139]을 만났다. 당시 장거정이 사업(司業)[140]이었는데, 하심은이 경솔하게 "공은 태학(太學)에 계시니 『대학』의 도를 아십니까?"라고 묻자, 장거정은 마치 못 들은 사람처럼 있다가 똑바로 바라보며, "그대는 항상 날아오르려 하나 날지 못할 것이다."라고 하였다. 장거정이 자리를 떠나자 하심은은 그 자리에서 멍하게 있다가 "저 사람은 후일 반드시 국사(國事)를 맡게 될 것이고, 국사를 맡게 되면 반드시 나를 죽일 것이다."라고 하였다.

하심은이 경사에 있을 때 곡문회(谷門會)를 열어 사방의 선비들을 초대하자 온갖 사람들이 모두 그를 따랐다. 당시 엄숭(嚴嵩)[141]이 국

---

138) 경정향(耿定向, 1524~1596) : 자는 재륜(在倫)이고, 호는 초동(楚侗)이며, 시호는 공간(恭簡)이다. 양명학을 배워 양지현성설(良知現成說)을 주장했다. 저서에 『경자용언(耿子庸言)』, 『선진유풍(先進遺風)』, 『경천태문집(耿天台文集)』 등이 있다.

139) 장거정(張居正, 1525~1582) : 자는 숙대(叔大)고, 호는 태악(太岳)이며, 시호는 문충(文忠)이다. 엄숭(嚴嵩)과 서계(徐階, 1503~1583)의 신임을 받았다. 만력제의 신임을 얻어 황제가 즉위한 직후부터 10년간 수보의 자리에 앉아 국정의 대부분을 독단적으로 처리했는데, 내외적으로 쇠퇴의 조짐을 보이던 명나라의 국세를 만회했다. 저서에 『서경직해(書經直解)』 8권, 『장태악집(張太岳集)』 47권, 『태악잡저(太岳雜著)』, 『사서집주직해설약(四書集注直解說約)』, 『여계진해(女誡眞解)』, 『행실(行實)』, 『제감도설(帝鑑圖說)』 등이 있다.

140) 사업(司業) : 명나라 관직의 하나이다. 국자감(國子監) 정6품으로 학문 연구를 총괄하였다.

141) 엄숭(嚴嵩, 1480~1567) : 자는 유중(惟中)이고, 호는 개계(介溪)다. 황제의 비위를 맞추어 권력과 이익을 독점했으며, 아들 엄세번(嚴世蕃)과 함께 공사(公私) 불문하고 악행을 저질렀다. 말년에 어사 임윤(林潤, 1530~1569)이 그의 비리를 탄핵해 평민으로 떨어지고 가산도 몰수당해 가난하게 죽었다. 저서에 『검산당집(鈐山堂集)』이 있다.

사를 좌지우지하니, 연이어 충신들이 죽어 나가 결국 그 누구도 함부로 움직이지 못했다. 마침 점술로 황제에게 총애를 받은 남도행(藍道行)이란 자가 있었다. 하심은이 그에게 밀계(密計)를 제시하였다. 즉 엄숭이 게첩(揭帖)을 올릴 때를 몰래 엿보다가 남도행이 점을 쳐 신(神)의 말인 양 "오늘 간신이 국사를 말할 것이다."라고 말하도록 한 것이다. 황제가 이를 별일이 아니라 생각하고 있었는데, 마침 엄숭의 게첩이 이르자 그를 의심하게 되었고, 결국 어사 추응룡(鄒應龍)[142]이 엄숭을 탄핵하여 그를 몰락시켰다. 그러나 황제가 끝내 엄숭을 잊지 못하여 남도행을 하옥시키고 자살하게 하였다. 하심은은 실의에 빠져 남쪽으로 금릉(金陵)을 지나다가 하사구(何司寇)를 만났다. 하사구는 예전 강서순무로 있을 적에 하심은을 옥에서 빼내어 준 사람이었다. 그러나 하사구는 엄숭의 무리로, 엄숭을 쫓아낸 일로 하심은을 미워하였기에 하심은은 그를 피하여 떠나갔다. 이로부터 한곳에 머물지 않고 천하의 반을 떠돌아다녔다. 장거정이 국사를 담당하자 어사 부응정(傅應禎)[143]과 유대(劉臺)[144]가 잇달아 소(疏)를 올려 공격하였는

---

142) 추응룡(鄒應龍, ?~?) : 자는 운경(雲卿)이다. 가정 35년(嘉靖, 1556)에 진사, 행인을 거쳐 어사로 발탁되어 엄숭 부자를 탄핵하였고, 병부시랑(兵部侍郎), 우첨도어사(右僉都御史)까지 되었다가 뒤에 삭직되었다.

143) 부응정(傅應禎, ?~1587) : 자는 공선(公善)이다. 융경 5년(隆慶, 1571)에 진사를 거쳐 만력 3년(萬曆, 1575)에 어사에 배수되었다. 이후 장거정의 미움을 받아 정해(定海)로 귀양을 가서 수자리를 살았다. 이후 11년(1583)에 복관(復官)되었다.

144) 유대(劉臺, ?~?) : 자는 자외(子畏)이다. 융경 5년(隆慶, 1571)에 진사를 거쳐 만력(萬曆, 1573~1619) 초에 어사가 되었다. 소를 올려 장거정을 공격하였다가 정장(庭杖)을 당하고 제명되었다. 장거정이 거짓으로 다른 일을 구실로 광서(廣西) 지방으로 수자리를 살게 하였는데, 심주(潯州)에서 급사하였다. 천계 연간(天啓, 1621~1627)에 의사(毅思)란 시호가 내려졌다. 저서에 『정충당고(精忠堂稿)』가 있다.

데, 이들은 모두 길안(吉安) 사람이었으므로 장거정이 길안 출신들을 원수로 여기게 되었고 하심은이 예전에 술책을 써서 엄숭을 쫓아냈으니, 장거정의 마음에 동요가 없을 수 없었다. 하심은이 때마침 효감(孝感)에서 문도를 모아 강학을 하고 있었는데, 결국 장거정이 초주순무(楚州巡撫) 진서(陳瑞)에게 잡아오라 명하였다. 진서가 하심은을 체포하기 전에 전임되어 왕지원(王之垣)이 그를 대신하여 하심은을 체포하였다. 하심은이 "공이 어떻게 감히 나를 죽이겠으며, 또한 어찌 나를 죽일 수 있겠는가? 나를 죽일 자는 장거정이다."라고 하고, 마침내 옥중에서 숨을 거두었다.

하심은의 학문은 실체가 없는 그림자나 메아리에 빠지지 않았다. 이러한 리(理)가 있으면 실제로 이러한 일이 있다. 무성무취(無聲無臭)한 것은 일이 리에 감추어져 있는 것이고, 형상이 있는 것은 리가 일에 드러난 것이다. 그러므로 그는 다음과 같이 말하였다.

무극(無極)이란 것은 군주도 없고 아버지도 없다고 여기는 지경에 이르게 한다. 반드시 크게 그 유극(有極)을 세워야 군주도 있고 아버지도 있는 것이다. 반드시 극을 만나고 반드시 극에 귀의해야 경(敬)이 있게 되어 경으로써 군주를 군주로 섬기게 되며, 친(親)이 있게 되어 친으로써 아버지를 아버지로 섬기게 된다. 또한 반드시 『주역』에는 태극이 있어야 군주와 아버지를 시해하는 데 빠져들지 않고 군주도 아버지도 없다고 여기는 지경에 이르지 않으니, 건곤(乾坤)이 곧 군신(君臣)이며 부자(父子)이다.[145]

또 말하였다.

공자와 맹자께서 말씀하신 무욕(無欲)은 주렴계(周濂溪)가 말한 무욕이 아니다. 욕심이 적어지면 마음이 보존되나 마음에는 욕심이 없을 수 없다. 물고기를 원하고 곰발바닥을 원하는 것은 욕심이요, 물고기를 버리고 곰발바닥을 취하는 것은 욕심이 적은 것이다. 살기를 원하고 의를 원하는 것은 욕심이고, 삶을 버리고 의를 취하는 것은 욕심이 적은 것이다. 인하고자 하는 것이 욕심이 아니겠는가. 인을 얻고서 탐하지 않는 것이 욕심이 적은 것[寡慾]이 아니겠는가. 마음이 하고자 하는 것을 따르는 것이 욕심이 아니겠는가. 법도를 넘지 않으려고 하는 것이 욕심이 적은 것이 아니겠는가.[146]

하심은은 무극을 반대하고 무욕을 반대하였으니, 이것은 완전히 시속의 법에서 삶을 탐구한 것이요, 일체의 현묘하고 고원한 이론을 버린 것이다. 그러나 임시변통, 속임수, 계책 등을 거리낌 없이 쓰고 목적을 위해 수단을 가리지 않았으니, 도학자의 모습과는 전혀 다르다 할 수 있겠다.

---

145) 『明儒學案』卷32, 「泰州學案一·前言」. 無極者, 流之無君父者也, 必皇建其有極, 乃有君而有父也. 必會極, 必歸極, 乃有敬, 敬以君君也, 乃有親, 親以父父也. 又必『易』有太極, 乃不墮於弑君弑父, 乃不流於無君無父, 乃乾坤其君臣也, 乃乾坤其父子也.

146) 『明儒學案』卷32, 「泰州學案一·前言」. 孔孟之言無欲, 非濂溪之言無欲也. 欲惟寡則心存, 而心不能以無欲也. 欲魚欲熊掌, 欲也; 舍魚而取熊掌, 欲之寡也. 欲生欲義, 欲也; 舍生而取義, 欲之寡也. 欲仁, 非欲乎? 得仁而不貪, 非寡欲乎? 從心所欲, 非欲乎? 欲不踰規矩, 非寡欲乎?

4. 관지도(管志道)

관지도(管志道, 1536~1608)의 자는 등지(登之)이고 호는 동명(東溟)
으로, 소주(蘇州)의 태창(太倉) 사람이다. 융경 신미년(隆慶, 1571)에 진
사가 되어 남경병부주사(南京兵部主事)에 제수되었다가 형부(刑部)로
자리를 옮겼다. 장거정이 국정을 맡고 있을 때, 관지도가 아홉 가지
일에 대해 소(疏)를 올려 정사를 비판했는데 전부 장거정의 권력을
빼앗아 황제에게 돌려준다는 내용이었다. 그중에 헌강(憲綱) 1조는
양사(兩司)와 순방(巡方)의 예가 대등한 것이 예전의 제도였는데, 지금
은 그렇게 하지 않는다는 내용이었다. 장거정은 즉시 그를 축출하여
광동첨사(廣東僉事)로 삼아 그를 곤란하게 만들어 스스로 법에 저촉되
게 하였다. 과연 얼마 지나지 않아 어사 공무현(龔懋賢)이 그를 탄핵
하여 염과사제거(鹽課司提擧)로 좌천시키자 이듬해 벗어날 계책을 써
서 나이와 병을 핑계로 관직을 그만두었다. 만력 무신년(萬曆, 1608)에
세상을 떠났으니 향년 73세였다.

관지도는 경정향에게 수학하였고 많은 저술을 남겼는데, 대개는
유학과 불학을 끌어모은 것으로, 내용이 호한(浩汗)하여 무엇이라 규
정할 수 없다. 고헌성(顧憲成)[147]과 변론한 적이 있는데, 그 주고받은

---

147) 고헌성(顧憲成, 1550~1612) : 자는 숙시(叔時)고, 별호는 경양(涇陽)이며, 시호는 단문
(端文)이다. 동림당의 영수가 되었다가 뒤에 붕당의 화를 입었다. 주희의 폐단은 '구(拘)'에
있고 왕수인의 폐단은 '탕(蕩)'에 있다고 여겨, 정주학과 육왕학을 조화시키려 했다. 숭정
(崇禎) 초에 이부우시랑에 추증되었다. 저서에 『사서강의(四書講義)』, 『환경록(還經錄)』, 『질
의편(質疑編)』, 『증성편(證性編)』, 『상어(商語)』, 『소심재찰기(小心齋札記)』, 『경고장고(涇臯藏
稿)』, 『고단문유서(顧端文遺書)』 등이 있다.

서찰이 『경양중성편(涇陽證性篇)』에 보인다. 『명유학안』에서 관지도 학문의 대지(大旨)를 발췌하면 다음과 같다.

'건원(乾元)의 머리가 없음'[148]의 의미는 바로 『화엄경(華嚴經)』의 바다와 같은 진여(眞如)의 성품이라는 말과 일치하여 차이점이 없다. 『주역』의 도는 천지와 더불어 기준이 된다.[149] 그러므로 불가와 노장의 가르침과 합하기를 기다릴 필요 없이 절로 합해진다. 공자의 가르침은 이 둘의 가르침과 대치되는 까닭에 불가와 노장의 무리들과 싸우기를 기다리지 않더라도 저절로 싸우게 된다. 가르침의 원리는 원만하지 않을 수 없고, 가르침의 본체는 방정하지 않을 수 없다. 공자의 원만함으로 송유(宋儒)들의 방정함을 원만하게 한다면, 유학자들이 불학을 거리끼지 않게 되고, 불도(佛徒)들이 유학을 거리끼지 않게 될 것이다. 또한 공자의 방정함으로 송유들의 원만함을 방정하게 한다면, 유학자들이 불학을 함부로 대하지 않게 되고, 불도들도 유학을 함부로 대하지 않게 될 것이다. 당송 이후로 유학자들이 공자를 주인으로 석가를 종으로 삼지 않으면, 석가를 높이고 공자를 낮추었으니, 모두 건원과 성해(性海) 가운데 울타리를 세우는 일이다. 그러므로 건원통천(乾元統天)[150]이라는 하나의 안(案)을 들어 두 가지 견해를 부순 것이다.[151]

---

148) 건원(乾元)의 머리가 없음 : 『周易』「乾卦」用九. 見群龍無首, 吉.
149) 『주역』의……된다 : 『周易』「繫辭上傳」4장. 『易』與天地準, 故能彌綸天地之道.
150) 건원통천(乾元統天) : 『周易』「乾卦」象傳. 象曰: "大哉! 乾元. 萬物資始, 乃統天."
151) 『明儒學案』卷32,「泰州學案一·前言」. 謂乾元無首之旨, 與『華嚴』性海渾無差別.

공자를 위해 드러나지 않은 열 가지를 다음과 같이 천명하였다. "공자께서는 첫째, 문통(文統)을 자임하셨지 도통(道統)을 자임하진 않으셨다. 둘째, 신하의 도리에 거하셨지 스승의 도리에 거하진 않으셨다. 셋째, 육경(六經)을 산정하여 서술한 것은 칠십 제자들과 종유한 결과이지 공자께서 단독으로 이치를 정하신 것이 아니었다. 넷째, 만약 백이(伯夷)·유하혜(柳下惠)와 처지를 바꾸셨다면 백이와 유하혜처럼 행동하셨을 것이다. 다섯째, 공자께서는 천명을 아시면서 오로지 리(理) 하나에만 국한하지 않으시고 기(氣)의 운행까지 두루 통달하셨다. 여섯째, 하나로 꿰뚫는 것[一以貫之][152]은 여전히 오문(悟門)[153]에 속하지만 실제로는 행문(行門)으로 보아야 한다. 일곱째, 두텁게 교화함은 성해(性海)에 대해 통달하신 것이요, 흐르는 물과 같음은 행해(行海)에 대해 통달하신 것이다. 여덟째, 공자께서 노자를 스승으로 모셨다. 아홉째, 공자께서 황제(黃帝) 이전의 선진(先進)을 따르셨다. 열째, 공자께서 지위를 얻으셨으면 반드시 제환공(齊桓公)과 진문공(晉文公)을 법으로 삼으셨을 것이다."[154]

『易』道與天地准, 故不期與佛老之祖合而自合. 孔教與二教峙, 故不期與佛老之徒爭而自爭. 教理不得不圓, 教體不得不方. 以仲尼之圓, 圓宋儒之方, 而使儒不礙釋, 釋不礙儒. 以仲尼之方, 方宋儒之圓, 而使儒不濫釋, 釋不濫儒. 唐宋以來, 儒者不主孔奴釋, 則崇釋卑孔, 皆於乾元性海中自起藩籬. 故以乾元統天, 一案兩破之也.

152) 하나로 꿰뚫는 것 : 『論語』「里仁」 15장. 子曰: "參乎! 吾道一以貫之."

153) 오문(悟門) : 불도를 깨닫는 문으로, 실천을 중시하는 행문(行門)의 상대어이다.

154) 『明儒學案』卷32, 「泰州學案一·前言」. 其爲孔子闡幽十事言: "孔子任文統, 不任道統, 一也. 居臣道, 不居師道, 二也. 刪述六經, 從遊七十二子, 非孔子定局, 三也. 與夷惠易地, 則爲夷惠, 四也. 孔子知天命, 不專以理, 兼通氣運, 五也. 一貫尙屬悟門, 實之必以行門, 六也. 敦化通於性海, 川流通於行海, 七也. 孔子曾師老聃, 八也. 孔子從先進, 是黃帝以上, 九也. 孔子得位, 必用桓文做法, 十也."

이러한 말은 모두 매우 대담하다. 이 말들을 곧바로 청나라 말기의 강유위(康有爲)[155], 담사동(譚嗣同)[156] 등과 같은 금문학파(今文學派)들의 문집 안으로 편입시켜 놓아도 괜찮을 정도다. 관지도는 유도(儒道)만을 높이는 국면을 타파하고 불학의 지위를 끌어 올리는데 힘을 쏟았다. 또한 공자를 매우 원활(圓活)한 사람으로 간주하여 백이나 유하혜가 될 수도 있고, 황제(黃帝)나 노자(老子)가 될 수도 있으며, 환공이나 문공도 될 수 있다고 여겼다. 도덕과 형명(刑名), 그리고 권모술수를 모두 포용하여 기미에 따라 운용하였으니, 사상의 일대 해방정신이라 생각할 수 있다.

5. 나여방(羅汝芳)

나여방(羅汝芳, 1515~1588)의 자는 유덕(惟德)이며, 호는 근계(近溪)로, 강서성(江西省) 남성(南城) 사람이다. 가정 32년(嘉靖, 1553)에 진사가 되어 태호지현(太湖知縣)에 오른 뒤 형부주사(刑部主事)에 발탁되었다. 가정 41년(1562)에 영국지부(寧國知府)가 되어서는 강회(講

---

155) 강유위(康有爲, 1858~1927) : 처음 이름은 조이(祖詒)고, 자는 광하(廣夏)며, 호는 장소(長素) 또는 갱생(更生), 갱신(更甡)이다. 따로 서초산인(西樵山人) 또는 천유화인(天遊化人)이라 썼다. 무술변법(戊戌變法)의 중심적 지도자였다. 전통적인 유교를 새로운 관점에서 보는 공양학(公羊學)을 배우고 널리 유럽의 근대사정도 익혔다. 저서에 『신학위경고(新學僞經考)』, 『공자개제고(孔子改制考)』, 『대동서(大同書)』 등이 있다.

156) 담사동(譚嗣同, 1865~1898) : 자는 복생(復生)이고, 호는 장비(壯飛)다. 무술유신운동(戊戌維新運動)을 주도한 사람 가운데 하나다. 여러 책을 널리 읽었고, 금문경학(今文經學)과 불학(佛學), 서양의 자연과학 등 섭렵하지 않은 분야가 없었다. 왕부지(王夫之, 1619~1692)와 공자진(龔自珍, 1792~1841)의 영향을 많이 받았다. 저작의 대부분은 『담사동전집(譚嗣同全集)』에 전해진다.

會)와 향약(鄕約)을 중심으로 해당 지역을 다스렸다. 개원회(開元會)를 만들었을 때 죄수들도 모두 와서 강론을 듣게 하였다. 조정에 들어가 임금을 알현하고 재상 서화정(徐華亭)에게 사방의 계리(計吏)들을 모아 강학하자고 권유하여 마침내 영제궁(靈濟宮)에서 큰 강회를 열었는데, 모여 듣는 사람이 수천 명이나 되었다. 부모의 상을 치르는 중에도 출사(出仕)하니 장거정이 상중의 공부에 대해 물어보았다. 그러자 나여방은 "『논어』와 『대학』을 읽었는데 이전보다 더욱 깊은 맛이 있었습니다."라고 말하니 장거정은 묵묵히 있었다. 이후 동창(東昌) 수령을 보좌하였으며, 운남부사(雲南副使)로 자리를 옮겨 운남 경내의 수리(水利)를 전부 다스렸다. 이서(迤西)에서 급변을 고하자 나여방은 곧장 육의위사(六宜慰使)에게 하교하여 망(莽)을 멸망시켜 그 땅을 나누라 하니, 망 지방 사람들이 두려워하여 항복을 구걸하였다. 이후 참정으로 관직을 옮겼다. 만력 5년(萬曆, 1577)에 표문(表文)을 올려 광혜사(廣慧寺)에서 강학하였다. 이에 조정의 인사들 중에 나여방을 따르는 자가 많아지자 장거정이 그를 미워하게 되었다. 급사(給事) 중에 주양인(周良寅)이란 자가 그를 탄핵하여 결국 벼슬을 그만두었다. 문하생과 같이 돌아가서 안성(安城), 검강(劍江), 절동(折東), 절서(折西), 금릉(金陵) 지방 등을 돌아다니면서 더욱 학문을 넓혀 나갔다. 그를 찾아온 제자가 자리를 꽉 채울 정도였지만 나여방은 스승을 자처하지 않았다. 만력 16년(1588)에 세상을 떠났으니 향년 74세였다.

나여방은 어렸을 적에 설선(薛瑄)의 말씀을 읽고서 "일어났다 사라지는 온갖 사심(私心)들이 나의 마음을 어지럽힌 지 오래되었다. 이제 모두 제거하여 나의 맑고도 깊은 본체를 온전히 할 것이다."라고 말하고 이를 결행하였다. 임전사(臨田寺)에서 타인과의 왕래를 끊고 혼자 안석 위에 수경(水鏡)을 두고서 묵좌(黙坐)하여 마음이 수경과 같아지도록 수련하였다. 오래도록 이 수련을 하자 심화병(心火病)에 걸리게 되었다. 우연히 어느 절을 지나다가 심화를 다스려 주는 이가 있다는 방(榜)을 보고서 명의일 것이라 생각하여 방문하였는데, 사람을 모으고 학문을 강론하는 학자였다. 나여방은 오래도록 뭇 사람들과 같이 그의 강론을 듣고서 기뻐하며, "이 분이야 말로 나의 심화병을 고쳐 줄 사람이구나."라고 말하고서 그에 대하여 물으니 바로 태주 왕심재의 학문을 전수받은 안균이라 하였다. 나여방이 안균의 여러 견해를 듣고서 마치 깊은 꿈을 꾸다 깨어난 듯하였기에 그 다음날 오경(五更)에 안균의 처소로 찾아가서 절을 하고 제자가 되어 그의 학문을 전수하였다. 그 후에 안균이 어느 사건에 연루되어 남경의 옥에 갇혔는데 나여방이 자신의 땅과 재산을 다 팔아 그를 감옥에서 벗어나게 해주었다. 6년 동안 안균의 옥바라지를 하느라 정시(庭試)에도 응시하지 못하였다. 나여방이 고향으로 돌아왔을 때 몸이 이미 노쇠하였지만, 안균이 자신의 고향에 들르면 그의 곁에 계속 머물면서 차와 과일 하나하나를 자신이 직접 가져다 드렸다. 이 모습을 본 자손들이 고생하신다고 말하자, 나여방은 "나의 스승님은 너희들이 모실 수 있는 분이 아니다."라고 답하였다. 초(楚) 지방 사람인 호종정(胡宗正)은 나여방의 거업(擧業) 제자였다. 나여방은 그가 『주역』을 터득하였다는 말을 듣고 도리어 그를 스승으로 섬기며 수학하였다. 나여방은 15세 때 장순수(張洵水)에게서 입지(立志)하였고, 26세 때 안균에게서 학문을 바로잡았으며, 34세 때 호종정에게서 『주역』의 도(道)를 깨달았고, 46세 때 태산의 장인봉에서 도를 깨우쳤으며, 70세

때 왕조빙(王朝聘)[157]에게 마음에 대해 물었다. 나여방의 평생 학문 과정이 대략 이와 같았다.

　나여방의 학문은 어린 아이의 양심(良心)과 배우지 않고 사고하지 않는 것을 기준으로 삼고, 천지 만물과 한 몸이 되어 육신을 넘어 물아(物我)의 구분을 잊는 것을 큰 요점으로 삼았다. 리(理)는 끊임없이 생성하니 잡으려 할 필요도 없고 이으려 할 필요도 없이 즉시 천리와 한 덩어리가 되어 순응해 나간다. 공부는 머물러서는 곤란하니 머무는 것을 달갑게 여기지 않는 것을 공부로 삼아야 하고, 마음은 망연하여 한계가 없으니 한계를 따르지 않는 것을 마음으로 삼아야 한다. 그렇게 하면 닻줄을 풀고서 배를 띄우고 바람을 따라 노를 젓듯이 자연스러운 행동들이 배움이 아님이 없게 된다. 그런데 배우는 자들은 이를 살피지 못하고 허망하게 맑음과 깊음이 마음의 본체라 생각하여 마음에 침잠하고 그 광경에만 마음을 빼앗기고 있으니, 이것은 귀신 굴에서 살아가는 계책이지 하늘의 명명(明命)이 아니다.

　논하는 자들이 왕용계는 말보다 글이 낫고, 나여방은 글보다 말이 낫다고 한다. 나여방의 은미한 말과 격렬한 논리는 봄바람이 부는 듯 뇌성이 울리는 듯, 사람의 마음에 와 닿았다. 그래서 평소에 학식이 없던 사람이라 할지라도 나여방은 짧은 시간에 그들의 마음을 환하

---

157) 왕조빙(王朝聘, 1568~1647) : 자는 일생(逸生) 혹은 수후(修侯)이며 학자들은 무이선생(武夷先生)이라 칭하였다. 강우왕문(江右王門)의 학자인 추수익(鄒守益, 1491~1562)을 따라 배워 추수익의 학문을 계승하여 진지(眞知)와 실천(實踐)을 배움으로 삼았다. 성의(誠意)로 은밀한 작용을 성찰하고, 학문을 할 때에는 극기(克己)를 힘써 구차하게 어려운 학문을 하지 않아야 한다고 주장하였다. 과거에 실패한 이후 강학과 문장 및 농사를 지으며 제자들을 가르치는 것을 즐거움으로 삼았다. 평생 『춘추(春秋)』를 연구하여 심득이 있어 말년에 왕부지에게 전수해주니, 왕부지가 『춘추가설(春秋家說)』을 저술했다.

게 열어 도가 눈앞에 보이게끔 하였으며, 이학(理學)의 천박하고 상투적인 분위기를 단번에 씻어 버리고 곧바로 받아들이게 하였다. 그의 어록에 다음과 같은 내용이 실려 있다.

곤양주수(昆陽州守) 하어(夏漁)가 물었다. "성현(聖賢)은 일반 사람이 미칠 수 없는 경지라고 항상 생각해 왔습니다. 이 때문에 성정(性情)을 고찰하고 탐구하였지만 성현처럼 되기란 더욱 힘들었고 거리는 더욱 요원해졌습니다. 어쩌면 성(性)은 하늘에서 명한 것으로 본디 나에게 갖추어져 있으니 일상생활의 말과 행동 중에 사리에 타당한 것이 바로 성현과 합치되는 지점인 듯합니다." 나여방이 말하였다. "타당하다는 말이 옳지 않은 듯하다." 하어가 놀라면서 말하였다. "말과 행동할 때 타당함을 구하지 않을 수 있습니까?" "말과 행동을 알고서야 사리에 타당하다고 말할 수 있다면, 그대의 타당함이란 요구되는 때도 있고 요구되지 않는 때도 있을 것이다. 그대는 측백나무 숲의 새를 보지 못하였는가? 새가 울고 낢이 그 관련이 어떠하던가? 또 바닷가의 푸른 싹을 보지 못하였는가? 생기(生機)가 싹이 터서 나옴이 어떠하던가? 만약 구구하게 타당함을 구한다면 이 새와 이 싹은 어느 때는 타당하고 어느 때는 타당하지 않다는 것인가. 『주역』에서 '물은 끊임없이 흐르고 만물은 계속해서 생겨난다.'[158]라고 하니 조화(造化)의 오묘함은 본래 모든 이치를 관통하여 일체인 것이다. 그대가 아침에 일

---

158) 물은……생겨난다 : 이 구절은 『周易』이 아니라 정이(程頤, 1033~1107)의 말이다. 『論語集註』「子罕」16장. 程子曰: "此道體也, 天運而不已, 日往則月來, 寒往則暑來, 水流而不息, 物生而不窮, 皆與道爲體, 運乎晝夜, 未嘗已也."

어나고 밤에 잠들며, 즐거워 웃고 누워 쉬는 것이 모두 심체(心體) 아
님이 없다. 어찌 말하고 행동을 한 후에야 사리에 타당함을 생각하겠
으며, 또 어찌 단지 말과 행동이 타당한 후에야 예전 선현(先賢)과 다
르지 않다고 말할 수 있겠는가. 만약 이렇게 공부를 하고 이런 견해를
세운다면, 말과 행동을 하지 않을 때에 이미 잘못되어 말과 행동을 할
때에도 모두 잘못될 것이다." 하어가 뭔가를 깨달은 듯 자기반성을 하
는데, 나여방이 일어나면서 말하였다. "공자께서 물가에 계시면서 '가
는 것이 이와 같구나. 밤낮을 쉬지 않는구나'[159]라고 말씀하셨으니 우
리들의 심체(心體)는 한 순간도 쉰 적이 없다. 지금 생의(生意)가 끊임
없이 흘러나온다는 점에서는 새나 싹과도 다르지 않다. 만물일체의
인(仁)이 녹아들어 한 덩어리가 되었음을 과연 알겠구나. 타당함을 구
하려고 한다면, 어찌 생각을 선하게 가지지 않겠는가. 다만 선한 생각
을 가진다면 한 귀퉁이에 떨어진다. 한 귀퉁이의 선이 있다면 곧 한
귀퉁이의 불선이 있게 되며, 한 토막의 선이 있다면 한 토막의 불선
이 있게 되니 어떻게 밤낮으로 서로 터득할 수 있으며 만물과 일체가
될 수 있겠는가. 안자(顔子)는 이러한 끊임없는 심체를 얻어서 그 즐거
움을 저절로 고치지 않을 수 있게 되었다. 만약 가난함을 편안히 여겨
고치지 않았다고 말한다면 성현을 바라보는 수준이 천박하다고 할 수
있다."[160]

159) 공자께서······않는구나 : 『論語』 「子罕」 16장. 子在川上曰: "逝者如斯夫! 不舍晝夜."
160) 『明儒學案』 卷34, 「泰州學案三·參政羅近溪先生汝芳」. 昆陽州守夏漁請曰: "恒謂聖
賢非人可及, 故究情考索, 求之愈勞, 而去之愈遠. 豈知性命諸天, 本吾固有. 日用之間言動
事爲, 其停當處, 卽與聖賢合一也." 羅子曰: "停當二字, 尚恐未是." 夏守瞿然曰: "言動事爲,
可不要停當耶?" 曰: "可知言動事爲, 方纔可說停當, 則子之停當, 有時而要, 有時而不要矣.

우주에 생의(生意)가 넘쳐흐르니, 새들이 날고 지저귀며 새싹이 돋아나 자라는 것은 모두 천기(天機)가 고동(鼓動)하여 저절로 그칠 수 없는 것이다. 이것은 본래 선악을 초월하여, '타당하다' 또는 '타당하지 않다'라고 할 바가 없다. 어떠한 엄정한 도덕가라 할지라도 그가 새의 지저귐과 꽃의 향기에 대해 선악적 판단을 내릴 수 있겠는가. 사람이 태어나서 아침에 일어나고 저녁에 쉬며 배고프면 먹고 목마르면 마시며, 이를 미루어서 부모를 사랑하고 어른을 공경하며 인(仁)을 이루고 의(義)를 취한다. 이러한 행동들 또한 천기의 유행(流行) 아님이 없으니 마치 꽃이 절로 피고 새가 절로 우는 것과 같다. 저절로 그러하여 그칠 수 없는 이 생기(生機)는 사람과 사물, 성인과 범인, 어른과 갓난아이에 이르기까지 모두 관통하고 있다. 이것이 곧 인이요 즐거움이니 세속의 고락(苦樂), 선악(善惡)과는 현격한 차이가 있다. 나여방은 항상 인과 즐거움은 함께 혼재하는 것으로 파악하였다. 그는 다음과 같이 곡진하게 설명하였다.

'즐거움'이라는 것은, 내가 생각해보건대 오로지 쾌활함이다. 어찌 쾌활함 이외에 또 '즐거움'이라고 이를 만한 것이 있겠는가. 생의는

獨不覩茲柏林之禽鳥乎? 其飛鳴之相關何如也? 又不觀海疇之青苗乎? 其生機之萌苗何如也? 子若拘拘以停當求之, 則此鳥此苗何時而爲停當, 何時而不爲停當耶? 『易』曰: '水流而不息, 物生而不窮.' 造化之妙, 原是貫徹渾融. 吾子蚤作而夜寐, 嬉笑而偃息, 無往非此體, 豈待言動事爲, 方思量得個停當? 又豈直待言動事爲停當, 方始說道與古先賢哲不殊? 若如是用功, 如是作見, 則臨言動事爲, 固是錯過, 而既臨言動事爲, 亦總是錯過矣." 夏守慨然自省, 作而言曰: "子在川上, 不舍晝夜. 吾人心體, 未嘗一息間也. 今當下生意津津, 不殊於禽鳥, 不殊於新苗, 往時萬物一體之仁, 果覺渾淪成片矣. 欲求停當, 豈不是個善念? 但善則便落一邊, 既有一邊善, 便有一邊不善, 既有一段善, 便有一段不善. 如何能得晝夜相通? 如何能得萬物一體? 顏子得此不息之體, 其樂自不能改. 若說以貧自安而不改, 淺之乎窺聖賢矣."

활발하여 전혀 막힘이 없는 것이니, 이것이 곧 성현의 이른바 즐거움이요 인이다. 대개 이 '인'이라는 글자는 그 본원이 천지(天地)의 대덕(大德)에 뿌리 두고 있으며, 그 맥락은 만물의 심원(心元)에 분명히 드러나 있다. 그러므로 갓난아이가 처음 태어났을 때 어루만지며 장난쳐 주면 기뻐 웃는 것을 그치지 않고, 젖을 먹여서 길러주면 좋아하고 사랑함에 다함이 없다. 대개 사람이 세상에 나옴은 본래 조물주의 생기를 말미암기 때문에 사람이 태어날 때 절로 천연의 낙취(樂趣)가 있는 것이다. 그러므로 공자께서 '인은 사람이다'[161]라고 말씀하셨으니, 이는 배우는 자들에게 심체(心體)의 본원을 명백하게 열어 보여준 것이요, 도에 들어가는 요체를 가리켜 인도한 것이다. 후세에는 인(仁)이 곧 사람의 시초이고 사람이 곧 인의 맹아(萌芽)여서 생성과 변화가 혼융되어 두 가지가 아닌 온전한 하나임을 깨닫지 못하였다. 그리하여 다만 공자와 안연이 즐겨하던 지점을 애써 찾을 생각만 하고, 자신의 몸에서 탐구하기를 망각하였다. 진실로 인이 본디 멀리 있지 않음을 알아야 바야흐로 즐거움을 다른 데서 빌려 찾을 수 없음을 알 것이다.[162]

---

161) 인은 사람이다 : 『中庸章句』 20장. 仁者人也, 親親爲大, 義者宜也, 尊賢爲大. 親親之殺, 尊賢之等, 禮所生也.

162) 『明儒學案』 卷34, 「泰州學案三·參政羅近溪先生汝芳」. 所謂樂者, 竊意隻是個快活而已. 豈快活之外, 複有所謂樂哉? 生意活潑, 了無滯礙, 即是聖賢之所謂樂, 卻是聖賢之所謂仁. 蓋此仁字, 其本源根柢於天地之大德, 其脈絡分明於品彙之心元. 故赤子初生, 孩而弄之, 則欣笑不休, 乳而育之, 則歡愛無盡. 蓋人之出世, 本由造物之生機, 故人之爲生, 自有天然之樂趣. 故曰: "仁者人也." 此則明白開示學者以心體之真, 亦指引學者以入道之要. 後世不省仁是人之胚胎, 人是仁之萌蘖, 生化渾融, 純一無二, 故只思於孔顏樂處, 竭力追尋, 顧卻忘於自己身中討求着落. 誠知仁本不遠, 方識樂不假尋.

나여방이 인과 즐거움을 설명한 것을 보면 모두 생기의 관점을 따르고 있으며, '생기' 두 글자로부터 정묘한 말과 이치를 이끌어 내고 있다. 이에 우리는 확실하게 그를 생기주의자(生機主義者)라고 부를 수 있겠다. 이와 관련하여 나여방의 매우 심오하고 절실한 한 대목의 말이 있다.

『대학』의 '지선(至善)'으로부터 유추해 가면 '효(孝)·제(弟)·자(慈)'에 이르게 된다. 한 사람이 효·제·자하는 집안을 보니 그 집안에선 한 사람도 효·제·자하지 않는 자가 없었고, 한 집안이 효·제·자하는 나라를 보니 그 나라에선 한 사람도 효·제·자하지 않는 자가 없었고, 한 나라가 효·제·자하는 것을 보니 역시 한 사람도 효·제·자하지 않는 자가 없었다. 또 사대부 관료를 말미암아 백성에게 미치고, 어린아이와 청년을 말미암아 어른과 노인에게 미치니, 어린아이와 청년이 모두 어버이를 사랑하고 어른을 공경하는 것은 효·제·자를 능히 알고 능히 행하기 때문이다. 또 한가한 때를 틈타 길거리를 돌아다니며 사람들을 살펴보면 그 사이에 사람들의 수가 얼마나 많은가. 그 속을 들여다보면 부모와 처자식을 생각하는 마음이 서로 굳게 연결되어 있으니, 이 때문에 부지런히 삶을 살아가고 몸을 보전하여 그만둘 수 없음이 있는 것이다. 그래서 나는 30대에 과거에 급제하였으나 고향으로 돌아갔고, 중간에는 부모님을 섬기고 봉양하며 구족(九族)을 돈독하고 화목하게 하였다. 조정에 들어가서는 덕과 재주 있는 자들을 두루 사귀었으며 먼 곳에 벼슬하여서는 간사한 무리들을 몸소 막았다. 이렇게 하여 나이는 많아지고 세월은 오래 흘러 마침내 공자 문하의 『대학』과 『중용』은 전부 『주역』의 '생생(生生)' 한마디로부터 변화하여 나오게 된 것임을 찬탄하게 되었다. 대개 천명(天命)은 낳고 또 낳기를 그치지 않으니, 낳고 또 낳아 비로소 부모가 자기를 낳고 자기는 자식을 낳고 자식은 또 손자를 낳아 이로써 증손·현손에 이른다. 그러므로 부모 형제 및 자손은 낳고 낳아 그치지 않는 천명을 대신하여 피부에 나타난 존재이며, 낳고 낳아 그치지 않는 천명은 부모에게 효도하고 형과 어른을 공경하고 자손을 사랑하는 것을 대신하여 골수에 스며든 것이다. 이렇게 종(縱)으로는 상하와 고금을 이루며 횡(橫)으로는 집안·나라·천하를 만든다. 공자께서 "인(仁)은 사람이니, 친족을 친히 여기는 것이 가장 중요하다."[163]라고 하셨으니『대학』과『중용』은 이 한 구절로 다 표현할 수 있다. 맹자는 사람의 본성이 모두 선하다고 보고, "요순의 도는 효제일 뿐이다."[164]라고 하였으니『대학』과『중용』은 또한 이 한 구절로도 다 표현해낼 수 있다.[165]

---

163) 인(仁)은……중요하다 :『中庸章句』20장. 仁者人也, 親親爲大, 義者宜也, 尊賢爲大. 親親之殺, 尊賢之等, 禮所生也.

164) 요순의 도는 효제일 뿐이다 :『孟子』「告子 下」2장. 徐行後長者, 謂之弟, 疾行先長者, 謂之不弟. 夫徐行者, 豈人所不能哉? 所不爲也, 堯舜之道, 孝弟而已矣.

165) 『明儒學案』卷34「泰州學案三·參政羅近溪先生汝芳」. 向從『大學』至善, 推演到孝弟慈. 由一身之孝弟慈而觀之一家, 一家之中, 未嘗有一人而不孝弟慈者, 由一家之孝弟慈而觀之一國, 一國之中, 未嘗有一人而不孝弟慈者, 由一國之孝弟慈而觀之天下, 天下之大, 亦未嘗有一人而不孝弟慈者. 又由縉紳士大夫以推之群黎百姓, 又由孩提少長以推之壯盛衰老, 孩提少長固是愛親敬長, 以能知能行此孝弟慈也. 又時乘閑暇, 縱步街衢, 肆覽大衆, 其間人數何啻億兆之多. 窺覰其中, 總是父母妻子之念固結維繫, 所以勤謹生涯, 保護軀體, 而自有不能已者. 故某自三十, 登第歸山, 中間侍養二親, 敦睦九族, 入朝而徧友賢良, 遠仕而躬禦魑魅, 以至年載多深, 經歷久遠, 乃嘆孔門『學』『庸』, 全從周易生生一語化得出來. 蓋天命不已, 方是生而又生, 生而又生, 方是父母而己身, 己身而子, 子而又孫, 以至曾而且玄也. 故父母兄弟子孫, 是替天命生生不已, 顯現個膚皮, 天生生不已, 是替孝父母弟兄長慈子孫通透個骨髓. 直豎起來, 便成上今古, 橫互將去, 便作家國天下. 孔子謂: "仁者人也, 親親爲大." 其將『中庸』『大學』, 已是一句道盡. 孟氏謂: "人性皆善." "堯舜之道, 孝弟而已矣." 其將『中庸』·『大學』, 亦是一句道盡.

위의 대목은 진실로 이른바 "적심(赤心)으로부터 차츰차츰 흘러나온다."[166]는 것이다. 현재 유가(儒家) 정신을 발양하려는 사람들이나 유생(唯生) 철학을 제창하는 사람들이 만약 이 부분을 읽는다면 반드시 책상을 치며 찬탄을 그치지 않을 것이다. 종래의 유가 철학을 강학하던 자들 중에서 이 정도로 말한 사람은 없었기 때문이다. 또 나여방은 다음과 같은 훌륭한 말을 하였다.

막 배움을 알게 되자 곧 벌레와 물고기들을 널리 보아 그들이 서로 떨어지지 않고 무리지음을 좋아하게 되었다. 새들이 상하로 날고 소와 양이 출입할 때 형체와 그림자처럼 서로 의지하고 슬피 울며 서로 응하여 조금의 사이도 없이 일체가 됨을 보았다. 이에 문득 '어찌 유독 사람에게 있어서만 이와 다르겠는가.'라고 생각하였다. 나중에 우연히 먼 길을 떠나게 되어 길가에서 나그네를 만나 기뻐하며 종일토록 담소를 나누다가 피곤함도 잊어버리고 마침내 그의 성과 이름도 모른 채 헤어졌는데, 문득 "어찌 유독 친척 사이에서만 이와 다르겠는가."라고 생각하였다. 아! 이는 이해(利害)에 동요되어 마음에 사사로움이 생기기 때문일 뿐이다. 이로부터 통렬하게 스스로를 책망하여 좋은 것이 있으면 남에게 돌리고 잘못이 있으면 자신에게 돌리며, 유익한 것이 있으면 남에게 돌리고 손해되는 것이 있으면 자신에게 돌렸다. 이것이 오래되어 점차 익숙해지니, '나'라는 자의식이 간극을 만들지 않을 뿐만 아니라, 집안, 나라, 천하가 화락하며 소통하고 심지

---

166) 적심(赤心)으로부터 차츰차츰 흘러나온다 : 『朱子語類』卷98, 「張子之書」. 橫渠謂: "天體物而不遺, 猶仁體事而無不在." 此數句是從赤心片片說出來, 荀揚豈能到!

어 자신의 살갗과 머리칼을 스스로 아끼려 하지 않고 생각마다 타인을 이롭게 하고 구제하는 것을 급선무로 여기게 되었다. 30년 동안 '서(恕)' 한 글자에서 힘을 얻은 것이 유독 많았음을 깨달았다.[167]

나여방은 끊임없이 서(恕)로써 인(仁)을 구하는 것을 말하였다. 본래 이 구절은 상투적인 말이지만 나여방이 이치를 충분히 표현해 내어 사람들의 마음을 움직였다. 나여방은 남과 나 사이는 서로 밀접한 관련이 있어서 남의 재능을 이루어 주어야 자기도 이룰 수 있다고 보았다. 그리고 자신이 남과 하나 됨을 그만둘 수 없는 '일체불용이(一體不容已)'의 마음을 근본으로 하여, 오로지 세상을 이롭게 하고 사람들을 구제하는 것을 일삼았다. 그래서 곧잘 남을 위해 희생하기도 하고 관계없는 일에 끼어들기도 하였다. 어록에 다음과 같은 일화가 실려 있다.

선생이 마성(麻城)을 지나갈 적에 민가에 불이 났는데 타오르는 불길 속에서 아이가 평상에 있는 것을 목격하였다. 선생은 큰 돌을 주워 들고 "아이를 구해오는 자에게는 이 돌의 무게만큼 금을 주겠다."라며 저자에서 호령하고 돌을 보여주자, 어떤 사람이 돌을 받고나서 아이

---

167) 『明儒學案』卷34,「泰州學案三·參政羅近溪先生汝芳」. 方自知學, 即泛觀蟲魚, 愛其群隊戀如, 以及禽鳥之上下, 牛羊之出入, 形影相依, 悲鳴相應, 渾融無少間隔, 輒惻然思曰: "何獨於人而異之?" 後偶因遠行, 路途客旅, 相見即忻忻, 談笑終日, 疲倦俱忘, 竟亦不知其姓名. 別去, 又輒惻然思曰: "何獨於親戚骨肉而異之?" 噫! 是動於利害, 私於有我焉耳. 從此痛自刻責, 善則歸人, 過則歸己, 益則歸人, 損則歸己. 久漸純熟, 不惟有我之私, 不作間隔, 而家國天下翕然孚通, 甚至發膚不欲自愛, 而念念以利濟爲急焉. 三十年來, 覺恕之一字, 得力獨多也.

를 구해왔다. 돌의 무게가 다섯 량이었는데 선생이 그 무게만큼 금을
주었다. 그 후에 선생이 다시 마성을 지날 때 사람들이 앞다투어 선생
을 보고 말하기를 "이 분이 아이를 구한 나공(羅公)이시다."라고 하였
다.[168]

이러한 일처리 방식은 보통의 도학선생(道學先生)이라고 하기에는
조금 지나치다는 혐의가 있다. 그럼에도 나여방은 이 정도에서 그치
지 않았다. 그는 때때로 남을 도와주는 일을 너무 열심히 하여 어떤
혐의도 전혀 피하지 않았다. 예를 들면 다음과 같은 경우이다.

이웃의 한 노파가 남편이 옥에 갇혀 선생에게 석방에 힘써 주기를
청하였는데, 그 말이 매우 애처로웠다. 선생은 담당 관리에게 자주 부
탁하기가 꺼려졌기에 자리에 있던 효렴(孝廉)[169]으로 하여금 그를 풀
어주게 하였다. 노파는 십 금(十金)을 뇌물로 주느라 비녀와 장신구를
저당 잡혔고 남편이 옥에서 나오자 노파는 이를 슬피 고하였다. 남편
은 뇌물 바친 것을 허물하여 부인을 계속 꾸짖었다. 이에 선생이 즉시
저당 잡힌 물건을 가지고 와서 노파에게 돌려준 뒤, 자기가 십 금을
빌려 효렴에게 주고는 효렴이 이를 모르게 하였다.[170]

---

168) 『明儒學案』卷34,「泰州學案三·參政羅近溪先生汝芳」. 先生過麻城, 民舍失火, 見火
光中有兒在床, 先生拾拳石號於市, 出兒者予金視石. 一人受石出兒, 石重五兩, 先生依數予
之. 其後先生過麻城, 人爭之曰: "此救兒羅公也."

169) 효렴(孝廉): 명·청 시대 향시(鄕試)에 합격한 사람인 거인(擧人)을 이른다.

170) 『明儒學案』卷34,「泰州學案三·參政羅近溪先生汝芳」. 一鄰嫗以夫在獄, 求解於先
生, 詞甚哀苦. 先生自嫌數幹有司, 令在座孝廉解之, 售以十金, 嫗取簪珥爲質. 旣出獄, 嫗來

이렇게 뇌물을 주는 일은 도학선생은 말할 것도 없고 조금이라도 자신을 아끼는 자라면 그런 일에 기꺼이 손을 대지 않을 것이다. 그러나 나여방은 이를 내버려두지 않고 직접 나서서 자기가 십 금을 갚고 남을 대신하여 뇌물을 바쳤다. 명예와 이익을 둘 다 잃었음에도 전혀 아까워하지 않았으니 그는 단지 남을 구제할 줄만 알았던 것이다. 또 다음과 같은 일이 있었다.

경정향이 순행하다가 영국(寧國)에 이르러 원로에게 전임 수령들의 현부(賢否)에 대해 물었다. 선생에 대해 이야기할 차례가 되자 원로가 말하였다. "이 분은 마땅히 따로 평가해야 하니, 그 어짊이 여러 사람들보다 뛰어났습니다." "그 수령이 다스릴 적에 또한 금전을 요구했다고 들었네." "그렇습니다." "이와 같은데도 어찌 어질다고 하겠는가." "그가 어찌 돈을 좋아했겠습니까. 다만 그가 아는 궁핍한 친구와 친척을 만나면 곧바로 돈을 써버렸을 뿐입니다."[171]

나여방은 이처럼 사소한 행실에 대해서는 개의치 않았으니, 양시교(楊時喬)[172]가 그를 비판한 말이 이상하지 않을 정도이다.

哀告, 夫咎其行賄, 罵罵不已, 先生卽取質遷之, 自貸十金償孝廉, 不使孝廉知也.

171) 『明儒學案』卷34,「泰州學案三·參政羅近溪先生汝芳」. 耿天臺行部至寧國, 問耆老以前官之賢否. 至先生, 耆老曰: "此當別論, 其賢加於人數等." 曰: "吾聞其守時亦要金錢." 曰: "然." 曰: "如此惡得賢?" 曰: "他何曾見得金錢是可愛的? 但遇朋友親戚所識窮乏, 便隨手散去."

172) 양시교(楊時喬, 1531~1609) : 자는 의천(宜遷) 또는 조암(照庵)이고, 호는 지암선생(止庵先生)이다. 시호는 단결(端潔)이다. 관리 임용에서 청탁을 끊고 사사로운 교유를 삼가면서 관청에서 숙식을 하는 등 뇌물이나 청탁을 철저하게 배제했다. 역학에 정통했으며 저

창고에 저장해 놓은 물건으로 남에게 보내는 것을 충당하니, 그에게 의지하려는 자들이 모여들었다. ······ 그에게 와서 빈번하게 청탁을 하니 담당 관리들이 미워하였다.[173]

이런 모습은 안균·하심은과 비슷한데, 셋은 모두 유협(遊俠)의 기풍을 띠고 있지만 다행히 나여방은 법망에 걸리지 않았을 뿐이다.

6. 주여등(周汝登)

주여등(周汝登, 1547~1629)의 자는 계원(繼元)이고 호는 해문(海門)이며 승현(嵊縣, 지금의 절강성 근처) 사람이다. 만력 정축년(萬曆, 1577)에 진사가 되었다. 처음에 남경공부주사(南京工部主事)에 임명되었다가 양회염운판관(兩淮鹽運判官)으로 강등된 뒤, 남경상보경(南京尙寶卿)으로 승관(升官)하였다. 종형(從兄)인 몽수(夢秀)가 왕용계에게 도를 들었는데, 주여등도 이를 통해 마침내 학문을 알게 되었다. 나여방을 만나 가르침을 청한 후에 문득 도를 깨닫게 되었다. 나여방은 일찍이『법원주림(法苑珠林)』[174]으로 가르쳤다. 주여등이 이를 한두 장 살펴보고는 무언가 말하고자 하였는데, 나여방이 이를 저지하고 계속

<hr />

서로는『주역고금문전서(周易古今文全書)』와『마정기(馬政記)』등이 있다.

173) 『明儒學案』卷34,「泰州學案三·參政羅近溪先生汝芳」. 用庫藏充饒遺, 歸者如市. ······ 歸來請托煩數, 取厭有司.

174) 『법원주림(法苑珠林)』: 668년 당(唐)나라의 승려 도세(道世)에 의해 편찬된 100권의 불서(佛書)로 삼보(三寶 : 佛·法·僧)에 관한 여러 문제를 광범하게 내외의 전적을 인용하면서 해설한 백과전서적 저작이다.

보도록 하였다. 이에 주여등은 모골이 송연하여 채찍으로 등짝을 맞은 듯하였다. 그는 나여방의 초상을 갖추어 두고 절일(節日)에는 반드시 제사 지내고 종신토록 섬겼다. 남도(南都)에서 강회를 할 때 「천천증도기(天泉證道紀)」한 편을 가지고 설명하여 뜻을 밝혔다. 허부원(許孚遠)[175]이 "무선무악(無善無惡)을 종주로 삼을 수 없다."라고 하며 「구체(九諦)」를 지어 비난하자, 주여등은 「구해(九解)」를 지어 그의 주장을 펼쳤다. 주여등은 사람을 가르칠 적에 곧바로 깨닫는 것을 중시하였다. 주여등이 홀연히 문인 유고(劉塙)[176]에게 말하였다. "참으로 곧바로 터득했는가?" 유고가 대답했다. "터득했습니다." "그렇다면 너는 성인(聖人)인가?"라고 하자, "또한 성인입니다."라고 하였다. 그러자 주여등이 꾸짖으며 말하였다. "성인이면 성인이지, '또한'이란 한 단어는 군더더기이다."

주여등의 지적은 대부분 이와 같았다. 그의 저서로는『동월증학록(東越證學錄)』,『성학종전(聖學宗傳)』,『성학종계(聖學宗系)』,『정문미지(程門微旨)』,『왕문종지(王門宗旨)』등이 있다.

'천천증도'는 본래 명나라 말엽 학술계의 일대 공안(公案)이었다. 특히 「구체」와 「구해」는 이를 둘러싸고 서로 첨예하게 대립한 글로 매우 중요하다. 주여등은 무선무악(無善無惡)을 종주로 삼아 정묘한 의견을 발휘하였다. 그 개략적인 내용은 다음과 같다.

---

175) 허부원(許孚遠, 1535~1604): 자는 맹중(孟中) 또는 맹중(孟仲)이고 호는 경암(敬菴)이며 시호는 공간(恭簡)이다. 담약수의 제자 당추(唐樞)에게 수학했고 학문은 극기(克己)를 중시했다. 왕양명의 학문을 존숭했고, 양지를 깊이 믿었다. 저서로는『경화당집(敬和堂集)』이 있다.

176) 유고(劉塙): 자는 정주(靜主), 호는 충천(沖倩)이다.

세속을 바로잡는 것은 선을 행하고 악을 제거하는 것으로 방비를 삼는다. 그러나 성(性)을 다하고 천명(天命)을 아는 것은 반드시 무선무악(無善無惡)을 최고의 경지로 삼아야 한다. 무선무악은 곧 선을 행하고 악을 제거하여 자취가 없는 것이다. 선을 행하고 악을 제거하는 것은 무선무악을 깨달아야 비로소 참될 수 있다. 가르침은 본래 상호 통하는 것이니 서로 거스르지 않으며, 말은 서로 이루어주는 것이니 상호 비난하는 것은 곤란하다. 이것이 '천천증도'의 요지이다. 지금 무선무악을 부정하는 자들이 무선(無善)이 됨을 본다면 어찌 악에 들어갈 것을 염려하겠는가. 선이 또한 없으면 악이 다시 무엇으로부터 생성되는지를 알지 못하니, 병이 없으면 병을 의심할 필요가 없는 격이다. 무악이 됨을 본다면 어찌 조금이라도 선이 물리쳐질 것을 의심하겠는가. 악이 이미 없으면 선은 다시 확립할 필요가 없음을 알지 못하니, 머리 위에 또 머리를 얹기는 어려운 것과 같다. 그러므로 하나의 사물도 더하기 어려운 것이 본래의 체(體)이며, 두 머리를 함께 세울 수 없다는 것이 묘밀(妙密)한 말이다. 이것이 바로 '궐중(厥中)'이 되고 '일관(一貫)'이 되며 '지성(至誠)'이 되고 '지선(至善)'이 되니 성인의 학문은 이와 같을 따름이다. 경전 속에 언급된 '선'이라는 글자는 대부분 선악을 대비시켜 말할 때의 선이다. 심(心)과 성(性)이 발하는 곳에 이르러서는 선은 대개 악과 대비되지 않는다. 예컨대 '중심안인(中心安仁)'[177]의 인(仁)이 인(忍)과 대비되지 않고 '주정입극(主靜立極)'[178]

---

177) 중심안인(中心安仁) : 『禮記』「表記」 17장. 子曰: "中心安仁者天下一人而已矣, 『大雅』曰: '德輶如毛, 民鮮克擧之, 我儀圖之. 惟仲山甫擧之, 愛莫助之.' 小雅曰: '高山仰止, 景行行止.'" 子曰: "詩之好仁如此. 鄉道而行, 中道而廢, 忘身之老也, 不知年數之不足也. 俛焉日有孳孳, 斃而后已."

의 정(靜)이 동(動)과 대비되지 않는 것과 같다. 그리고『대학』에서 '선(善)' 위에 '지(至)'자를 붙인 것을 통해 이를 더욱 잘 알 수 있다. 탕탕(蕩蕩)하여 형용할 수 없는 것을 '지치(至治)'라 하고, 백성들이 칭송할 수 없는 것을 '지덕(至德)'이라 한다. 그 밖에 '지인(至仁)', '지체(至體)'와 같은 것들도 모두 말로는 묘사하거나 의론할 수 없기 때문에 '지(至)'라고 명명하는 것이다. '지선'의 '선' 역시 이와 같을 뿐이다. 선은 형용하거나 의론할 수 없고 인식하기가 쉽지 않으므로, 반드시 선을 밝혀야만 성(誠)해질 수 있다. 만일 악과 대비되는 선으로 본다면, 무슨 설명하기 어려운 점이 있길래 굳이 먼저 밝히고 나서야 성(誠)해지겠는가. 그렇다면 '하늘과 땅이 정관함[天地貞觀]'[179]은 정관으로써 천지의 선을 삼을 수 없고, '해와 달이 정명함[日月貞明]'[180]은 정명으로써 일월의 선을 삼을 수 없으며, '성신(星辰)에 상도(常度)가 있음[星辰有常度]'은 상도로써 성신의 선을 삼을 수 없을 것이다. 또 큰 산은 우뚝 솟은 것을 선으로 삼을 수 없고, 하천은 흐르는 것을 선으로 삼을 수 없을 것이다. '사람에게는 진심이 있어서[人有眞心]' 먹고 마시지 않는 자가 없는 것은 이 마음 때문인데, 먹고 마시는 것이 어찌 선이 될 수 있겠는가. '사물에는 올바른 이치가 있어서[物有正理]' 솔개는 하늘을 날고 물고기는 물속에서 뛰어오르는 것이 이 이치인데, 날고 뛰어오르는 것이 어찌 선이 될 수 있겠는가.[181]

---

178) 주정입극(主靜立極) :「太極圖說」. 聖人定之以中正仁義, 而主靜立人極焉.

179) 하늘과 땅이 정관함 :『周易』「繫辭下傳」1장. 天地之道, 貞觀者也.

180) 해와 달이 정명함 :『周易』「繫辭下傳」1장. 日月之道, 貞明者也.

181)『明儒學案』卷36,「泰州學案五‧尙寶周海門先生汝登」. 維範世俗, 以爲善去惡爲隄

첫 번째 견해는 지선(至善), 무선(無善)의 주장에 대해 설명한 것이고, 두 번째 견해는 다만 천기(天機)의 자연스러움은 선악으로 명명할 수 없음을 설명하고 있다. 그 뒤의 모든 견해들은 허부원의 힐난에 대해 답변한 것에 불과하니 대부분 지엽적인 문제와 관계되어 있고, 그 근본적인 주장은 위의 두 가지 견해에서 벗어나지 않는다. 주여등은 자연주의자(自然主義者)로 인생의 여러 활동 전부를 새가 날고 물고기가 뛰어오르며 산이 우뚝 서 있고 하천이 흐르는 것과 동일하게 파악하였다. 이 자연현상은 선악을 초월한 것이며, 인간은 자연과 일체이므로 또한 선악을 초월하는 것이다. 즉 '무선무악'이라는 것은 선악을 초월함을 이른다. 선악을 초월한 선이 곧 지선이다. 이러한 것들은 자연주의자라면 응당 내리는 결론이다. 만일 나여방과 왕벽 등 여러 학자들의 학설에 대해 이해했다면 주여등이 논한 것들은 저절로 이해될 것이다.

주여등의 저작 『성학종전』은 복희(伏羲)에서 나여방에 이르는 경전 속의 말들을 선의(禪意)를 통해 풀이하였는데 막힘없이 활연히 관

防, 而盡性知天, 必無善無惡爲究竟. 無善無惡, 即爲善去惡而無跡, 而爲善去惡, 悟無善無惡而始眞. 敎本相通不相悖, 語可相濟難相非. 此天泉證道之大較也. 今必以無善無惡爲非然者, 見爲無善, 豈慮入於惡乎? 不知善且無, 而惡更從何容, 無病不須疑病, 見爲無惡, 豈疑少卻善乎? 不知惡旣無, 而善不必再立, 頭上難以安頭. 故一物難加者, 本來之體, 而兩頭不立者, 妙密之言. 是爲厥中, 是爲一貫, 是爲至誠, 是爲至善, 聖學如是而已. 經傳中言善字, 固多善惡對待之善, 至於發明心性處, 善率不與惡對. 如中心安仁之仁, 不與忍對, 主靜立極之靜, 不與動對. 『大學』善上加一至字, 尤自可見. 蕩蕩難名爲至治, 無得而稱爲至德. 他若至仁至禮等, 皆因不可名言擬議而以至名之. 至善之善, 亦猶是耳. 夫惟善不可名言擬議, 未易識認, 故必明善乃可誠. 若使對待之善, 有何難辨, 而必先明乃誠耶? 天地貞觀, 不可以貞觀爲天地之善, 日月貞明, 不可以貞明爲日月之善, 星辰有常度, 不可以常度爲星辰之善. 嶽不可以峙爲善, 川不可以流爲善. 人有眞心, 而莫不飮食者此心, 飮食豈以爲善乎? 物有正理, 而鳶飛魚躍者此理, 飛躍豈以爲善乎?

통하였다. 또 그는 공자 문하의 사제(師弟)들에 대해 강론할 때 꼭 집어서 인도해 주어 눈앞에 생생히 나타나게 하였다. 그리고 그는 "그런데도 없었으니, 그렇다면 또한 없겠구나."[182]라는 두 구절을 『맹자』전체의 종지(宗旨)로 파악하고서 다음과 같이 말하였다.

> 맹자는 자사(子思)에게 수업을 받았다. 자사가 『중용』을 지어 "소리도 없고 냄새도 없다."[183]로 끝맺었으므로 맹자 또한 "없겠구나."로 끝맺은 것이다.[184]

이것이 무슨 말인가? 가장 절묘한 것은 그가 『시경(詩經)』「대아(大雅)·억(抑)」편을 강론한 것이다. 이 시는 위무공(衛武公)이 스스로를 경계하는 말로, 대부분 일상생활과 위의(威儀) 및 행동거지에 대한 것이다. 그러나 그는 다음과 같이 설명하였다.

> '서인(庶人)의 어리석음'은 날마다 쓰면서도 알지 못하는 것이다.[185] '철인(哲人)의 어리석음'은 현명함과 지혜로움이 뛰어난 것이요, 어짊과 지혜가 드러나는 것이다.[186] '덕행이 깨달음에 근본한다'는 것은

---

182) 그런데도……없겠구나 : 『孟子』「盡心 下」 38장. 由孔子而來, 至於今, 百有餘歲, 去聖人之世, 若此其未遠也, 近聖人之居, 若此其甚也. 然而無有乎爾, 則亦無有乎爾.

183) 소리도 없고 냄새도 없다 : 『中庸章句』 33장. 『詩』云 "德輶如毛, 毛猶有倫, 上天之載, 無聲無臭."

184) 『聖學宗傳』 卷4, 「孟子」. 孟子受業子思, 子思作『中庸』以無聲無臭終篇, 故孟子亦以此無有乎爾終篇.

185) 【원주】'서인의 어리석음[庶人之愚]'이란 구절에 해당한다.

덕을 아는 것이다.[187] '일찍 일어나 늦게 자고 물 뿌리고 비질하여 백성들의 모범이 되는 것'은 일상에서 벗어나지 않고도 지극한 도를 증명한다는 것이다.[188] '방구석에서도 부끄럽지 않은 것'은 이런 곳에서도 마음 씀이 있는 것이다.[189] '신(神)이 이른다'는 것은, 내 마음이 곧 신이 되는 것이다.[190] '선악을 알지 못한다'는 것은 선을 가리지 못하는 것이다.[191] '손으로 이끌어주고 일로써 보여주며 얼굴을 맞대어 명하고 귀를 잡아당겨 가르쳐준다'는 것은 명백하게 지시해 줌이 눈과 귀, 손과 발, 말하고 침묵하며 움직이고 고요히 있는 사이를 벗어나지 않는다는 것이다.[192] '가령 알지 못한다고 하더라도 이미 자식을 품고 있다'는 것은 자식을 키우고 있다면 곧 지식이 있다는 말이다.[193] '누가 일찍 알고도 늦게 이루겠는가?'는 말은 알면 곧바로 이해하여 기다림이 없다는 말이다.[194] '자만하지 않음'은 더하지 않는 것이다.[195]

---

186) 【원주】'철인(哲人)의 어리석음[哲人之愚]'이란 구절에 해당한다.

187) 【원주】'정직한 덕행이 있다.[有覺德行]'란 구절에 해당한다.

188) 【원주】'일찍 일어나 늦게 자고 물 뿌리고 비질하여 백성들의 모범이 된다.[夙興夜寐, 洒掃庭内, 維民之章.]'란 구절에 해당한다.

189) 【원주】'그대 거실(居室)에 있음을 보건대 거의 옥루(屋漏)에 부끄럽지 않게 할 것이다.[相在爾屋, 尙不愧於室漏]'란 구절에 해당한다.

190) 【원주】'신이 이름[神之格思]'란 구절에 해당한다.

191) 【원주】'좋고 나쁨을 알지 못하는가?[未知臧否]'란 구절에 해당한다.

192) 【원주】'손으로 잡아 줄 뿐만 아니라 일로 보여주며 대면하여 가르쳐 줄 뿐만 아니라 그 귀를 잡고 말해 준다.[匪手攜之, 言示之事, 匪面命之, 言提其耳.]'란 구절에 해당한다.

193) 【원주】'가령 알지 못한다고 하더라도 이미 자식을 품고 있다.[借曰未知, 亦旣抱子.]'란 구절에 해당한다.

194) 【원주】'누가 일찍 알고도 늦게 이루겠는가?[誰夙知而莫成]'란 구절에 해당한다.

195) 【원주】'사람들이 자만하지 않는다.[民之靡盈]'란 구절에 해당한다.

'절차탁마함'은 더할 것이 없고 오직 덜어냄만 있는 것이다.[196] '너그
럽고 점잖으며 우스갯소리를 잘한다'는 것은 여유로워 막히지 않는다
는 것이다.[197] 이윤(伊尹)과 부열(傅說) 이후로 오직 무공(武公)만이 그
종지를 얻었다.[198]

자유자재로 해석한 것이 온통 선(禪)의 기미가 있으니 양간(楊
簡)[199]과 함께 앞뒤로 서로 밝게 빛낼 만하다. 당시는 사상계가 크게
해방되어 유교와 불교의 경계가 이미 타파되었기에 주여등과 같은
논의가 드물었다고는 할 수 없다.

위에서 언급한 사람들 외에 서월은 원강부(沅江府)에서 전사하였으

---

196) 【원주】'잘라 놓은 듯 다듬어 놓은 듯 쪼아 놓은 듯 갈아 놓은 듯하다.[如切如磋, 如琢
如磨.]'란 구절에 해당한다. 이는 「大雅·抑」편이 아니라 「衛風·淇奧」편에 보인다.

197) 【원주】'너그럽고 점잖으며 우스갯소리를 잘한다.[寬兮綽兮, 善戲謔兮.]'란 구절에 해
당한다. 이 역시 「衛風」에 보인다. *「衛風·淇奧」에 보이며, 본래의 시구는 '너그럽고 점잖
으니 아, 중각(重較, 대부가 타는 수레)이로다. 우스갯소리를 잘하니 지나치지 않도다.[寬兮綽
兮, 猗重較兮. 善戲謔今, 不爲虐兮.]'이다.

198) 『聖學宗傳』卷2「衛武公」. 庶人之愚, 日用不知也. 哲人之愚, 賢知之過, 仁知之見也.
德行本於覺, 知德者也. 興寐洒掃, 以爲民章, 不外尋常而證至道也. 不愧屋漏, 是處皆心也.
神之格思, 吾心卽神也. 未知臧否, 未能擇善也. 手携示事, 面命耳提, 明白指示, 不外耳目手
足語黙動靜之間也. 昔曰未知, 亦旣胞子, 胞子之知, 卽知也. 誰夙知而暮成, 卽知卽了, 無等
待也. 靡盈不增也, 切磋琢磨, 無可添, 惟有可減也. 寬綽戲謔, 張弛不礙也. 伊傅而後, 惟武
公得其宗矣.

199) 양간(楊簡, 1141~1226) : 호는 자호(慈湖)이고 자는 경중(敬仲)이다. 육상산을 만나 그
의 제자가 되었다. 인간이 올바른 본심으로 되돌아가기 위해서는 모든 물욕을 제거해야
한다고 주장하였으며, 50여 년 동안 지방 관리로서 여러 가지 정책을 입안하는 한편 육상
산의 학문을 보급시켰다. 저서는 많았으나 현재 전해지지 않는다.

며, 조정길(趙貞吉)은 엄숭을 비난하고 고공(高拱)[200]을 배척하였으며, 도망령은 심일관(沈一貫)[201]을 신랄하게 비판하였는데 모두 태주학파의 걸출한 인물들이다. 또 태주학파의 제자인 등활거(鄧豁渠)[202]는 세상 밖을 유랑하여 한 번 떠나 돌아오지 않았으니 그야말로 괴짜였다. 그리하여 그들의 논의는 기록할 만한 것이 비교적 적기 때문에 여기에선 일단 생략하도록 한다. 그 대략적인 내용을 알고자 한다면 『명유학안』을 참고할 만하다. 태주학파의 인물들을 총괄하여 살펴보니, 모두 활발한 기상을 지니고 있어 이들 전후로 이러한 인물들을 찾아볼 수 없었으며, 곧바로 깨달아 조금도 피하거나 숙고한 것이 없었다. 그들을 괴이하고 황당한 사람들이라고 평가한다면 진실로 괴이하고 황당하다고 볼 수 있고, 훌륭하다고 평가한다면 또한 굉장히 훌륭한 인물들이라 할 수도 있다. 만일 양명학이 그대로 쭉 발전해나갔다면 세상을 뒤흔들 일이 발생했을지도 모른다.

---

200) 고공(高拱, 1512~1578) : 자는 숙경(肅卿)이고, 호는 중현(中玄)이며, 시호는 문양(文襄)이다. 실속 없는 공허한 학문보다는 시대를 구제하고 실용에 이바지 할 수 있는 학문을 주장하여, 주희의 성즉리설(性卽理說)과 왕양명의 양지양능설(良知良能說)을 반대하고 실제 경험을 중시했다. 저서에 『춘추정지(春秋正旨)』, 『문변록(問辨錄)』, 『일진직강(日進直講)』, 『고문양공집(高文襄公集)』 등이 있다.

201) 심일관(沈一貫, 1531~1615) : 자는 견오(肩吾), 호는 용강(龍江)이며, 시호는 문공(文恭)이다. 융경 2년(隆慶, 1568)에 진사가 되었다. 사관(史館)에 있으면서 장거정에게 붙으려고 하지 않아 고결한 지조가 천하에 알려졌다. 저서에 『역학(易學)』, 『장자통(莊子通)』, 『경사굉사(經史宏辭)』, 『경정초(敬亭草)』, 『오월유고(吳越遊稿)』 등이 있다.

202) 등활거(鄧豁渠) : 본명은 명학(名鶴), 호는 태호(太湖)이다. 저서로는 『남순록(南詢錄)』이 있다.

132

IV

이지(李贄)와 양명 좌파

태주학파에 대한 설명을 마친 시점에서, 한 사람의 괴이한 인물이 연상된다. 바로 이지(李贄, 1527~1602)이다. 그는 비록 정식으로 양명 좌파의 반열에 들어가지 못하였으나, 양명 좌파와의 관계가 매우 밀접하며 그의 사상과 행동은 양명 좌파의 정신을 충분히 파악하여 표현해 내고 있다. 이지의 『분서(焚書)』와 『장서(藏書)』 및 원굉도(袁宏道)[203]의 「이온릉전(李溫陵傳)」, 오우릉(吳又陵)의 「이탁오별전(李卓吾別傳)」은 그의 의론(議論)과 사적(事跡)으로 중요한 부분을 서술하여 양명 좌파와의 관계를 잘 보여준다.

이지의 호는 탁오(卓吾)이고 천주(泉州) 진강(晉江) 사람이며 가정 6년(嘉靖, 1527)에 태어났다. 12세에 「노농노포론(老農老圃論)」을 지어 "나는 이때에 이미 번지(樊遲)의 질문[204] 의도가 삼태기를 메고 지팡

203) 원굉도(袁宏道, 1568~1610) : 자는 중랑(中郞)이고, 호는 석공(石公)이다. 형 원종도(袁宗道), 동생 원중도(袁中道)와 함께 삼원(三袁)으로 일컬어지며, 출신지 이름을 따서 공안파(公安派)로 불린다. 이지의 문하에서 수학하고, 시의 진수는 개성의 자유로운 발로이며 격조에 얽매여서는 안 된다고 주장했다. 왕세정(王世貞)이나 이반룡(李攀龍)의 복고적인 문풍에 대해 비판하면서 성령(性靈)을 표출하는 것에 중점을 두어야 한다고 주장했다. 저서에 『원중랑집(袁中郞集)』, 『병화재잡록(甁花齋雜錄)』, 『파연재집(破硏齋集)』 등이 있다.

204) 번지(樊遲)의 질문 : 『論語』「子路」 4장. 樊遲請學稼, 子曰: "吾不如老農." 請學爲圃, 曰: "吾不如老圃." 樊遲出, 子曰: "小人哉! 樊須也. 上好禮, 則民莫敢不敬, 上好義, 則民莫敢

이를 짚은 은자[205])에 있음을 알았다."라고 말하였다. 장성하여 키가 7척이나 되었고 이리저리 눈을 돌리지 않고 바른 자세를 유지했다. 매우 가난했음에도 불구하고 친구들의 위급함을 볼 때마다 도와주었다. 전주(傳註)를 읽을 때는 정신이 산만해져 살펴보지 않아 주자의 깊은 생각에 합치될 수 없었다. 그래서 이를 버려두고 일삼지 않으려 했으나 너무 한가할 때에는 시간을 보낼만한 것이 없어 읽어 보고는 이에 "이것은 말장난일 뿐이로다! 표절한 것이 눈만 어지럽힌다. 주사(主司)가 어찌 일일이 공자의 깊고 정밀한 뜻을 능히 알겠는가."라고 탄식하였다.

그는 이미 향시에 합격하여 회시에 응시할 수 있는 자격을 얻었으나 갈 길이 멀어 끝내 응시하지 않고, 공성(共城)의 교관(校官)이 되었다. 공성은 송(宋)의 이지재(李之才)[206])가 벼슬한 곳으로, 소옹(邵雍)의 안락와(安樂窩)가 소문산(蘇門山) 백천(百泉)가에 있었다. 이지는 천주에서 태어났는데 천주는 온릉선사(溫陵禪師)가 머물렀던 곳이어서 일찍이 스스로 온릉거사라고 하였다. 이때에 날마다 백천가에서 노닐면서 "내가 천주에서 태어나고 또 백천가에서 벼슬하니 '천(泉)'과 나는 전생에 인연이 있었나 보다."라고 말하였다. 이로 인하여 또 스스

不服, 上好信, 則民莫敢不用情, 夫如是, 則四方之民, 襁負其子而至矣, 焉用稼."

205) 삼태기를 메고 지팡이를 짚은 은자 : 『論語』「微子」 7장. 子路從而後, 遇丈人以杖荷蓧, 子路問曰: "子見夫子乎?" 丈人曰: "四體不勤, 五穀不分, 孰爲夫子." 植其杖而芸.

206) 이지재(李之才, ?~1045) : 북송 청주(靑州) 북해(北海) 사람으로, 자는 정지(挺之)이다. 인종(仁宗) 천성(天聖) 8년(1030) 진사(進士)가 되었다. 진단(陳摶)에서 종방(種放), 목수(穆修)로 이어지는 역학(易學)을 계승했으며, 소옹(邵雍)이 그 뒤를 이어 송나라 상수학(象數學)의 대가가 되었다.

로 '백천거사(百泉居士)'라 이름지었다. 이후 예부(禮部)의 사무(司務)를 지냈는데 이지가 말하였다. "내가 듣기로 서울은 선비들이 모여 있는 곳이라 하니, 어찌 찾아가서 배우지 않겠는가." 어떤 자가 말하였다. "그대는 성품이 매우 편협하니, 만일 도를 듣는다면 마땅히 절로 넓어질 것이다." 이에 이지는 "그렇겠소."라 하고는 마침내 스스로 '굉보(宏父)'라고 이름하였다.

처음에 도를 배우는 것을 알지 못하였을 때 혹자가 그에게 말하였다. "그대는 죽음이 두렵소?" "죽음을 어찌 두려워하지 않겠는가." "그대는 이미 죽음을 두려워하고 있으면서 어찌 도를 배우지 않는가? 도를 배우는 것은 생사를 면하기 위해서라오." "이러한 것이 있었구려!"라고 답하고 마침내 도의 묘한 이치에 잠심(潛心)하였다. 얼마 후 언어와 문자를 초월하여 깨달은 바가 있게 되었다.

지방으로 나가 요안지부(姚安知府)가 되어 다스릴 때 중요한 기준만 확립하고 나머지 일은 모두 간소하게 하여 자연에 맡겼다. 덕으로 교화하는 데에 힘쓰고 세속의 명성을 구하지 않았다. 스스로 다스리기를 청빈하게 하니 관리, 백성, 아전, 오랑캐까지 귀의하여 따르지 않는 자가 없었다. 승려와 어울리는 것을 즐겼으며 늘 절에서 공무를 처리하였다. 간혹 당상에 있을 때에도 이름난 고승을 모셔두고 공문서를 처리하다가 시간이 날 때면 그들과 함께 불학(佛學)의 깊은 이치에 대해 토론하기도 하였다. 이지는 녹봉 이외에 불필요한 물건은 하나도 곁에 두지 않았다. 당시에 그의 상관이 엄하고 각박하여 관리와 백성들이 매우 불안해하였다. 이에 이지는 "변방의 잡다한 오랑캐들은 법으로 모조리 다스리기가 어렵습니다. 여기에서 벼슬하는 자는 집안 식구들을 데리고 이 먼 곳까지 와서, 걸핏하면 과실을 저지르고

낭패를 보고 떠나게 되니, 더욱 유념하지 않을 수 없습니다. 한 가지 장점만 있어도 현자가 되니 어찌 반드시 완비하기를 요구하겠습니까."라고 말하였다. 3년이 지난 뒤에 병으로 사직하기를 청하였으나 허락받지 못했다. 결국 대리(大理)의 계족산(雞足山)으로 들어가 장경(藏經)을 읽으며 나오지 않았다. 어사(御史) 유유(劉維)[207]가 그 절개를 훌륭하게 여겨 그가 사직할 수 있도록 상소를 올려주었다.

이지는 처음에 황안(黃安)의 경정리(耿定理)[208]와 친했는데, 지방부임을 마친 후에 집에 돌아가지 않고 그에게 "나는 늙었지만 한두 명의 좋은 친구를 얻어 종일토록 얼굴을 마주하고 이야기를 나누며 여생을 보낼 수 있으니, 어찌 군이 고향으로 돌아가겠는가."라고 말하고는 마침내 황안에서 빈객생활을 하였다. 중년에 아들 몇 명을 얻었으나 모두 제대로 자라지 못하였다. 이지는 몸이 원래 수척하였으며 여색을 즐기지 않아 자식이 없었어도 첩을 두지 않았다. 두루 돌아다니다가 마성(麻城) 용담호(龍潭湖)에 이르러 승려 심유(深有),[209] 주사경(周思敬),[210] 구탄(丘坦),[211] 양정견(楊定見)[212]과 함께 모였다. 문을 닫고

---

207) 유유(劉維) : 자는 덕굉(德紘)이고 호는 구택(九澤)이다.

208) 경정리(耿定理, 1534~1577) : 자는 자용(子庸)이고 호는 초공(楚倥)으로 경정향의 아우이다.

209) 심유(深有) : 호는 무념(無念)이다.

210) 주사경(周思敬, 1532~1597) : 자는 자례(子禮)이고 호는 우산(友山)이다. 융경 2년(隆慶, 1568)에 진사(進士)가 되었으며 호부대랑(户部侍郎)을 역임하였다. 마성(麻城)의 용호(龍湖)에 지불원(芝佛院)이란 절을 지어 이지(李贄)가 처와 가족들을 고향으로 돌려보내고 우거하며 연구와 학문에 전념할 수 있도록 도와주었다.

211) 구탄(丘坦) : 자는 탄지(坦之), 호는 장유(長孺)이다. 선조 35년(1602)에 황태자 책립을 알리러 조선에 왔던 사신 고천준(顧天峻)의 종사관이기도 하였으며, 이정귀(李廷龜 1564~1635), 허균(許筠, 1569~1618) 등과도 교유하였다.

자물쇠를 걸어 잠가 날마다 독서하는 것으로 일을 삼았다. 마당 쓸기를 좋아하여 자주 댑싸리를 묶어 빗자루를 만들었으나 이로도 부족할 정도였다. 그리고 이불과 옷을 매우 깨끗하게 빨았으며 몸과 얼굴을 털고 닦아 마치 결벽증이 있는 사람 같았다.

속세의 손님들을 좋아하지 않아서 허락 없이 찾아오면, 다만 한번 공수(拱手)를 하고는 멀리 떨어져 앉게 하고 싫어하는 내색을 보였다. 좋아하는 사람과는 아침부터 저녁까지 담소를 나누다가 뜻이 맞지 않은 부분이 있으면 한마디 말도 하지 않았다. 익살스럽게 놀려대고 웃으며 입에서 나오는 대로 말하였는데, 매우 재미있으면서도 깊이 파고드는 예리함이 있었다. 읽는 책들을 모두 베껴 써서 선본(善本)을 만들었는데, 글자들을 하나하나 교감하고 이치를 명확하게 분석하니 때때로 새로운 뜻이 나오기도 하였다. 그는 문장을 지을 때 경계를 짓지 않고 마음속에 있는 독특한 견해를 넓게 펼쳐나갔다. 또 글씨 쓰는 것을 좋아하여 먹을 갈고 종이를 펼칠 때면 옷을 풀어헤치고 크게 소리를 질렀다. 그가 득의(得意)한 작품들은 글자의 획이 가늘면서도 힘이 있고 험절(險絶)하여 필력이 종이 위에 웅건하게 드러나 있었다.

하루는 머리가 가려운데 빗질하기는 귀찮아서 삭발을 하고 수염만 남겨두었다. 이지는 의관을 벗고 살던 곳을 곧바로 사찰로 삼았다. 평소 출가한 일에 대해 다음과 같이 논하였다. "세상에서 세 부류의 사람만이 출가에 적합하다. 첫째는 장주(莊周), 매복(梅福)[213]과 같은 무

---

212) 양정견(楊定見) : 자는 봉리(鳳里)이다. 천계(天啓)·숭정(崇禎) 연간(1621~1628)에 120회본『충의수호지전(忠義水滸志全)』을 편찬하였다.
213) 매복(梅福) : 자는 자진(子眞)이다.『상서(尙書)』와『춘추곡량전(春秋穀梁傳)』에 밝아

리이다. 이들은 삶을 질곡으로 여기고 형체를 욕된 것으로 여기며 지혜를 독으로 여겨 자기 몸을 혹 덩어리 보듯 하니, 관직을 버리고 은거하지 않을 수 없다. 둘째는 엄광(嚴光),[214] 완적(阮籍),[215] 진단(陳摶),[216] 소옹(邵雍)과 같은 무리이다. 이들은 진실로 부열(傅說)이 고종(高宗)을 만난 것과 태공(太公)이 문왕(文王)을 만난 것과 관중(管仲)[217]이 환공(桓公)을 만난 것과 제갈량(諸葛亮)[218]이 선주(先主) 유비를 만

명경(明經)으로 일찍이 벼슬을 했지만, 나중에 사직하고 고향 수춘(壽春)으로 돌아왔다. 왕망(王莽)이 정권을 잡자 처자들과 이별하고 구강을 떠났다. 이후 회계(會稽)에 나타났는데, 성명을 바꾸어 살다가 오시문(吳市門)에서 죽었다.

214) 엄광(嚴光, BC 37~BC 43) : 자는 자릉(子陵)이고 일명 준(遵)이다. 젊어서부터 명성이 높았고, 후한의 광무제(光武帝) 유수(劉秀)와 함께 공부하였는데 무제가 즉위하자 성명을 바꾸고 은거했다. 광무제가 불러 간의대부(諫議大夫)를 제수하려고 했지만 사양하고 부춘산(富春山)에 은거했다.

215) 완적(阮籍, 210~263) : 자는 사종(嗣宗)이고, 아버지는 후한(後漢) 말의 명사이자 건안칠자(建安七子)의 한 사람인 완우(阮瑀)이다. 위나라에서 보병교위(步兵校尉)를 지낸 적이 있기 때문에 완보병(阮步兵)으로도 불렸다. 노장(老莊)을 좋아했고 예교(禮敎)를 멸시했으며, 혜강(嵇康)과 함께 죽림칠현(竹林七賢)의 중심인물이다.

216) 진단(陳摶, 871~989) : 자는 도남(圖南)이며 호는 부요자(扶搖子)이다. 송 태종(太宗)은 그에게 희이선생(希夷先生)이라는 호를 하사했다. 그는 한 대(漢代) 이후 끊어진 상수학(象數學)을 계승하고 『무극도(無極圖)』, 『선천도(先天圖)』를 창조하여 송대의 이학(理學)을 연 인물로 평가받는다.

217) 관중(管仲, ?~BC 645) : 이름은 이오(夷吾)이다. 환공(桓公)이 즉위할 무렵 환공의 형인 규(糾)의 편에 섰다가 패전하여 노(魯)나라로 망명하였다. 그러나 포숙아(鮑叔牙)의 진언으로 환공에게 기용되어 군사력의 강화, 상업·수공업의 육성을 통하여 부국강병을 꾀하였다. 대외적으로는 동방이나 중원의 제후와 9번 회맹(會盟)하여 환공에 대한 제후의 신뢰를 얻게 하였으며, 남쪽에서 세력을 떨치기 시작한 초(楚)나라를 누르려고 하였다. 저서로는 『관자(管子)』가 있다.

218) 제갈량(諸葛亮, 181~234) : 자는 공명(孔明), 시호는 충무후(忠武侯)이다. 후한(後漢) 말의 전란을 피하여 출사(出仕)하지 않았으나 명성이 높아 와룡선생(臥龍先生)이라 일컬어졌다. 유비(劉備)로부터 '삼고초려(三顧草廬)'의 예로써 초빙되어 '천하삼분지계(天下三分之計)'를 진언하였다. 이후 유비를 도와 오나라의 손권(孫權)과 연합하여 남하하는 조조(曹操)의 대군을 적벽(赤壁)의 싸움에서 대파하고, 형주(荊州)와 익주(益州)를 점령하였다. 221년 한

난 것에 비견되지 못하면, 차라리 은둔하여 세상에 나오지 않는다. 셋째는 도연명(陶淵明)[219]과 같은 이들이다. 그는 부귀를 좋아하고 가난을 괴로워하였다. 가난을 괴로워했기 때문에 걸식을 하면서도 부끄러워 "대문을 두드렸으나 말을 꺼낼 수 없네."[220]라고 하였다. 또 부귀를 좋아했기 때문에 팽택(彭澤)의 현령이 되고자 하였다. 그러나 허리를 굽히는 것을 참을 수 없었던 것은 어째서인가? 이 때문에 80일 만에 「귀거래사(歸去來辭)」를 지었으니 또한 그 한 부류라 하겠다." 시종이 물었다. "선생님께서는 셋 중에 어디에 속하십니까?" "좋은 질문이구나. 장주와 매복과 같은 시각은 내가 가지고 있지 않고, 자기를 알아주는 주인을 기다린 후에야 출사하는 사람은 반드시 세상을 덮을 만한 뛰어난 재주를 갖추고 있을 터인데 나에게는 이러한 능력 또한 없다. 그렇다면 도연명과 같겠구나. 도공(陶公)의 고결한 정신은 천고에 미치고 있으니, 내가 무슨 대단한 사람이라고 감히 그에 가깝

나라의 멸망을 계기로 유비가 제위에 오르자 승상이 되었고, 유비 사후에도 끝까지 후주(後主) 유선(劉禪)을 보필하였다. 주요 작품으로는 위나라와 싸우기 위하여 출진할 때 올린 「전출사표(前出師表)」와 「후출사표(後出師表)」가 있다.

219) 도연명(陶淵明, 365~427) : 자는 연명(淵明) 또는 원량(元亮)이고 이름은 잠(潛)이다. 29세 때에 벼슬길에 올라 주(州)의 좨주(祭酒)가 되었지만, 얼마 안 가서 사임하였다. 그 후 군벌항쟁의 세파에 밀리면서 생계를 위해 진군참군(鎭軍參軍)·건위참군(建衛參軍) 등의 관직을 역임하였다. 그러나 항상 전원생활을 그리워하여 41세 때에 누이의 죽음을 구실삼아 팽택현(彭澤縣)의 현령(縣令)을 사임한 뒤 관직에 나가지 않았다. 이때의 퇴관성명서라고도 할 수 있는 것이 유명한 「귀거래사(歸去來辭)」이다. 그의 평담(平淡)한 시풍은 당대(唐代)의 맹호연(孟浩然), 왕유(王維), 저광희(儲光羲), 위응물(韋應物), 유종원(柳宗元) 등 많은 시인들에게 영향을 미쳤다.

220) 대문을……없네 : 『陶淵明集』 卷2 「乞食」에 보인다. 전문은 다음과 같다. 飢來驅我去, 不知竟何之. 行行至斯里, 叩門拙言辭. 主人解余意, 遺贈豈虛來. 談諧終日夕, 觴至輒傾杯. 情欣新知勸, 言詠遂賦詩. 感子漂母惠, 愧我非韓才. 銜戢知何謝, 冥報以相貽.

다 할 수 있겠는가. 그러나 진실한 일념으로 세간의 속박과 구속을 받지 않고자 함은 나와 같다고 말할 수 있을 것이다."

이지는 사람을 가르쳐 인도하는 것을 좋아하여 와서 묻고 배우는 자들이라면 승려건 세속인이건 간에 진심을 다하여 응대해주었다. 이에 황안과 마성 일대는 그의 가르침으로 감화되었다. 당시에 그를 찾아와 불법(佛法)을 듣는 여인들이 있었는데, 어떤 사람이 여인들은 식견이 얕아 도를 배우는 일을 감당하지 못할 것이라고 하자, 이지는 "사람에 남녀가 있다고 말하는 것은 괜찮지만, 식견에 남녀의 구분이 있다는 것이 어찌 옳겠는가. 식견에 깊고 얕음이 있다고 말하는 것은 괜찮지만, 남자의 식견은 모두 깊고 여자의 식견은 죄다 얕다는 것이 어찌 옳겠는가. 그리고 불법을 배우러 오는 저 여인들은 남자들보다 낫다."라고 말하였다. 이지의 기운이 이미 격앙되어 있었고 행동이 또 뭇사람들을 놀라게 하니, 황안과 마성의 사대부들은 모두 떠들썩하게 이단이 대중을 미혹한다고 비방하였다. 이에 이지는 그 여인들과 함께 도에 대해 나누었던 말들을 『관음문(觀音問)』 등의 책으로 만들었다. 이지를 시기하는 자들은 더욱 남녀의 구별을 구실로 그를 비난하여 쫓아버릴 것을 생각하였다. 이지가 웃으면서 "내가 이단이라고? 그렇다면 관(冠)을 쓰면 되겠군."이라 하고는 마침내 옛 의관을 입었다. 이때 좌할(左轄) 유동성(劉東星)[221]이 이지를 무창(武昌)에서 맞이하였고, 이후로 이곳저곳을 자주 오갔다. 유동성은 필수(泌水)에서, 매

---

221) 유동성(劉東星, 1538~1601) : 자는 자명(子明)이고 호는 진천(晉川)이며 시호는 장정(莊靖)이다.

국정(梅國禎)[222]은 운중(雲中)에서, 초횡(焦竑)[223]은 말릉(秣陵)에서 각각 이지를 맞이하고 모두 성인으로 추존하였다.

얼마 후 다시 마성으로 돌아갔는데, 또 이지를 비방하는 말로 관리에게 고하는 자가 있었다. 이에 관리는 이지를 쫓아내고 그 사찰을 불태웠다. 어사 마경륜(馬經綸)[224]은 항상 그에게『주역』의 뜻을 물어보고 크게 탄복하여 스승의 예로써 그를 섬기고 받들어 함께 황얼산(黃蘗山)으로 들어갔다. 임인년(1592)에 북쪽으로 유람하여 교외의 극락사(極樂寺)에 이르러 통주(通州) 마경륜의 집에 머물렀다. 그런데 갑자기 '이지가 저서에서 사명(四明) 심일관을 헐뜯었다'는 유언비어가 도성에 퍼졌다. 심일관은 이지를 매우 미워하였지만 비방한 흔적을 찾을 수 없었다. 그러다 예원도간(禮垣都諫) 장문달(張問達)[225]이 상소를 올려 이지를 탄핵하여 마침내 옥에 가두라는 명령이 떨어졌다.

체포하려는 자들이 이르자 온 집안이 소란스러워졌다. 이지는 힘겹게 일어나서 몇 걸음을 떼고는 큰 소리로 말하였다. "이는 나 때문

---

222) 매국정(梅國禎, 1542~1605) : 자는 극생(克生)이고 호는 형상(衡相)이다. 저서로는『매사마유문(梅司馬遺文)』,『연대집(燕台集)』,『성리격언(性理格言)』등이 있다.

223) 초횡(焦竑, 1541~1620) : 자는 약후(弱侯)이고 호는 담원(澹園)이며, 시호는 문단(文端)이다. 나여방과 경정향 등에게서 학문을 배웠고, 왕양명의 치양지설을 학문의 근본입장으로 삼았다. 선학(禪學)의 관점에서 정호(程顥)의 불교 비판을 반박하면서, 불교에서 말하는 본래무일물(本來無一物)은『중용』의 미발(未發)과 같다고 주장, 유불(儒佛)의 조화를 시도했다. 그의 저서인『초씨필승(焦氏筆乘)』과 경전목록집『국사경적지(國史經籍志)』는 중국 문헌학상 중요한 자료로 평가된다. 그 밖의 저서에『노자익(老子翼)』,『장자익(莊子翼)』,『국조헌징록(國朝獻徵錄)』등의 주석집과 시문집『담원집(澹園集)』이 있다.

224) 마경륜(馬經綸, 1562~1605) : 자는 주일(主一)이고 호는 성소(誠所)이다.

225) 장문달(張問達, ?~1625) : 자는 덕윤(德允)이다. 예과급사중(禮科給事中)이 되어 이지를 '사악한 설로 대중을 현혹한다[邪說惑衆]'고 모함하며 탄핵하고 체포하여 투옥시켰다.

이다! 나를 위해 문짝을 가져와라!" 그는 문짝 위에 드러눕더니 고함을 지르며 "내가 죄인이니 여기에 머물러서는 안 된다."라고 말하였다. 이에 마경륜이 따라가기를 원하여 "조정에서 선생님을 요망한 자라고 하니 그렇다면 저는 요망한 자를 감춘 사람입니다. 죽더라도 같이 죽을 뿐, 끝내 선생님만 가시게 하고 저 홀로 남지는 않겠습니다."라고 하고는 마침내 동행하였다.

다음날 대금오(大金吾)가 심문하였는데, 시종이 이지를 부축하고 들어와 계단 위에 눕혔다. 금오가 "너는 어찌하여 함부로 저술을 했는가?"라고 말하였다. 이에 이지는 "죄인이 지은 책이 매우 많지만, 성인의 가르침을 수록하고 있어서 유익함만 있고 해가 될 것은 없습니다."라고 말하였다. 대금오가 그의 강경한 태도를 비웃었는데, 옥사를 끝내고는 더 이상 말을 하지 않았다. 대충 이지를 고향에 돌려보내는 선에서 그치려고 했던 것이다. 옥에 갇힌 지 오래되었으나 교지가 내려오지 않았다. 이지는 옥중에서도 평소처럼 시를 짓고 책을 읽었으며 관리 또한 그를 급히 죽이려고 하지는 않았다. 하루는 이지가 시종을 불러 머리를 깎게 하다가 마침내 칼을 집어 자신의 목을 베었는데, 이틀 동안 숨이 끊어지지 않았다. 시종이 "스님, 아프지 않으십니까?"라고 물었다. 이지는 그의 손바닥에 글씨를 썼다. "아프지 않다." 시종은 "스님께서는 어째서 스스로 목을 베셨습니까?"라고 물었다. 이지는 "칠십 먹은 노인이 무슨 구하는 바가 있겠는가."라고 썼다. 마침내 숨을 거두었으니 그의 나이 76세였다. 마경륜은 일이 늦춰진다고 생각하여 아버지를 뵈러 돌아갔는데, 이에 이르러 선생의 소식을 듣고는 애통해하며 "내가 선생을 지키는 것을 삼가지 못하여 일이 이 지경에 이르렀다."라고 말하였다. 마침내 그 유해를 통주 북문 밖에 매장하고, 그를 위하여 무덤을 크게 만들고는 사찰을 짓도록 하였다.

이지가 지은 책으로는 『분서(焚書)』, 『장서(藏書)』, 『설서(說書)』, 『구정역인(九正易因)』 등이 있다. 그의 학문은 규범을 고집하지 않고 유교와 불교 사이를 넘나들었으며, 대지(大旨)와 연원은 양명학에 있었다. 그는 스스로 "한 사람에게 네 번 절을 올리고 수업을 받아 스승을 삼지 않았다."고 하였으며, 양명 좌파의 사람들을 극진히 존숭하였다. 이지는 그중에서도 왕용계를 가장 사모하였고 다음은 나여방이었다. 승려 심유는 그의 말을 다음과 같이 서술하였다.

공께서 저에게 말씀해주신 것을 떠올려보면 "내가 남도에 있을 때, 왕 선생님을 뵌 것이 두 번, 나 선생님을 뵌 것이 한 번이었다. 전(滇)에 들어가서는 용리(龍里)에서 나 선생님을 두 번 뵐 수 있었다."라고 하셨습니다. 그러나 이는 정축년(1577) 이전의 일로, 이후로 두 선생님의 책을 읽지 않은 해가 없었고, 두 선생님의 학문을 이야기 하지 않은 적이 없었습니다. 제가 그것을 들을 때면 곡진하면서도 맛이 있으며, 상세히 밝히면서도 싫증나지 않았습니다. 글을 잘 쓰는 자가 있으면 붓을 잡고 곁에서 모시게 하였는데, 빨리 말씀하실 때에는 받아 적느라 팔이 빠지는 것 같았습니다. 또 종이는 열 장, 백 장에서 그치지 않고 천 장을 넘길 정도였습니다.[226]

---

226) 『焚書』 卷3, 「雜述-羅近谿先生告文」. 憶公告某曰: "我于南都得見王先生者再, 羅先生者一. 及入滇, 複于龍里得再見羅先生焉." 然此丁丑以前事也. 自後無歲不讀二先生之書, 無口不談二先生之腹. 今某聽之, 親切而有味, 詳明而不可厭, 使有善書者執管侍側, 當疾呼手腕脫矣, 當不止十紙百紙, 雖千紙且有余矣.

이지는 왕용계와 나여방의 흥미로운 담론의 깊은 뜻을 다 전하지 못할까 걱정하였다. 위의 글 「나근계선생고문(羅近谿先生告文)」에는 그에 대한 사모로 가득 찬 마음이 드러나 있어서 사람들을 감동시킨다. 또한 이지는 용계를 칭송하여 다음과 같이 말하였다.

당대 유학자들의 사표(師表)이고, 사람과 하늘의 법안(法眼)이며, 흠 하나 없는 백옥과 같고 백 번 제련한 황금과 같은 분이십니다. …… 제가 비록 태어난 것이 늦고 처한 곳도 가깝지 않지만 그 행한 바에 대해 주시하고 정신을 쏟으며 마음을 기울이고 두려워하며 들었던 것은 오직 선생뿐이었습니다. …… 제가 옛 사람들을 생각해봄에 진실로 선생님과 같은 분은 있지 않았습니다.[227)]

선생의 이 책은 전무후무하니, 뒷날 학자들이 다시 책을 짓지 않아도 될 것입니다.[228)]

용계 선생의 전집이 나오거든 제게 보내는 것을 꼭 기억해 주십시오. …… 세간에 강학하는 여러 책들 중에 명쾌하고 투철한 것은 예로부터 지금까지 용계 선생의 저서만 한 것이 없습니다. …… 대개 근계 선생의 어록은 모름지기 깨우친 자라야 언어 밖의 뜻을 살필 수 있고,

---

227) 『焚書』 卷3, 「雜術-王龍谿先生告文」. 聖代儒宗, 人天法眼, 白玉無瑕, 黃金百煉. …… 雖生也晚, 居非近, 其所爲凝眸而注神, 傾心而悚聽者, 獨先生而已. …… 我思古人實 未有如先生者也.
228) 『焚書』 卷3, 「雜術-龍谿先生文錄抄序」. 先生此書, 前無往古, 後無將來, 後有學者可 以無復著書矣.

그렇지 않은 자는 도리어 속박되어 버립니다. 왕 선생의 글처럼 글자 하나하나가 모두 해탈하여 이미 터득함이 있는 자가 읽으면 충분히 마음에 부합하여 깨달음이 있으며, 아직 터득하지 못한 자라도 읽고 나면 진리를 깨닫게 되는 것과는 같지 않습니다.[229]

이것은 내심 깊이 탄복하여 존중하고 공경함이 지극한 지점이다. 그런데도 이지가 용계의 문하에 들어가지 못한 까닭은 다만 한 번 절을 올리는 차이가 있었을 뿐이다. 이지는 태주학파를 칭송하며 다음과 같이 말하였다.

당시에 양명 선생의 문도들이 천하에 두루 퍼져 있었는데 유독 심재(心齋)가 가장 뛰어났다. 심재는 본래 염정(鹽丁)이어서 글자도 모르는 무식한 자였다. 그러나 사람들이 책을 읽는 소리를 듣고 곧 스스로 깨우치고는 곧바로 강서(江西)로 가서 양명을 만나 자신이 깨달은 바에 대해 토론하고자 했다. 이때까지만 해도 친구의 입장으로 찾아간 것이었는데 후에 자기가 양명보다 못함을 알고 그를 따라 수업을 받았다. 이에 심재 역시 성인의 도를 들을 수 있었으니 그 기골(氣骨)이 어떠한가. 심재의 뒤로는 서월과 안균이 있다. 안균은 포의(布衣)의 신분으로 학문을 강론하며 한 세상을 압도하였으나 횡사하였고, 서월은 포정사(布政使)로서 군사를 청하여 싸움을 독려하다 광남(廣南)에

---

229) 『焚書』 卷2, 「書答-復焦弱侯」. 龍溪先生全刻, 千萬記心遺我. …… 世間講學諸書, 明快透髓, 自古至今未有如龍溪先生者. …… 蓋近溪語錄, 須領悟者乃能觀於言語之外, 不然反加繩束, 非如王先生字字皆解脫門, 得者讀之足以印心, 未得者讀之足以證入也.

서 죽었다. 구름은 용을 따르고 바람은 범을 따른다고 하였으니[230] 정
말로 그렇도다. 심재가 진정한 영웅이었기에 그의 무리 역시 진정한
영웅이 된 것이다. 서월의 뒤를 이은 자는 조정길이고, 조정길을 이은
자는 등활거(鄧豁渠)이다. 안균을 이은 자들은 나여방과 하심은이며,
심은의 뒤를 이은 자들은 전동문(錢同文)[231]과 정학안(程學顔)이니, 대
를 거듭할수록 경지가 높아졌다. 이른바 "큰 바다는 죽은 물고기를 오
래두지 않고, 용문(龍門)은 이마에 상처가 있는 물고기를 들이지 않는
다."라는 말을 어찌 믿지 않겠는가. 심은은 포의의 신분으로 앞장서서
도를 제창하다 횡사하였고, 여방은 비록 화를 면하기는 했지만 요행
이었을 뿐, 끝내 일개 관직에 있으면서 장거정에게 용납되지 못하였
다. 대개 훌륭한 선비는 세상에서 화를 면할 수는 없어도 도에는 나아
갈 수 있는 것이다.[232]

태주학파에 소속된 이와 같은 인물들은 세속의 유자들의 눈에는

---

230) 『周易』「乾卦」文言傳. 九五曰: "飛龍在天, 利見大人." 何謂也? 子曰: "同聲相應, 同
氣相求, 水流濕, 火就燥, 雲從龍, 風從虎. 聖人作而萬物覩 本乎天者親上, 本乎地者親下, 則
各從其類也."

231) 전동문(錢同文): 자는 회소(懷蘇)이다.

232) 『焚書』卷2,「書答-爲黃安二上人三首·大孝一首」. 當時陽明先生門徒遍天下, 獨有
心齋爲最英靈. 心齋本一灶丁也, 目不識丁, 聞人讀書, 便自悟性, 遂往江西見王都堂, 欲與
之辯置所悟, 此尙以朋友往也. 后自知其不如, 乃從而受業焉. 故心齋亦得聞聖人之道, 此其
氣骨爲何如者? 心齋之後爲徐波石, 爲顔山農, 山農以布衣講學, 雄視一世, 而遭橫死. 波石
以布政使請兵督戰, 而死廣南. 雲龍風虎, 然哉! 盖心齋眞英雄, 故其徒亦英雄也. 波石之後
爲趙大洲, 大洲之後爲鄧豁渠, 山農之後爲羅近溪, 爲何心隱, 心隱之後爲錢懷蘇, 爲程後臺,
一代高似一代. 所謂大海不宿死屍, 龍門不點破額, 豈不信乎! 心隱以布衣出頭倡道, 而遭橫
死. 近溪雖得免于難, 然亦幸耳, 卒以一官不見容于張太岳. 盖英雄之士, 不可免于世而可以
進于道.

단지 한 무리의 괴짜들일 뿐이었지만 이지는 도리어 그들을 영웅이라고 입이 마르도록 칭찬하였다. 또 그들을 살아있는 용과 호랑이와 같은 존재로 파악하였다. 이지는 「하심은론(何心隱論)」에서 하심은을 "상구(上九)의 큰 인물이다."[233]라고 칭송하면서, 힘을 다해 그를 대신하여 억울함을 해명하였다.

그 당시 무창 일대의 사람들이 거의 수 만 명이었으나 공을 아는 사람은 한 명도 없었습니다. 그런데도 공의 원통함을 모르는 자는 없었습니다. 큰 길에 공의 죄를 열거한 방을 게시하자 모여들어 그것을 본 자들은 모두 그 무고함을 지적하였습니다. 심지어는 탄식하고 고함을 치며 보려고도 하지 않는 사람들도 있었으니 당시 사람들의 마음을 잘 알 수 있습니다. 기문(祁門)에서 강서, 강서에서 남안(南安)을 지나 호광(湖廣)에 이르기까지 삼천여 리가 되는데, 공의 얼굴을 알지 못하면서도 공의 마음을 아는 자가 삼천여 리에 걸쳐 모두 그와 같았습니다. 장거정에게 죄를 얻어 그에게 유감이 있는 자들만 그렇다고 말한 것이 아니라, 장거정이 사직에 큰 공을 세웠다고 깊게 믿는 자들 또한 그러하여 이런 처분을 모두 옳지 않다고 여겼습니다. 그리고 공을 죽이고 장거정에게 아첨하는 자는 인간도 아니라고 모두들 말하였습니다. 곧 이 도는 사람들의 마음에 있어서 진실로 해, 달, 별과 같아서 덮어버릴 수 없었던 것입니다.[234]

---

233) 상구(上九)의 큰 인물이다 : 『周易』「乾卦」에 上九의 효사는 '亢龍은 후회가 있다.[亢龍有悔]'는 내용으로, 여기에서는 높이 날아오른 용[亢龍]을 하심은에 비유하였다.

234) 『焚書』卷3,「何心隱論」. 今觀其時武昌上下, 人幾數萬, 無一人識公者, 無不知公之

이 부분을 읽으면 하심은이 당시에 명성과 위세가 대단하여 영향력이 컸던 인물이었음을 알 수 있다. 이지의 학풍은 하심은과 매우 가까웠으니 그에 대해 더욱 깊이 동정을 표한 것이다. 그러므로 하심은을 위하여 분개하고 탄식한 것이 이와 같았다. 같은 소리끼리 응하고 같은 기운끼리 구하는 법이니,[235] 위에 실린 이지의 많은 의론들로부터 살펴보면 양명 좌파와의 관계가 깊음을 알 수 있다. 이지의 사상은 매우 자유분방하였는데, 다음과 같은 의론은 사람들을 깜짝 놀라게 하였다.

큰 공을 이루는 자는 반드시 후환을 고려하지 않기 때문에 공이 이루어지지 않음이 없는 것이다. 상군(商君)이 진(秦)나라에 있어서와 오기(吳起)가 초(楚)나라에 있어서가 이런 경우이다. 그러나 유자(儒者)들은 후환도 없고 공도 이루려고 한다. 모르겠다. 천하의 큰 업적이 후환을 걱정하는 마음으로 이루어질 수 있는가. 나는 정말 모르겠다. 후환을 걱정하는 자는 반드시 천하의 큰 공을 이루려하지 않는데, 장주의 무리가 바로 그러하다. 이 때문에 차라리 진흙에서 꼬리를 끄는 거북이가 될지언정[236] 천금의 폐백을 받지 않으려 하며, 차라리 호상(濠

爲寃也. 方其揭榜通衢列公罪狀, 聚而觀者咸指其誣, 至有噓呼吡咤不欲觀焉者, 則當日之人心可知矣. 由祁門而江西, 又由江西而南安而湖廣, 沿途三千余里, 其不識公之面而知公之心者, 三千余里皆然也. 非惟得罪于張相者有所憾于張相而云然, 雖其深相信以爲大有功于社稷者, 亦猶然以此擧爲非是. 而咸謂殺公以媚張相者之爲非人也. 則斯道之在人心, 眞如日月星辰之不可以蓋覆矣.

235) 같은 …… 법이니 : 『周易』「乾卦」文言傳. 九五曰: "飛龍在天, 利見大人." 何謂也? 子曰: "同聲相應, 同氣相求, 水流濕, 火就燥, 雲從龍, 風從虎. 聖人作而萬物覩 本乎天者親上, 本乎地者親下, 則各從其類也."

上)에서 즐겁게 노닐지언정[237) 초나라의 근심을 맡지 않으려는 것이다. 하지만 유자들은 그것을 둘 다 하고자 한다. 이에 조정에 있을 때는 백성을 근심하고 강호(江湖)에 있을 때는 군주를 걱정하는 의론을 하는데, 모르겠다. 천하에 과연 머리가 둘 달린 말이 있는가. 나는 이 또한 정말 모르겠다. 묵자(墨子)의 학술은 검약함을 귀하게 여기니, 비록 천하 사람들이 그를 터럭 하나도 뽑지 않을 것이라 여겨도 근심하지 않는다. 상자(商子)의 학술은 법을 귀하게 여기고, 신자(申子)의 학술은 술수를 귀하게 여기며, 한비자(韓非子)의 학술은 법과 술수를 모두 귀하게 여기니, 비록 천하 사람들이 그를 잔인하고 각박하다 할지라도 근심하지 않는다. 곡역(曲逆)의 학술은 속임수를 귀하게 여기고, 소진(蘇秦)과 장의(張儀)의 학술은 종횡(縱橫)을 귀하게 여기니, 비록 천하 사람들이 그들을 번복하여 신의가 없는 자라고 하더라도 근심하지 않는다. 다섯 번 나아가는 수고로움을 꺼리지 않아 하(夏)와 은(殷)의 업적을 이루었으니, 비록 온 천하와 후세 사람들이 그를 두 군주를 섬겨 모두에게서 이익을 취했다고 하고, 자기 살을 베어 삶아 등용되기를 구하였다고 하며, 태갑(太甲)을 세웠다가 다시 돌아오게 했다 하더라도 괜찮다고 여긴다. 이는 이윤(伊尹)의 학술이 등용됨을 위주로

---

236) 차라리 …… 될지언정 : 『莊子』「秋水」. 莊子釣於濮水. 楚王使大夫二人往先焉. 曰: "願以竟内累矣!" 莊子持竿不顧曰: "吾聞楚有神龜, 死已三千歲矣. 王巾笥而藏之廟堂之上. 此龜者, 寧其死爲留骨而貴乎? 寧其生而曳尾於塗中乎?" 二大夫曰: "寧生而曳尾塗中." 莊子曰: "往矣! 吾將曳尾於塗中."

237) 차라리 …… 노닐지언정 : 『莊子』「秋水」. 莊子與惠子游於濠梁之上. 莊子曰: "鯈魚出游從容, 是魚之樂也." 惠子曰 "子非魚, 安知魚之樂?" 莊子曰: "子非我, 安知我不知魚之樂?" 惠子曰 "我非子, 固不知子矣; 子固非魚也, 子之不知魚之樂, 全矣!" 莊子曰: "請循其本. 子曰'汝安知魚樂'云者, 既已知吾知之而問我. 我知之濠上也."

한 것이니, 치욕을 잘 참은 자라고 이를 만하다. 초주(譙周)[238]와 풍도
(馮道)[239] 같은 여러 원로들은 차라리 제기(祭器)를 진(晉)나라에 보냈
다는 비방과 오계(五季)를 대대로 섬겼다는 치욕을 받을지언정, 무고
한 백성들이 날마다 도탄에 빠지는 것은 참지 못하였다. 요컨대 그들
은 모두 일정한 학술을 가지고 있었으니 터무니없는 자들이 아니었
다. 각각 쓰임에 알맞아 모두 일을 이뤄내기에 충분했던 것이다. 그런
데 저 보잘것없는 유자들은 명분과 실제에 모두 이로운 것을 선택하
여 겸비하고자 하니, 되겠는가? 이는 다름이 아니라 명교(名敎)에 얽
매여서이다. 이 때문에 앞을 바라보고 뒤를 염려하며 왼쪽을 돌아보
고 오른쪽을 살피는 것이다. 자신이 이미 일정한 학술이 없으면서 훗
날 어찌 반드시 훌륭한 업적을 이루겠는가. 또 '시중(時中)'이란 단어
를 말하기를 좋아하여 스스로 문식(文飾)하니, 하물며 진부한 말을 모
방하고 지나간 일만을 따라하여 감히 거기에서 반걸음도 벗어나지 못

---

238) 초주(譙周, 201~270) : 자는 윤남(允南)이다. 경사(經史)에 정통했고, 서찰을 잘 썼다.
제갈량이 익주목(益州牧)으로 있을 때 초빙되어 권학종사(勸學從事)가 되었다. 유선(劉禪)이
태자로 있을 때 복(僕)이 되고, 가령(家令)으로 옮겼다가 광록대부(光祿大夫)를 지냈다. 경요
(景曜) 말에 위나라 군대가 촉을 공격하자 유선에게 항복하기를 권했다. 위나라에 들어가
양성정후(陽城亭侯)에 봉해졌고, 진(晉)나라에 들어 기도위(騎都尉)가 되었는데 스스로 공이
없다고 하며 작토(爵土)를 반환하겠다고 청했다.

239) 풍도(馮道, 882~954) : 자는 가도(可道)이고 호는 장락(長樂)이다. 학문을 좋아하고 글
을 잘 지었다. 당나라 말기에 연(燕)나라의 유수광(劉守光)을 섬기다가 유수광이 패하자 하
동감군(河東監軍) 장승업(張承業)을 섬겼다. 장승업이 그의 문장을 아껴 후량(後梁) 때 이존
욱(李存勖)에게 천거하여 태원장서기(太原掌書記)에 올랐다. 이존욱이 후당(後唐)을 세워 즉
위하자 한림학사에 임명되고 중서사인과 호부시랑을 지냈다. 명종(明宗) 때는 단명전학사
(端明殿學士)을 거쳐 재상에 발탁되었다. 후진(後晉) 때도 재상을 유지했다. 거란이 후진을
멸망시키자 거란을 섬겨 태부(太傅)가 되었다. 후한(後漢)과 후주(後周) 때도 태사(太師)를
지냈다. 이렇게 5개 왕조 11명의 천자를 섬기면서 30년 동안 고관을 지냈는데, 재상만 해
도 20년을 지냈다. 저서에 『장락노서(長樂老敍)』가 있다.

하는 자들이야 말해 무엇하겠는가.[240]

이지는 명교(名教)가 사람들을 구속한다고 말하고 유가를 배척하면서 제자백가를 추천하고 장려하였다. 심지어 만세토록 수치를 모르고 간사하고 교활한 자라고 비난받는 초주(譙周), 풍도(馮道)까지도 대신 오명을 없애주고 그들이 백성을 구제하는 데 심혈을 기울였다는 것을 드러내었다. 이지는 『장서(藏書)』에서 그들을 여전히 '이은(吏隱)'이라고 칭했다. 이는 진실로 '공자의 시비(是非)로써 시비를 삼는 것'을 부정하여 천고(千古)의 통설을 한순간에 뒤집은 것이니, 매우 대담하다고 할 수 있다. 그는 또한 유생들을 꾸짖으며 다음과 같이 말하였다.

유신(儒臣)은 비록 명목상으로는 학문을 한다고 하나, 실제로는 학
문할 줄을 모른다. 때때로 걸음걸이를 배우다가 본래의 자기 걸음을

---

240) 『焚書』卷5,「孔明爲後主寫申韓管子六韜」. 成大功者必不顧後患, 故功無不成. 商君之于秦, 吳起之于楚是矣. 而儒者皆欲之. 不知天下之大功果可以顧後患之心成之乎否也? 吾不得而知也. 後患者必不肯成天下之大功, 莊周之徒是已. 是以寧爲曳尾之龜, 而不肯受千金之弊; 寧爲濠上之樂, 而不肯任楚國之憂. 而儒者皆欲之. 於是乎又有居朝廷則憂其民, 處江湖則憂其君之論. 不知天下果有兩頭馬乎否也? 吾又不得而知也. 墨子之學術貴儉, 雖天下以我爲不拔一毛不恤也. 商子之學術貴法, 申子之學術貴術, 韓非子之學術兼貴法術, 雖天下以我爲殘忍刻薄不恤也. 曲逆之學術貴詐, 儀秦之學術員縱橫, 雖天下以我爲反覆不信不恤也. 不憚五就之勞, 以成夏殷之績, 雖天下後世以我爲事兩主而兼利, 割烹要而試功, 立太甲而複反可也. 此心伊尹之學術以任, 而直謂之能忍詢焉者也. 以至譙周馮道諸老, 寧受祭器歸晉之謗, 曆事五季之恥, 而不忍無辜之民日遭塗炭. 要皆有一定之學術, 非苟苟者. 各周于用, 總足辦事. 彼區區者欲選擇其名實俱利者而兼之, 得乎? 此無他, 名教累之也. 以故瞻前慮後, 左顧右盼, 自己既無一定之學術, 他日又安有必成之事功耶? 而又好說時中之語以自文. 又況依仿陳言, 規跡往事, 不敢出半步者哉!

잊어버리니, 자취를 따르긴 해도 일정한 영역에 나아가지 못하여 실제로는 천하와 국가를 다스릴 수 없다. 유자(儒者)가 문(文)을 배움으로써 '유(儒)'로 명명하고 무(武)를 쓰는 자들이 마침내 문을 하지 않음으로써 '무'라고 명명하였으니, 문과 무가 이로부터 나뉘어졌다. 무릇 성왕이 왕다운 까닭은 조정에서는 아랫사람을 잘 통솔하고 윗사람과 친하게 지내며, 밖에서는 모욕을 막아냈기 때문이니, 어찌 다른 것이 있겠는가. 부자께서 "일찍이 조두(俎豆)에 대한 일은 배웠거니와 군대에 관한 일은 듣지 못하였다."[241]라고 위령공(衛靈公)에게 말하여 마침내 한단(邯鄲)의 나약한 유자들이 이를 빙자하여, 천만대의 오랜 시간 동안 유자들이 모두 아녀자처럼 되었으니 슬프지 않을 수 있겠는가. 만일 증자(曾子)나 유자(有子)가 있었다면 반드시 부자의 이 말이 곧 "벼슬을 잃거든 속히 가난하고자 하고, 죽거든 속히 썩고자 한다."[242]는 뜻임을 알았을 터이니, 한단 유자들의 말은 정론이 아니다. 아! 유가를 칭탁하여 다스리기를 구하나 도리어 혼란을 일으키고 세상의 참으로 재주 있고 실학을 하는 자들과 위대한 현인과 성인이 모두 종신토록 집을 비우고 은거하도록 하였으니, 유자가 천하국가를 다스릴 수 없다는 말이 믿을 만하다.[243]

---

241) 일찍이……못하였다 : 『論語』「衛靈公」1장. 衛靈公, 問陳於孔子. 孔子對曰: "俎豆之事, 則嘗聞之矣. 軍旅之事, 未之學也." 明日遂行.

242) 벼슬을……한다 : 『禮記』「檀弓 上」. 有子問於曾子曰: "問喪於夫子乎?" 曰: "聞之矣. 喪欲速貧, 死欲速朽." 有子曰: "是非君子之言也." 曾子曰: "參也聞諸夫子也." 有子又曰: "是非君子之言也." 曾子曰: "參也與子游聞之." 有子曰: "然. 然則夫子有爲言也." 曾子以斯言告於子游, 子游曰: "甚哉! 有子之言似夫子也. 昔者夫子居於宋, 見桓司馬自爲石槨, 三年而不成. 夫子曰: '若是其靡也, 死不如速朽之愈也.' 死之欲速朽, 爲桓司馬言之也. 南宮敬叔反, 必載寶而朝. 夫子曰: '若是其貨也, 喪不如速貧之愈也.' 喪之欲速貧, 爲敬叔言之也."

이지는 유생들을 단지 쓸모없다는 이유로 반대하였다. 그가 찾고
자 하는 자는 진실로 재주가 있고 실학을 하는 자들이었다. 만일 진
실로 재주가 있고 실학을 하는 자들이라면 황제와 노자, 신불해와 한
비자, 소진과 장의, 손무와 오기 등과 같은 자들이라도 좋을 것이다.
그들은 모두 각각 쓰임이 있었으니, 세상을 속이고 명성을 훔치며 쓸
데없는 말로 도움이 안 되는 머리 두 개 달린 말과 같은 유가와는 달
랐다. 이지는 때때로 매우 분노하면서 직접적으로 도적의 봉기를 칭
찬하기도 하였다. 『분서』「인기왕사(因記往事)」편에서 대도(大盜) 임도
건(林道乾)을 빌어서 다음과 같이 의론을 크게 펼쳤다.

임도건(林道乾)은 30여 년을 바닷가에서 횡행하였다. 절강(浙江)과
남직례(南直隸)로부터 광동(廣東)과 복건(福建)에 이르는 몇 개 성의 근
해에서 재화가 많이 난다거나 사람들이 많이 모인다는 지역은 매년
그에게 심한 피해를 입었다. 성과 마을을 함락하고 관리들을 죽여 조
정에서는 이 일로 골몰하였다. 정형(正刑)과 도총통(都總統)같은 문무
대신들뿐 아니라 그를 잡아들이기 위해 멀리까지 파견되었다가 길에
서 죽은 자들이 또 얼마나 되는지 알 수 없지만 임도건은 태연히 횡
행하였다. 지금은 다행히 성상(聖上)이 계셔서 알맞게 형벌을 내리고

---

243) 『藏書』「世紀列傳總目後論」. 儒臣雖名爲學而實不知學. 往往學步失故踐跡而不造
其域, 其實不可以治天下國家. 自儒者以文學名爲儒, 故用武者遂以不文名爲武, 而文武從此
分. 夫聖王之王也, 居爲後先疏附, 出爲奔走禦侮, 曷有二也? 惟夫子自以嘗學俎豆不聞軍旅
辭衛靈, 遂邯鄲之婦所證據, 千萬世之儒皆爲婦人矣. 可不悲乎! 使曾子有子若在, 必知夫子
皆語卽速貧速朽之語, 非定論也. 嗚呼! 託名爲儒, 求治而反以亂, 而使世之眞才實學, 大賢
上聖, 皆終身空室蓬戶已也, 則儒者之不可以治天下國家信矣!

오랑캐들은 먼 곳으로 도망갔으며, 백성들은 편안히 잠을 잘 수 있다. 그러나 임도건은 아직도 무탈하게 예전처럼 지낸다. 왕과 패자를 자칭하는데도 뭇 사람들은 그에게 귀의하길 원했지 배신하여 떠나려 하지 않는다. 그의 재주와 식견이 남보다 뛰어나고 담력과 기상이 뭇 사람들을 압도하는 것은 말하지 않아도 알 수 있다. 만약 임도건에게 이천 섬의 녹을 받는 군수(郡守)를 맡긴다면 비록 해상에 다시 또 다른 임도건이 나오더라도 결코 감히 함부로 굴지 못할 것이며, 나를 해상의 임도건과 바꾼다고 가정한다면 나는 군수 임도건이 병사 한 명도 해를 입지 않고 화살 한 개도 쓰지 않고서 며칠 내로 즉시 이지를 사로잡아 죽일 수 있음을 안다. 또 만약 내가 군수를 맡았을 때 마침 임도건이 횡행하여 편안한 날이 없다면 내가 반드시 계책을 가지고 임도건을 죽여서 해상에서 수 십 년 동안 도적질을 한 자를 모두 소탕할 수 있을 것이라고 나라에서 보장할 수 있는가? 이는 모두 알 수 있는 일인데 어찌 스스로 헤아리지 못하는가. 아! 평소에 하는 일 없이 지낼 적에 그저 공손히 굴고 고개나 숙이면서 종일 똑바로 앉아서 진흙 인형처럼 하고서 잡념을 일으키지 않는 것이 진실로 큰 성인(聖人)이자 큰 현인(賢人)이라 여기는구나. 어느 정도 배우고 간사한 자는 또 양지를 강론하는 자리에 섞여 들어가 고관(高官)이 되기를 은밀히 구한다. 그러다가 하루아침에 경계할 일이 있으면 서로 멀뚱멀뚱 쳐다보거나 사색이 되고, 심지어 서로 책임을 전가하며 이로써 현명하게 몸을 잘 보존하였다고 여긴다. 국가에서는 오로지 이러한 무리들만 등용했기 때문에 급할 때 쓸 만한 사람이 없다. 또 재주와 담력과 식견이 있는 자들을 방치하여 등용하지 않고, 또 그들을 막아버리고서 반드시 천하를 어지럽힐 사람이라고 여기니, 비록 도적질하지 않기를 원해도 그 형세가 절로 그럴 수가 없다. 만일 국가가 그들을 등용하여 군수(郡守)나 영윤(令尹)으로 삼는다면 또 어찌 다만 30만의 군사를 감당하는 데 그치겠는가. 또 만약 그들을 등용하여 호랑이 같은 신하와 용맹한 장수로 삼는다면 변방의 일은 그들에게 전담시킬 수 있어서 조정이 자연히 사방을 경계할 근심이 없어질 것이다. 온 세상이 뒤집혀서 호걸들이 불만스러운 한을 품고, 영웅들이 의지할 곳이 없는 슬픔을 품게 한다면 이야말로 그들을 몰아서 도적질하게 하는 것이다.[244)

이지는 임도건을 극찬하며 그가 자신보다 훨씬 낫다고 생각했다. 그는 이런 사람들이 진실로 능력이 있고 참된 인재들인데도 국가에서 거두어 등용하지 않아서 그들이 도적이 되고 마는 것을 매우 안타까워했다. 그는 사대부들이 다만 지나치게 겸손을 떨고 굽실거리

---

244) 『焚書』卷4,「因記往事」. 夫道乾橫行海上三十餘年矣. 自浙江南直隷以及廣東福建數省, 近海之處, 皆號稱財賦之產, 人物隩區者, 連年遭其荼毒, 攻城陷邑, 殺戮官吏, 朝廷爲之旰食. 除正刑都總統諸文武大吏外, 其發遣囚繫遠至道路, 而死者又不知其幾也, 而林道乾固橫行自若也. 今幸聖明在上, 刑罰得中, 倭夷遠遯, 民人安枕, 然林道乾猶然無恙如故矣. 稱王稱霸, 衆願歸之, 不肯背離, 其才識過人, 膽氣壓乎群類, 不言可知也. 使設以林道乾當郡守二千石之任, 則雖海上再出一林道乾, 亦決不敢肆. 設以李卓老權替海上之林道乾, 吾知此爲郡守林道乾者可不數日而即擒殺李卓老, 不用損一兵費一矢爲也. 又使卓老爲郡守時, 正當林道乾橫行無當之日, 國家能保卓老決能以計誅擒林道乾, 以掃淸海上數十年之通寇乎?此皆事之可見者, 何可不自量也. 嗟乎! 平居無事, 只解打恭作揖, 終日匡坐, 同於泥塑, 以爲雜念不起, 便是眞實大聖大賢人矣. 其稍學姦詐者, 又攙入良知講席, 以陰博高官, 一旦有警, 則面面相覷, 絶無人色; 甚至互相推諉, 以爲能明哲. 蓋因國家專用此等輩, 故臨時無人可用又棄置此等輩有才有膽有識者而不錄, 又從而彌縫禁錮之, 以爲必亂天下, 則雖欲不作賊其勢自不可耳. 設國家能用之爲郡守令尹, 又何止足當勝兵三十萬人已耶. 又設用之爲虎臣武將, 則閫外之事可得專之, 朝廷自然無四顧之憂矣. 惟擧世顚倒, 故使豪傑抱不平之恨, 英雄懷罔措之戒, 直驅之使爲盜也.

156

며 남을 속여 녹과 지위를 빼앗고서 일개 사건도 감당하지 못하는 것을 비난했다. 그가 좋아한 것은 영웅호걸이지 꼭두각시 같은 도학선생(道學先生)이 아니었다. 그는 널리 사람을 고르는 데 관대하여 한 가지에 전혀 얽매이지 않았다. 그는 등명학(鄧名鶴)을 존경하는 동시에 조정길도 존경하였고, 하심은을 존경하는 동시에 장거정도 존경하였다.

나는 조정길이 진실로 성인이라 여긴다. 등명학은 마땅히 종신토록 그에게 귀의해야 했는데 어째서 대번에 그를 버리고 멀리 떠나가 버렸는가? 요컨대 각기 추구하는 바를 따르는 법이니, 나의 뜻이 반드시 등명학의 뜻과 같을 수는 없다.[245]

행적의 경우에는 등명학이 조정길과 같지 않은 것은 조정길 또한 왕심재와 같지 않으며, 왕심재 또한 왕수인과 같지 않은 것과 같다. 사람됨의 경우에는 어찌 이들에게 차이가 있겠는가.[246]

등명학은 본디 조정길을 따라 배웠으나 이후 출가하여 스승을 찾아다니며 도를 구하여 사방을 분주히 떠돌았고, 조정길과 서로 수 십년 동안 소식을 전하지 않았다. 한번은 길에서 마주쳤는데, 조정길이

245) 『焚書』卷1,「復鄧石陽」. 吾謂趙老眞聖人也. 渠當終身依歸, 而奈何其遽舍之而遠去耶? 然要之各從所好, 不可以我之意而必渠之同此意也.
246) 『焚書』卷1,「又答石陽太守」. 如其跡, 則渠老之不同於大老, 亦猶大老之不同於心老, 心老之不同於陽明老也. 若其人則安有數老之別哉?

그의 의론을 듣고 크게 노하면서 잘못되었다고 책망하였다. 그리고
는 자신의 논답과 재산을 나누어 주면서 집으로 돌아가게 하였으나,
끝까지 돌아가려 하지 않다가 마침내 들에 있는 어느 절에서 죽고 말
았다. 이 두 사람의 행적을 살펴보면 분명히 두 개의 행로로 나뉜다.
그러나 이지는 그 두 사람을 일컬어 거리낌 없이 각기 추구하는 바를
절실히 따랐으며 후현(後賢)과 전현(前賢), 제자와 스승이 반드시 서
로를 답습할 필요는 없다고 하였다. 이처럼 사람에 대한 평가가 매우
관대하고 유동적이었으니, 일반적인 도학자들이 세상 사람들을 모두
하나의 행로에 한정하려고 한 것과는 다르다. 특히 주목할 만한 것은
그가 장거정을 칭찬한 것이다. 장거정이 하심은을 죽인 것은 그에게
몹시 가슴 아픈 일이지만 경정향과 어울렸기 때문에 절교한 것이니,
그 근본 원인은 실로 여기에 있다. 그런데도 이지는 도리어 장거정을
존경하였다. 그는 다음과 같이 말하였다.

하심은은 포의의 준걸이었기 때문에 죽임을 당하는 화가 있었고,
장거정은 재상의 지위에 오른 준걸이었기 때문에 사후의 치욕이 있었
다. 그 실패를 논하지 않고 성공만 논하고, 자취를 따지지 않고 마음
만 궁구하며, 허물을 책망하지 않고 공만 칭찬한다면 두 사람은 모두
나의 스승이다. 남의 환심을 사는 데 몰두하며 성인의 이름을 훔쳐서
지위를 탐내고 총애를 독점하려는 세상 무리들과는 같지 않다.[247]

---

247) 『焚書』卷1,「答鄧明府」. 何公布衣之傑也, 故有殺身之禍, 江陵宰相之傑也, 故有身
後之辱. 不論其敗而論其成, 不追其跡而原其心, 不責其過而賞其功, 則二老者,皆吾師也. 非
與世之局瑣取容, 埋頭顧影, 竊取聖人之名, 以自蓋其貪位固寵之私者比也.

장거정과 하심은은 모두 속류가 아닌 호걸이니 받들어 사표(師表)로 삼을 만하다. 장거정은 비록 강학을 반대하였지만, 그 위대함은 미칠 수가 없고 이로 인해서 묻혀서도 안 된다. 또한 세속의 일반적인 강학하는 사람들도 진실로 이러한 경지에 이르지 못했다. 하심은의 죽음과 관련해서 이지는 장거정을 옹호하였다. 그는 하심은을 죽여서 장거정에게 아첨하는 것은 사람답지 못하며, 이런 것은 소인들이나 하는 짓이라고 꾸짖었다. 심지어 장거정 본인은 근본적으로 하심은에게 관심을 두지도 않았는데, 어찌 그를 죽이려 했겠는가. 하심은을 원통하게 여기면서도 장거정을 원망하지 않는 것은 시비(是非)와 호오(好惡)를 공적으로 여긴 것이다. 이지의 이러한 식견과 도량은 일반적인 도학가들이 미칠 수 있는 바가 아니다. 그는 장거정을 흠모해 마지않아 다음과 같이 말하기도 하였다.

작은 변화에도 당황하고 어찌할 바를 몰라 하니, 오늘 진실로 장거정이 더욱 그리워진다.[248]

지금 장거정 그 사람이 없기 때문에, 서하(西夏)의 반란군들이 아직까지 굳건히 있다.[249]

이런 말은 단지 죽은 장거정과 살아있는 나[溫陵]에게나 할 수 있다.[250]

---

248) 『焚書』卷2, 「答陸思山」. 些小變態, 便倉惶失措. 今日眞令人益思張江陵也.
249) 『焚書』卷2, 「與友山」. 今惟無江陵其人, 故西夏叛卒, 至今負固.

이지는 의외로 장거정을 동지로 끌어들였다. 일찍이 장거정이 하심은에게 "그대의 뜻은 항상 날아오르려 한다."라고 하였는데 이지의 장대하고 격양되어 있으며, 무엇인가를 해 보려고 하는 마음으로 본다면 이 말은 딱 들어맞는 말이다. 이지는 장거정의 공로를 매우 숭배하여 장거정과 관중(管仲)을 칭찬하고, 동중서(董仲舒)[251]를 문장만 일삼는 쓸모없는 선비라 배척하여 "의를 바로잡고 이익을 도모하지 않으며, 도를 밝히고 공을 계산하지 않는다."[252]라고 한 그의 의론을 반대하였다. 이지는 다음과 같이 솔직하게 말하였다.

천하에 어찌 공을 계산하지 않고 이익을 도모하지 않는 사람이 있겠는가. 만약 진실로 나에게 이익이 되어 나의 큰 공을 이룰 수 있음을 아는 자가 아니면 어찌 의를 바로잡고 도를 밝힐 수 있겠는가.[253]

이 얼마나 명백하고 간단명료한 공리주의인가! 그러나 여기에 그

---

250) 『焚書』卷2,「與友山」. 此語只可對死江陵與活溫陵道耳.

251) 동중서(董仲舒) : 하북(河北) 광천군(廣川郡) 사람으로 한(漢)나라 때 사상가이자 철학가, 정치가이자 교육가이다. 한 무제(漢武帝) 원광(元光) 원년(BC 134)에 무제가 나라를 다스릴 방책을 제시하라는 조서를 내렸을 때 유생이었던 『거형양대책(擧賢良對策)』을 올리고 천인감응(天人感應)과 대일통(大一統) 학설과 백가(百家)를 물리치고 육경(六經)을 드러낼 것을 주장하였다. 그의 유가사상은 무제의 통치를 더욱 공고하게 만들었고, 당시 사회, 정치, 경제를 안정시키는 데 큰 공헌을 하였다. 그의 저작은 매우 많은데, 백여 편의 문장과 사부(詞賦)가 세상에 전한다. 대표적인 작품은 『천인삼책(天人三策)』, 『사불우부(士不遇賦)』, 『춘추번로(春秋繁露)』 등이 있으며, 이 밖의 글은 『전한문(全漢文)』에 수록되어 있다.

252) 의를……않는다 : 『漢書』卷56,「董仲舒傳」. 夫仁人者, 正其誼不謀其利, 明其道不計其功.

253) 『焚書』卷5,「賈誼」. 天下曷嘗有不計功謀利之人哉? 若不是眞實知其有利益於我, 可以成吾之大功, 則烏用正義明道爲耶?

치지 않고 이지는 다시금 술수(術數)에 대하여 다음과 같이 강조하여 말하였다.

한문제(漢文帝)에게는 한문제의 술수가 있고, 한고조(漢高祖)에게는 한고조의 술수가 있으며, 이오제패(二五帝伯)[254]에게는 또 이오제패의 술수가 있다. 육가구류(六家九流)[255]에 이르러서는 믿는 바가 있어 큰 공을 이룬 자들이 모두 한 가지 술수를 지니고 있었다. 그러나 오직 유자들만이 알지 못하니, 그들은 다스림을 말해서는 안 된다.[256]

이지와 하심은은 같은 유파의 사람으로서 후대 유학자들에게 격에서 벗어난 '광선(狂禪)'이라고 비난받았다. 선(禪)을 하면서도 공리(功利)와 술수(術數)를 강조하는 것이 매우 괴이한 것으로 보인다. 그러나 우리는 선(禪)이 한 가지 형태에 그치지 않는다는 것을 알아야 한다. 그들이 득력(得力)한 것은 시들고 적막한 선이 아닌 매우 활동적인 선이며, 황종희(黃宗羲)가 말한 바와 같이 여래선(如來禪)[257]이 아

---

254) 이오제패(二五帝伯) : ①상고시대의 오패. 하(夏)의 곤오(昆吾), 은(殷)의 대팽(大彭), 시위(豕韋), 주(周)의 제환공(齊桓公), 진문공(晉文公) ②춘추시대의 오패. 제환공(齊桓公), 진문공(晉文公) 송양공(宋襄公), 초장공(楚莊公), 진목공(秦穆公).

255) 육가구류(六家九流) : 육가는 음양가, 유가, 묵가, 명가, 법가, 도덕가를 말하며, 구류는 유, 도, 음양, 법, 명, 묵, 종횡, 잡, 농가를 말한다.

256) 『焚書』卷5,「晁錯」. 漢文有漢文之術數也, 漢高有漢高之術數也, 二五帝伯又自有二五帝霸之術數也. 以至六家九流, 凡有所挾以成大功者, 未嘗不皆有眞實一定之術數. 惟儒者不知, 故不可以語治.

257) 여래선(如來禪) : 사종선(四種禪)의 하나로 불교의 선종을 가리킨다. 부처님과 같은 경지(佛地)에 들어가서 스스로 성스러운 지혜를 깨달아서 삼종락(三種樂)에 머물러 모든 중생을 위해 불가사의(不思議)한 많은 일을 하는 것을 의미한다.

닌 조사선(祖師禪)[258]이었다. 당시에는 유학과 불교의 경계가 허물어지고 붕괴되어 양명 좌파의 많은 사람들이 조사선의 길로 향했다. 관지도(管志道)가 삼교(三敎)를 혼합한 것은 막연하여 변별할 수 없을 정도였다. 그런데도 그는 "공자께서 지위를 얻으셨으면 반드시 제환공(齊桓公)과 진문공(晉文公)을 법으로 삼으셨을 것이다."라고 하였다. 석가, 노자, 잡패(雜霸)와 이지가 추구한 바는 바로 동일한 행로이다. 그들은 모두 구속받지 않고 자유로운 인물들이었다. 무엇이 정학(正學)이며, 무엇이 이단(異端)인지에 대해 그들은 전혀 관심을 두지 않고서 천지를 오가며 횡행하였다. 금(金), 은(銀), 동(銅), 철(鐵)이 뒤섞여 한 덩어리가 되었으니, 이들을 일반적인 잣대로 평가할 수 없다. 이지는 『분서』의 「감개평생(感慨平生)」에서 평생의 인생역경을 자술하며 처량하게 다음과 같이 말하였다.

나는 평생 남에게 속박당하는 것을 좋아하지 않았다. 사람이 세상에 태어나면 몸이 곧 남에게 속박을 받게 된다. 어린 시절은 말할 것도 없고, 스승을 따라서 가르침을 받을 때도 마찬가지이다. 자라서 학교에 들어가면 곧 사부와 제학종사(提學宗師)의 속박을 받게 된다. 관직에 들어가서는 관직 때문에 속박을 받게 된다. 관직을 버리고 집으로 돌아가도 곧 본현(本縣)의 관리들에게 속박된다. 관리들이 오면 맞이하고, 떠나면 전송하며, 돈을 나누어 내서 술자리를 마련하고, 돈을 모아서

---

258) 조사선(祖師禪) : 여래선과 상대되는 남종선(南宗禪)으로 특히 선종 초기 달마(達摩)로부터 육조 혜능(六祖慧能)까지 5가7종을 가리킨다. 불립문자(不立文字), 교외별전(敎外別傳), 직지인심(直指人心), 견성성불(見性成佛)을 표방한다.

생일을 축하한다. 털끝만큼이라도 신경 쓰지 않아서 환심을 잃게 되면
환난이 곧바로 이른다. 속박당하는 것은 관에 들어가 땅속에 묻힐 때
까지 그치지 않기에 속박이 더욱 괴롭다. 나는 이 때문에 차라리 사방
을 떠돌지언정 집으로 돌아가지 않았다. 친구를 찾아가 나를 알아주기
를 간절히 구해도 세상에 나를 알아주는 사람이 없다는 것은 이미 분
명하다. 다만 남에게 속박받기를 원치 않는다는 한 가지 때문에 벼슬
을 버리고, 또 집에 돌아가지 않았으니, 이것이 바로 나의 본심이며 진
실한 뜻이다. 다만 세상 사람들이 믿어주기 어렵기 때문에 줄곧 남에
게 말하려 하지 않았다. 그러나 출가하여 세상을 떠돌 때도 가는 곳마
다 또한 관리들이 있어서 나를 속박하였다. 그러므로 나는 등정석(鄧鼎
石)이 처음 우리 마을로 부임했을 때, 직접 현청 뜰에 나아가지 않았다.
그러나 그가 예로써 명함을 보내오니, 내가 명함으로 답례하지 않을
수 있겠는가. 이 때문에 명함을 쓰는데, 감히 '시생(侍生)'이라고 할 수
없었으니, '시생'이라 하면 너무 나 자신을 높이는 것이고, 감히 '치생
(治生)'이라고도 할 수 없었으니, '치생'이라 하면 스스로 속박을 받는
것이다. 심사숙고하여 '유우객자(流寓客子)'[259] 네 글자로 회답하였다.
…… 그러나 이미 '유우(流寓)'라고 쓰고서 또 '객자(客子)'라고 쓴 것은
너무 군더더기가 아닌가. 떠돌다가 머무는 것은 집을 짓고 그 지역에
서 머무는 것이 아니면 그 지역에서 농사짓고 그 수확을 먹는 것이니
관리들에게 속박을 받지 않으려 해도 그럴 수가 없다. 그래서 객자를
함께 붙여 말한 것이니 잠시 머무르는 것이지 실제로 사는 것이 아님

---

259) 유우객자(流寓客子) : 유우(流寓)는 타향에 거주한 시일이 오래되어 정착하게 된 상
태를 말하며, 객자(客子)는 사방으로 떠도는 나그네를 가리킨다.

을 알게 한 것이다. …… 떠나거나 머무는 시일이 오래인지 잠시인지 알 수 없으니 현공(縣公)이 비록 부모처럼 나에게 임하려 해도 그렇게 할 수가 없다. 부모처럼 임할 수 없으니 부모가 비록 존귀하나 나를 속박할 수 있겠는가. 그러므로 네 글자를 함께 써서 나그네의 뜻과 속박받지 않겠다는 뜻을 거침없이 명백히 하였다. 그러나 끝내 머리를 깎고 출가하는 것만 못하다고 생각했다. 머리를 깎으면 비록 마성(麻城) 본토 사람이라 해도 또한 절로 부모 노릇 하려는 관리의 속박을 받지 않게 되니, 하물며 다른 고을의 사람이야 어떻겠는가. 어떤 사람이 말하길 "이미 이와 같다면 본고향에 있으면서도 머리를 깎을 수 있는데 또 하필 마성이란 말인가?"라고 하였다. 아! 내가 이곳에서 머리를 깎은 것은 오히려 필시 갖은 계책을 궁구한 끝에 칼을 머리에 댄 것이다. 등정석은 내가 머리를 깎은 모습을 보고 울면서 매우 슬퍼하였다. 그의 어머니께서 "네가 이지에게 내가 얼핏 이 얘길 듣고 하루 종일 밥도 먹지 못하고 먹어도 삼키지 못한다는 것을 말했더라면 이 노인은 머리카락을 남겨두기로 결정했을 것이다. 또 네가 만약 이 노인에게 머리를 기르도록 권할 수 있다면 나는 네가 진정한 효자요, 제일의 훌륭한 관리라고 할 것이다."라고 하였다고 말해주었다. 아! 내가 머리를 깎은 것이 어찌 쉬웠겠는가. 여기까지 쓰고 나니 내 코끝이 시큰해진다. …… 내가 속박을 받지 않고자 하여 고난을 겪고 일생 불우했던 일은 대지를 먹으로 삼는대도 다 쓰기 어렵다. 현박사(縣博士)가 되어서는 현령(縣令)·제학(提學)과, 태학박사(太學博士)가 되어서는 좨주(祭酒)·사업(司業)과 부딪쳤는데, 진명뢰(秦明雷), 진이근(陳以勤), 반성(潘晟), 여조양(呂調陽) 등 일일이 말할 수도 없다. 예조(禮曹)에서 일을 맡았을 적에는 고상서(高尚書), 은상서(殷尚書), 왕시랑(王侍郞), 만시랑(萬侍郞)과 부딪쳤다. …… 가장 고통스러웠던 것은 원외랑(員外郞)이 되었을 때 사상서(謝尙書)와 대리경(大理卿)인 동전책(董傳策)과 왕종이(汪宗伊)에게 호의를 얻지 못한 것이다. 사상서는 말할 것도 없거니와 왕종이와 동전책은 모두 바른 사람들이니 응당 나와 부딪칠 일이 없어야 했다. 그러나 그 두 사람은 모두 공명(功名)을 중요하게 여겼고, 남보다 청렴하거나 결백하지도 않으면서 스스로 어질다고 여기는 것은 10배나 되었으니, 내 어찌 그들과 부딪치지 않을 수 있겠는가. 또 가장 괴로웠던 것은 조상서(趙尙書)와 부딪친 것이다. 조상서는 도학으로 이름난 자이니, 도학으로 이름날수록 나와 더욱 심하게 부딪칠 줄을 누가 알았겠는가. 마지막으로 군수(郡守)가 되어서는 순무(巡撫)인 왕웅(王雄)과, 수도(守道)인 낙문례(駱問禮)와 부딪쳤다.[260]

---

260) 『焚書』卷4,「感慨平生」. 我平生不愛屬人管. 夫人生出世, 此身便屬人管了. 幼時不必言, 縱訓蒙師時又不必言. 既長而入學, 即屬師父與提學宗師管矣. 入官, 即爲官管矣. 棄官回家, 即屬本縣公祖父母管矣. 來而迎, 去而送, 出分金, 擺酒席, 出軸金, 賀壽旦, 一毫不謹, 失其歡心, 則禍患立至. 其爲管束, 至於木埋下土未已也. 管束得更苦矣. 我是以寧飄流四外不歸家也. 其訪友朋求知己之心雖切, 然已亮天下無有知我者. 只以不願屬人管一節, 既棄官又不肯回家, 乃其本心實意. 特以世人難信, 故一向不肯言之. 然出家遨遊, 其所遊之地亦自有父母公祖可以管攝得我. 故我於鄧鼎石初履縣時, 雖身不敢到縣庭, 然彼以禮帖來, 我可無名帖答之乎? 是以書名帖不敢日侍生, 侍生則太尊己, 不敢日治生, 治生則自受縛, 尋思四字回答之曰: "流寓客子." …… 然既書流寓矣, 又書客子, 不已贅耶? 蓋流而寓矣, 非築室而居其地, 則種地而食其毛, 欲不受其管束不可得也. 故兼稱客子, 則知其爲旅寓而非眞寓. …… 去住時日久近, 皆未可知, 縣公雖欲以父母臨我, 亦未可得. 既未得以父母臨我, 則父母雖尊, 其能管束得我乎? 故兼書四字, 而後作客之意, 與不屬管束之情暢然明白, 然終不如落髮出家之爲愈. 蓋落髮則雖麻城本地之人亦自不受. 父母管束, 況省別之人哉? 或曰: "既如此, 在本鄉可以落髮, 又何必麻城." 噫! 我在此落髮, 猶必設盡計校, 而後刀得臨頭. 鄧鼎石見我落髮, 泣涕甚哀. 又述其母之言曰: "爾若說我乍聞之, 整一日不喫飯, 飯來亦不下咽, 李老伯決定留髮也. 且汝若能勸得李老伯蓄髮, 我便說爾是個眞孝子, 是個第一好官." 嗚呼! 餘之落髮, 豈容易哉! 寫至此, 我自酸鼻. …… 余唯以不受管束之故, 受盡磨難, 一生坎坷, 將大地爲墨, 難寫盡也. 爲縣博士, 即與縣令提學觸, 爲太學博士, 即與祭酒司業觸, 如秦如陳如潘如呂不一而足矣. 司禮曹務, 即與高尙書殷尙書王侍郞萬侍郞盡

165

이 글을 읽으면 진실로 감탄하게 되고 또 경모하게 된다. 속박을 받지 않아 가는 곳마다 마찰을 빚는 것은 이 세상에서 결코 쉽지 않은 일이다. 그러나 이지는 한결같은 마음으로 온갖 시련을 겪고도 후회하지 않았다. 자유를 추구하고 세상의 속박과 부딪쳐 끊어내려는 정신이 확연히 드러나 있다. 이런 부분들이 양명 좌파의 특색을 가장 잘 표현하고 있다.

觸也. …… 最苦者爲員外郎, 不得尙書謝大理卿董並汪意. 謝無足言矣, 汪與董皆正人, 不宜與余抵. 然彼二人皆急功名, 淸白未能過人, 而自賢則十倍矣, 予安得免觸耶? 又最苦而遇尙書趙, 趙於道學有名, 孰知道學益有名, 而我之觸又甚也. 最後爲郡守, 卽與巡撫王觸, 與守道駱觸.

V

양명 좌파의 역사적 평가

만력(萬曆) 연간에 양명 좌파는 한 시대를 풍미했고 여러 대영수들은 성인으로 추존되었다. 그러나 동시에 반동세력이 사방에서 일어나 홍수와 맹수처럼 보았기에 오래지 않아 양명 좌파는 결국 자취를 감추고 말았다. 『이학종전(理學宗傳)』과 『명유학안(明儒學案)』과 같은 양명학 수정파의 저서에 양명 좌파는 중요하지 않게 그려졌을 뿐이다. 시간이 흐른 오늘날, 우리는 공정한 마음으로 당시 사상계의 대세를 미루어 살펴보고 양명 좌파를 재평가해야 할 필요가 있을 것 같다. 이 학파의 독특한 정신, 전후 사상계의 관계, 역사상 흥망성쇠의 원인 등에 근거하여 중국 근세사상사에서의 위상을 판단해야 한다. 이 과정에서 주관적인 칭찬이나 폄하는 모두 불필요하다.

우리는 먼저 양명 좌파가 출현한 시기가 바로 도학혁신의 시대이자 사상해방의 시대였다는 것을 인식해야 한다. 이러한 혁신과 해방의 조류는 진헌장(陳獻章)으로부터 발원하여 왕양명(王陽明)에 이르러 크게 융성하였고 양명 좌파에 이르러 정점을 찍었다. 양명을 진헌장에 비교하면 양명이 더욱 대담하고, 양명 좌파를 양명에 비교하면 양명 좌파가 더욱 과격하다. 그러나 시대 조류의 관점에서 말하자면, 진정으로 진헌장을 계승한 자는 그다지 진헌장을 언급하지 않았던 양명이고, 진정으로 양명을 계승한 자는 때때로 양명의 울타리를 넘어

섰던 양명 좌파이다. 진헌장의 수제자인 담약수와 양명 우파는 힘을
다해 스승의 설을 옹호하기는 했지만 그 스승의 울타리를 벗어나지
는 못했다. 그 역사적 활동과 혁신해방의 정신에서 살펴보면, 그 스승
과 조금 같지 않은 면이 있었지만 이는 단지 그 당시의 일종의 반동
적 성격을 표출한 것일 뿐이었다. 담약수에 관해서는 본 주제의 범위
에 있지 않기 때문에 자세히 거론할 필요가 없으며, 양명 좌파의 자
유해방 정신에 관해서는 앞서 서술한 몇 절을 통해서 이미 대략적으
로 알 수 있다. 여기에 다른 학파에 소속된 사람들이 양명 좌파를 비
평한 일면을 살펴본다면 더욱 진일보한 연구가 될 것이다.

　양명학은 그 좌파가 전개된 이후로 곧바로 내부에서 일종의 반동
이 일어났다. 나홍선의 경우는 '현성양지(現成良知)'를 인정하지 않았
고 용계와 쟁변하는 데 진력하여 마침내 양명 우파를 형성하였다. 동
림당(東林黨)[261]의 고헌성(顧憲成), 고반룡(高攀龍)[262] 등의 학자들이 나
와 양명학 말기의 폐단을 바로 잡는 데 힘쓰며 특히 좌파를 격렬하게
비판했다. 그들이 비판한 대상은 대체로 '무선무악(無善無惡)' 네 글자

---

261) 동림당(東林黨) : 명 말 만력 연간에 환관과 황족 관료가 정권을 농단하는 현상이 발
　　생하자 이에 반대하여 대립하였던 사대부 집단을 이른다. 이들이 대부분 동림서원을 중심
　　으로 세론을 형성하여 정치운동을 전개했으므로 동림당이라 불렀다.

262) 고반룡(高攀龍, 1562~1626) : 자는 운종(雲從) 또는 존지(存之)이고, 호는 경일(景逸)이
　　다. 만력 17년(萬曆, 1589) 진사가 되고, 행인(行人)에 올랐다. 스승 고헌성과 함께 무석 동
　　림서원에서 강학하자 전국의 사대부들이 '고고(高顧)'라 불렀다. 동림학파를 일으켜 고헌
　　성과 함께 동림당(東林黨)의 영수가 되었다. 환관 위충현(魏忠賢)의 동림당 탄압으로 많은
　　사람들이 해를 당했다. 얼마 뒤 최정수가 성지(聖旨)를 고쳐 사람을 보내 체포하려고 하
　　자 물에 뛰어들어 목숨을 끊었다. 정주학을 따르면서도 심즉리설(心卽理說), 치양지설(致良
　　知說)에 찬성했다. 그러나 양명학의 폐단에 대해서는 비판했다. 또한 공리공담을 반대하
　　고 실행을 중시했다. 저서에 『주역간설(周易簡說)』, 『춘추공의(春秋孔義)』, 『정몽석(正蒙釋)』,
　　『고본대학(古本大學)』, 『사자요서(四子要書)』, 『주자절요(朱子節要)』 등이 있다.

169

에 집중되었다. 고헌성은 다음과 같이 말하였다.

관지도(管志道)는 "무릇 학설이 바르지 않은데도 세상에 오랫동안
유행되는 것은 반드시 소인의 사심에 영합하면서 또 군자의 큰 도에
도 갖다 붙일 수 있는 경우이다."라고 하였다. 나는 오직 '무선무악(無
善無惡)' 네 글자가 여기에 해당한다고 생각한다. 이는 어째서인가? 마
음의 본체를 원래 무선무악이라 여긴다면 이것은 곧 일종의 '공(空)'
이 된다. 무선무악이 단지 마음이 '유(有)'에 붙지 않는 것이라고만 여
긴다면 이는 결국 일종의 '혼(混)'을 이루게 된다. '공'은 일체 해탈하
여 더 이상 거리낌이 없는 경지이니, 고명한 자는 이 경지에 들어가
서 기뻐하고는 다음과 같이 말한다. "인의(仁義)는 질곡(桎梏)이고, 예
법(禮法)은 찌꺼기이며, 일용(日用)은 티끌이고, 뜻을 굳게 지키는 것은
집착이며, 일마다 성찰하는 것은 경계를 쫓아가는 것이고, 뉘우치고
개과천선하는 것은 윤회이며, 하학상달(下學上達)은 주어진 지위에만
만족하는 것이고, 절개와 행실을 닦고 홀로 서서 두려워하지 않는 것
은 기분 내키는 대로 일을 처리하는 것이다."

'혼(混)'은 일체 모호하여 더 이상 구별이 없는 경지이니, 아무런 구
분을 하지 않는 자가 곧바로 이에 나아가서 다음과 같이 말한다. "제
멋대로 하는 것을 '솔성(率性)'이라 하고, 세속을 따르고 잘못을 인습
하는 것을 '중용(中庸)'이라 하며, 어물어물 세속에 영합하는 것을 '만
물일체(萬物一體)'라 하고, '여덟 자를 굽혀 한 자를 펴는 것[枉尋直尺]'
을 그 몸을 버려 천하를 구한다고 하며, 자신을 굽혀 영합하는 것을
가한 것도 없고 불가한 것도 없다고 하고, 제멋대로 하여 거리낌이 없
는 것을 명성을 좋아하지 않는다고 하며, 어려움이 닥쳤을 때 구차하

게 면하는 것을 성인이 죽을 곳이 없다고 하고, 미련하고 부끄러움이 없는 것을 부동심(不動心)이라 한다."

앞의 설을 따른다면 어떤 선(善)인들 악(惡)이 아니겠으며, 뒤의 설을 따른다면 어떤 악인들 선이 아니겠는가. 이 때문에 나아가서 꾸짖고자 하더라도 저들이 차지한 지위가 매우 높아서 위로는 군자의 대도(大道)에 영합할 수 있고, 내버려두고서 따지지 않고자 하더라도 저들이 장악한 범위가 매우 넓어서 아래로는 소인의 사심에 영합할 수도 있다. 그러니 지금 공자와 맹자가 다시 나타난대도 또한 어찌하겠는가. 이를 일러 학술로 천하 만세를 해친다고 하는 것이다.[263]

'무선무악(無善無惡)' 네 글자는 가장 위험하고 교묘한 말이다. 군자는 일생토록 항상 조심하고 경계하며 선을 택하여 굳게 지키는데, 이네 글자를 따르면 곧 군자가 되는 일이 어긋나 버린다. 소인이 일생토록 방자하게 굴고 마음대로 행동하는 데 그저 이 네 글자를 따르면 곧 소인됨을 기꺼워하게 된다. 이르기를 "군자를 매장하고 소인을 풀어

---

263) 『小心齋箚記』卷18. 管東溟曰: "凡說之不正, 而久流於世者, 必其投小人之私心, 而又可以附於君子之大道也." 愚竊謂惟'無善無惡'四字當之, 何者? 見以爲心之本體原是'無善無惡'也, 合下便成一個'空'. 見以爲'無善無惡', 只是心不著於有也, 究竟且成一個'混'. '空'則一切解脫, 無復掛礙, 高明者入而悅之, 於是將有如所云, 以仁義爲桎梏, 以禮法爲土苴, 以日用爲緣塵, 以操持爲把捉, 以隨事省察爲逐境, 以訟悔遷改爲輪回, 以下學上達爲落階級, 以砥節厲行獨立不懼爲意氣用事者矣. '混'則一切含糊, 無復揀擇, 圓融者便而趨之, 於是將有如所云, 以任情爲率性, 以隨俗襲非爲中庸, 以闇然媚世爲萬物一體, 以枉尋直尺爲舍其身濟天下, 以委曲遷就無善可無不可, 以猖狂無忌爲不好名, 以臨難苟免爲聖人無死地, 以頑鈍無恥爲不動心者矣. 由前之說, 何善非惡, 由後之說, 何惡非善. 是故欲就而詰之, 彼其所占之地步甚高, 上之可以附君子之大道, 欲置而不問, 彼其所握之機括甚活, 下之可以投小人之私心. 即孔孟復作, 其亦奈之何哉! 此之謂以學術殺天下萬世.

준다."라고 하니, 이 말이 바로 '무선무악' 네 글자가 가져다주는 불치병이다.[264]

　　이 두 단락은 '무선무악' 네 글자의 극단적인 폐단을 밝힌 것으로, 본질을 모두 밝혀내어 깊이 미워하고 매섭게 끊어버려 구구절절 양명 좌파를 비난하였다. 본래 이 네 글자는 왕양명에게서 나왔지만, 왕양명은 이 구절을 자주 강론(講論)하지는 않았다. 양명 좌파의 여러 학자들에게 이르러 그들이 이 네 글자를 표방하여 종지로 삼은 뒤에 더욱 크게 부각되었다. 왕용계의 「천천증도기(天泉證道紀)」와 주여 등의 「구해(九解)」는 모두 양명 좌파의 가장 찬란한 명저로서 당시 사상계에 큰 파란을 일으켰다. 고헌성이 통렬히 지적한 몇 가지 병폐는 대개 모두가 당시의 실제 현상이었다. 한 마디로 말하자면, 정신없이 날뛰며 거리낌 없이 명교를 파괴한 것에 지나지 않은 것이다. '무선무악'에서 시작하여 '정신없이 날뛰며 거리낌 없이 명교를 파괴함'에 이른 것은 매우 자연스러운 귀결이었다. 안균, 하심은에서 이지 등에 이르기까지 좌파의 여러 학자들은 모두 거리낌 없이 명교 밖으로 벗어난 자들이라고 할 수 있다. 고헌성은 이에 대해 다음과 같이 분명하게 말하였다.

　　소식(蘇軾)이 정이(程頤)를 비난하며 "언제쯤 저 경(敬)이라는 글자

---

264) 『還經錄』. '無善無惡'四字, 最險最巧. 君子一生, 兢兢業業, 擇善固執, 只着此四字, 便枉了爲君子, 小人一生, 猖狂放肆, 縱意妄行, 只着此四字, 便樂得做小人. 語云: '埋藏君子, 出脫小人'. 此八字乃'無善無惡'四字膏肓之病也.

172

를 타파할 것인가!"라고 말했다. 나는 근세에 왕심재 문하의 안균, 하심은 일파가 바로 이 경(敬)이라는 글자를 타파하였다고 생각한다.[265]

경(敬)을 타파하였다는 것은 곧 그들의 '정신없이 날뛰어 거리낌 없음'을 말한 것이다. 고헌성은 또 왕용계를 분명히 배척하며 다음과 같이 말하였다.

왕용계의 논지를 상세히 생각하건대, 한결같이 사람들의 명예욕을 끊어버리고자 한 것이니 이는 본래 우리가 주안점을 둔 가장 중요한 뜻[第一義]이다. "남들이 알아주지 않아도 성내지 않는다.",[266] "세상에 은둔하여 인정받지 못해도 후회하지 않는다."[267]라고 성인께서 이미 말씀하셨으니 얼마나 온당한 말씀인가! 왕용계는 "비난과 칭찬에 초연해야 하니, 그렇게 되면 악명을 얻어 세상에 매몰되어 나오지 못하더라도 또한 조금도 마음 쓸 것이 없다."라고 했는데, 이는 지나치다. 이것은 바로 거리낌 없는 지점에서 중용을 확립하여 하나의 전범으로 만든 것이니, 왕시괴(王時槐)[268]가 홍수와 맹수에 비견한 것도 이

---

265) 『小心齋箚記』卷9. 東坡譏伊川曰: "何時打破這敬字?" 愚謂近世如王泰州座下顏何一派, 直打破這敬字矣.

266) 남들이……않는다 : 『論語』「學而」1장. 人不知而不慍, 不亦君子乎?

267) 세상에……않는다 : 『中庸章句』11장. 君子依乎中庸, 遯世不見知而不悔, 唯聖者能之.

268) 왕시괴(王時槐, 1522 ~1605) : 자는 자식(子植)이고, 호는 당남(塘南)이다. 가정 26년(嘉靖, 1547) 진사가 되어 남경병부주사(南京兵部主事)에 올랐다. 만력 연간에 천거되었지만 다시 나갈 생각은 않고 강학을 하면서 생애를 마쳤다. 학문은 신독(愼獨)을 중시했다. 유문민(劉文敏)에게 배워 왕수인의 재전제자(再傳弟子)가 되었다. 저서에 『광인류편(廣仁類編)』

173

유가 있다. 또한 사람은 명예욕이 있는 것만 문제가 되는 것이 아니라 이욕이 있는 것 또한 문제가 된다. …… 만약 이욕을 끊지 못했는데도 명예욕을 끊는 것을 함부로 말한다면, 명예욕이 없어질수록 이욕이 더욱 살아날 것이다. 그렇게 되면 그 안에 잠복된 것들이 이루다 말할 수 없을 정도로 많을까 염려된다. 고윤성(顧允成)[269]이 일찍이 "'명예를 좋아하지 않는다[不好名]'라는 세 글자는 방자와 방종의 시작이다."라고 했으니 참으로 음미해 볼 만하다.[270]

동림파는 명예와 절조를 서로 연마했기 때문에, '명예를 좋아하지 않는다[不好名]', '비난과 칭찬에 초연해야 한다[打破毀譽關]' 같은 종류의 구호에 대항하여 양명 좌파를 홍수와 맹수처럼 배척했다. 양명 좌파의 여러 학자들은 대부분 대담하게 시도하고 과감하게 일하는

과『우경당합고(友慶堂合稿)』등이 있다.

269) 고윤성(顧允成, 1554~1607): 자는 계시(季時)고, 호는 경범(涇凡)이다. 고헌성의 동생이다. 성격이 분명했고, 명절(名節)을 중시했다. 만력 14년(萬曆, 1586) 전시(殿試)에 나갔지만 대책(對策)에서 정비(鄭妃)를 언급한 부분 때문에 말석으로 급제했다. 방환(房寰)이 해서(海瑞)를 비난하자 분노를 참지 못하고 동기들과 함께 탄핵하는 상소를 올렸다가 황제의 뜻을 거슬러 합격이 취소되었다. 오랜 뒤 천거를 받아 교수(教授)에 등용되고 예부주사(禮部主事)를 역임했다. 당시 삼왕(三王)이 함께 봉해지자 동료들과 함께 상소했지만 받아들여지지 않았다. 나중에 상소로 각신(閣臣) 장위(張位)를 탄핵했다가 광주판관(光州判官)으로 쫓겨났다. 사직을 청해 돌아와 형 고헌성과 함께 동림서원에서 강학했다. 저서에『소변재우존(小辨齋偶存)』이 있다.

270) 『南岳商語』. 詳繹龍谿之指, 總是要人斷名根. 這原是五人立脚第一義. 人不知而不慍, 遯世不見知而不悔, 聖人已如此說了. 卻何等說得正當! 龍谿乃曰: "打破毀譽關, 卽被惡名, 埋沒一世, 不得出頭, 亦無分毫掛帶." 則險矣. 這便是爲無忌憚之中庸立了一個赤幟. 王塘南比諸洪水猛獸, 有以也. 且人不特患有名根, 又患有利根. …… 若利近不斷, 漫說要斷名根, 吾恐名根愈死, 則利根愈活, 個中包裹藏伏有不可勝言者. 季時嘗言, 不好名三字, 是恣情從欲的引子, 良可味也.

자들이었다. 그들은 때때로 목적을 위해 수단을 가리지 않아서 과감하고 패기 있게 마음대로 행동하였으며 다소 더러운 일을 겪더라도 전혀 마음에 두지 않았다. 장병린(章炳麟)은 왕양명의 장점이 '안으로는 의심을 자르고, 밖으로는 억눌림을 끊어버리는 것'에 있다고 말했는데, 이러한 정신은 양명 좌파의 여러 학자들이 가장 훌륭하게 발휘하였다. 왕용계와 왕심재부터 안균, 하심은, 나여방, 이지 등의 학자들을 살펴보면, 주저하지 않고 곧장 나아가면서 조금도 구애받지 않은 자들이었다. 그들은 모두 홀로 지조를 지키면서 자중하는 유학자를 경시하고, 자신을 희생하여 시대를 구제하는 영웅호걸이 되고자 하였다. 그러나 이로 인하여 또한 속세의 법망을 저촉하고 물의를 일으켜 명교를 옹호하는 유학자들의 배척을 면하지 못하였다. 저들은 모두 '만물일체(萬物一體)'를 강론하기를 좋아했는데, '하나가 된 마음'으로 일신의 명예 내지 절조를 모두 희생할 수 있다고 여겼다. 나여방은 어떤 부인이 그 남편을 구하려 하자 재물을 아끼지 않고 주었고, 강해(康海)[271]는 지조를 잃고 유근(劉瑾)[272]의 문하에서 자신을 알아주기를 구하였다. 이지의 행동도 이와 유사했다. 이들은 다만 모두

---

271) 강해(康海, 1475~1540) : 호는 대산(對山), 자는 덕함(德涵)이며, 별호는 반동어부(沜東漁父)이다. 섬서성 무공(武功) 출신이다. 전칠자(前七子)의 한 사람이며, 북방 출신으로 호방하고 활달한 작품을 썼기 때문에 왕구사(王九思)·이개선(李開先)·풍유민(馮惟敏) 등과 함께 '호방파'라고 불렸다. 주요작품에 산곡집『반동악부(沜東樂府)』,『반동악부보유(沜東樂府補遺)』등과 시문집『대산집(對山集)』, 잡극『중산랑(中山狼)』등이 있는데,『중산랑』은 이몽양을 풍자하기 위해 지은 것이라고 한다. 명나라 가정 연간에 간행된『산곡총간(散曲叢刊)』에 소령 200여 수, 투수 30여 투가 전해진다.

272) 유근(劉瑾, ?~1510) : 본명은 담(談)으로, 중국 명나라 정덕제 때의 환관이었다. 황제의 측근으로 아첨으로 정치를 문란하게 하고, 실권을 장악하여 만사를 전결(專決)하는 등 횡포가 극심하였다.

가 한 몸이라는 마음을 발휘했을 뿐, 어떠한 세속적인 의례절행(義禮
節行)도 돌아보지 않았다. 고헌성은 다음과 같이 말하였다.

명도 선생이 "인(仁)은 혼연하여 사물과 동체이다."라고 하였으니,
단 이 한 마디 말로 의미를 다 표현해 내었다. 그런데 어찌 또 "의례지
신(義禮智信)이 모두 인이다."라고 말하였는가? 처음에는 자못 이 말이
췌언이 아닌지 의심했다. 그런데 세속에서 인을 안다고 부르짖는 자
들을 살펴보니, 왕왕 활발하게 섞이는 것을 힘써서 밖으로 세류에 영
합하고 안으로 사욕을 이루려 하며, 심지어 염치를 버리고 법도를 무
시하며, 어물쩍 잘못을 덮어버리고 자신과 남을 속인다. 일찍이 '의례
지신'이 무엇을 뜻하는지는 살펴보지도 않고 오히려 거드름 피우며
스스로 인이라고 이름 붙인다. 이를 살펴보고 나니 명도 선생의 뜻이
뛰어남을 알겠다.[273]

다음으로 오시래(吳時來)[274]가 왕용계를 지적한 말을 인용해 보겠
다.

진실로 이 노인이 살피지 못하여 …… 다시 수오지심(羞惡之心)·사

---

273) 『小心齋箚記』卷1. 程伯子曰: "仁者渾然與物同體." 只此一語已盡, 何以又云, "義禮
智信皆仁也?" 始頗疑其爲贅. 及觀世之號識仁者, 往往務爲圓融活潑, 以外媚流俗而内濟其
私, 甚而蔑棄廉恥, 決裂繩墨, 閃爍回互, 誑己誑人, 曾不省義禮智信爲何稱, 猶偃然自命曰
仁也, 然後知伯子之意遠矣.

274) 오시래(吳時來, 1527~1590) : 자는 유수(惟修), 호는 오재(悟齋)이다. 32세에 진사가
되어 송강부추관(松江府推官)을 담당하였다.

176

양지심(辭讓之心)·시비지심(是非之心)을 전혀 고려하지 않았고, 또 말한 측은지심(惻隱之心)이라는 것도 도적을 오인해서 자식으로 간주한 오류[275]를 면치 못했으니, 장차 한 번 전해진다면 이 학문은 세상의 경계가 될 것이다.[276]

'혼연일체' 가운데 의례지신(義禮智信)이 모두 갖추어져 있다. 의례지신을 분리시켜서 오직 인(仁)만을 강론한다면, 인 또한 인이 되지 못한다. 맹자가 제왕(齊王)에게 당읍(棠邑)의 창고를 열어 백성을 구제할 것을 다시 요청하려 하지 않으면서, 풍부(馮婦)의 행동에 대해 "많은 사람들은 그것을 좋아하였으나, 선비들은 그것을 비웃었다."라고 말했다.[277] 맹자는 또 다음과 같이 말하였다.

이제 한 집에 있는 사람이 다툰다면, 이것을 말리되 머리를 풀어헤친 채로 갓끈만 매고 말려도 괜찮다. 그러나 고을에 다투는 자가 있다면, 머리를 풀어헤친 채로 갓끈만 매고 가서 말리는 것은 이치에 맞지 않는 것이니, 문을 닫고 있어도 괜찮다.[278]

---

275) 도적을……오류 : 원문은 '認賊作子'이며, 『능엄경(楞嚴經)』 1권에 '認賊爲子'로 되어 있다. 망상을 진실로 착각함을 비유한 말이다.

276) 『小心齋箚記』卷1. 誠恐此老不察, …… 不復向羞惡辭讓是非上用一針, 卽所謂惻隱者未免認賊作子, 將一傳而此學爲世戒.

277) 맹자가……말했다 : 『孟子』 「盡心 下」 23장. 孟子曰: "是爲馮婦也, 晉人有馮婦者, 善搏虎, 卒爲善士, 則之野, 有衆逐虎, 虎負嵎, 莫之敢攖, 望見馮婦, 趨而迎之, 馮婦攘臂下車, 衆皆悅之, 其爲士者, 笑之."

278) 『孟子』 「離婁 下」 29장. 今有同室之人鬪者, 救之, 雖被髮纓冠而救之可也. 鄕隣有鬪者, 被髮纓冠而往救之則惑也, 雖閉戶可也.

이는 유가의 정통사상이지만 왕용계와 같은 몇몇 사람은 이런 사소한 것에 얽매이지 않았다. 그들은 한 집안에서 싸우는지 고을에서 싸우는지를 막론하고, 모두 머리를 풀어헤친 채로 갓끈만 매고 가서 말리려 하였고 결코 문을 닫으려 하지 않았다. 그들은 풍부가 되든 안 되든, 선비들이 비웃든 말든 그 어떠한 것도 상관하지 않고, 다만 기근에 든 백성을 구하고자 하여 비록 여러 번 청하여 힘써 떠들면서 주장을 버리지 않고, 윗사람과 아랫사람에게 미움받게 되더라도 괜찮다고 여겼다. 그들은 더럽혀진 이름과 비웃음당하는 행동을 두려워하지 않았으며, 우물에 들어가 사람을 구하는 것 같은 아무런 이득이 없는 일도 기꺼이 하였다. 양명 좌파의 이 같은 행동은 유가보다는 '협(俠)'에 가깝다. '협'은 법도를 따르지 않으며 때에 따라서는 명교를 위반하기도 한다. 그러나 그들의 진정성, 호기, 구속받지 않는 정신 등이 어찌 꽉 막힌 일반 유생들의 행동이 미칠 수 있는 바이겠는가.

동림파 이후로 손기봉(孫奇逢),[279] 유종주(劉宗周), 황종희 등은 모두 양명 좌파를 공격하여 나홍선 일파를 양명학의 정통파로 인정했다. 이후 박학(樸學)이 융성하고 도학(道學)이 쇠미해지자, 양명 좌파는 으레 이들을 비판한 몇 구절 이외에는 거의 사람들에게 잊혀져 갔

---

279) 손기봉(孫奇逢, 1584~1675) : 자는 계몽(啓蒙), 호는 종원(鍾元)으로 중국 명 말·청초의 학자이다. 청병이 용성(容城)을 포위했을 때 이를 격파하여 기개를 떨쳤으나 청이 천하를 통일하자 소문(蘇門)의 하봉(夏峰)에 은퇴하여 학문을 강의, 하봉 선생이라고 불리었다. 이학자(理學者)의 열전(列傳)인 『이학종전(理學宗傳)』 26권을 지어, 주돈이·정명도·왕양명 등 11인을 정종(正宗)에게 상주하였다. 그의 학문은 그 근본이 자신을 삼가는 것으로서, 경학(經學)·이학(理學)에 모두 독특한 견식을 가졌다.

다. 양명 좌파의 쇠멸(衰滅)은 곧 명대 도학의 혁신 운동 혹은 사상 해방 운동의 종결점이었다. 혁신과 해방의 조류가 어떤 이유로 융성해졌고 어떤 이유로 쇠미해졌는가에 대해서는 그 사이의 복잡한 원인과 당시의 사회변동이 모두 관련되어 있다.

나는 양명 좌파가 다소 하층사회의 분위기를 띠고 있었다고 생각한다. 당시의 혁신과 해방의 조류를 따라, 양명학은 날로 더욱 좌파에 경도되었고, 날로 하층사회에 접근해갔다. 그러나 하층사회의 추동이 있었던 것도 아니고 양명학이 이러한 이해관계로 인해 좌경화된 것도 아니었다. 본래 정주학과 비교해서 양명의 학설은 하층사회와의 접근이 용이했던 것이다. 초순(焦循)[280]은 다음과 같이 말하였다.

주자학은 천하의 군자를 가르치는 것이고, 양명학은 천하의 백성을 가르치는 것이다. …… 주자학은 마땅히 그러한 바를 실천하여 그러한 이치를 다시 궁구하며, 경사(經史)의 글을 외워 익히고 성명의 근본을 강구하고자 한다. 이는 독서하는 한두 명의 사대부라야 할 수 있는 것이지, 우매하고 고집스런 자들을 붙들어다가 억지로 시킬 수 없는 일이다. 양명학의 양지는 양심을 말한 것이다. 비록 어리석고 못나서 독서할 수 없는 사람일지라도 감발하여 감동할 수 있다.[281]

---

280) 초순(焦循, 1763~1820) : 자는 이당(理堂) 혹은 이당(里堂)이며, 강소(江蘇) 양주(揚州) 황각진(黃珏鎭) 사람이다. 가경(嘉慶) 때 향시(鄕試)에 합격하여 완원(阮元)과 명성을 나란히 하였다. 경사(經史), 역산(曆算), 성운(聲韻), 훈고(訓詁)에 관한 연구 저술이 많으며, 저서로 『이당학산기(裏堂學算記)』, 『역장구(易章句)』, 『역통석(易通釋)』, 『맹자정의(孟子正義)』, 『극설(劇說)』 등이 있다.

281) 『雕菰集』 卷8, 「良知論」. 紫陽之學, 所以敎天下之君子: 陽明之學, 所以敎天下之小人. …… 紫陽之學, 行其所當然, 復窮其所以然, 誦習乎經史之文, 講求乎性命之本, 此惟

이 단락은 매우 의미가 있다. 양명학은 본래 매우 유동적이어서 위 아래에 모두 미친다. 어린아이부터 성인(聖人)에 이르기까지 천자부터 서민에 이르기까지, 어느 정도의 인지가 있다면 어떤 지위와 어떤 직업을 가졌는지를 불문하고 모두 분수에 따라 능력을 발휘할 수 있다. 모든 사람은 사람마다의 양지가 있으니 각자 힘이 닿는 대로 자신의 양지를 다하는 것이다. 이미 반나절 독서하고 반나절 정좌할 필요도 없고, 또 굳이 천하의 사물에 나아가서 이미 아는 것을 통해 더욱 궁구하여 지극한 데에 이르기를 구할 필요가 없으니, 즉시 쉽게 알고 쉽게 할 수 있는 것이다. 왕양명은 다음과 같이 직설적으로 말하였다.

> 보통의 남녀와 함께하는 것이 '동덕(同德)'이고, 보통의 남녀와 달리 하는 것이 '이단(異端)'이다.[282]

그는 바로 보통 남녀의 양지양능(良知良能)을 표준으로 삼은 것이다. 왕양명의 「유태화양무(諭泰和楊茂)」는 농아(聾兒)에게 '치양지'를 가르친 것으로, 그 실례를 생각해 볼 수 있다. 다음은 그 전문이다.

> 너의 입은 시비를 말할 수 없고 너의 귀는 시비를 들을 수 없지만, 너의 마음은 오히려 시비를 알 수 있지 않은가? 一무(茂)가 글자로 시

一二讀書之士能之, 未加執拗愚頑梗者而强之也. 良知者, 良心之謂也. 雖愚不尚不能讀書之人, 有以感發之, 無不動者.

282) 『傳習錄』下. 與愚夫愚婦同的, 是謂同德, 與愚夫愚婦異的, 是謂異端.

비를 안다고 말했다.ㅡ 이 같이 너의 입이 비록 남들과 같지 않고, 너의 귀가 비록 남들과 같지 않지만 너의 마음은 오히려 남들과 똑같다. ㅡ무(茂)가 이 때 머리를 조아리며 두 손을 마주대고 인사했다.ㅡ 무릇 사람은 다만 이 마음이 있을 뿐이다. 이 마음이 만약 천리를 보존할 수 있다면 이는 성현의 마음이니, 입이 말을 할 수 없고 귀로 들을 수 없더라도 또한 이는 말하지 못하고 듣지 못하는 성현인 것이다. 마음이 만약 천리를 보존할 수 없다면 이는 금수의 마음이니, 입으로 말하고 귀로 들을 수 있더라도 이는 말할 수 있고 들을 수 있는 금수일 뿐이다. ㅡ무(茂)가 이때 가슴을 두드리며 하늘을 가리켰다.ㅡ 너는 지금처럼 부모에게 다만 네 마음의 효를 다하고, 형장(兄長)에게 다만 네 마음의 공경을 다하며, 향당과 마을의 친척들에게 다만 네 마음의 겸화(謙和)와 공순(恭順)을 다해야 한다. 남의 태만함을 보아도 노하거나 이상하다 여기지 말고, 남의 재물을 보아도 탐욕을 부리지 말아야 한다. 안으로는 다만 너의 옳은 마음을 행해야 하고 너의 그른 마음을 행해서는 안 되며, 밖으로는 만약 남이 너의 옳음을 말하더라도 들어서는 안 되고, 너의 옳지 못함을 말하더라도 또한 들어서는 안 된다. ㅡ무(茂)가 이 때 머리를 조아리며 절하고 인사했다.ㅡ 너의 입은 시비를 말할 수 없으나 시비를 성찰할 수 있고, 너의 귀는 시비를 들을 수 없으나 시비를 성찰할 수 있다. 무릇 시비를 말하면 곧 시비가 생기고 번뇌가 생기게 되며, 시비를 들으면 곧 시비를 더하고 번뇌를 더하게 된다. 너의 입은 말할 수 없고 너의 귀는 들을 수 없으나, 시비를 성찰할 수 있고 번뇌를 살필 수 있으니, 너는 다른 사람과 비교하여 도리어 더욱 즐겁고 편안할 수 있다. ㅡ무(茂)가 이때 가슴을 두드리며 하늘을 가리키고 땅에 발을 굴렀다.ㅡ 내가 지금처럼 너에게 가르치니, 다만 종일토록 네 마음을 행하여 입으로 말할 필요가 없고, 다만 종일토록 너의 마음을 들어서 귀로 들을 필요가 없다. —무(茂)가 이때 머리를 조아리고 다시 절하였다.—[283]

이와 같이 남을 가르쳤으니 이 얼마나 친절하고 간단한가! 진실로 이는 "부부(夫婦)의 어리석음으로도 더불어 알 수 있고, 능히 행할 수 있다."[284]는 것이다. 왕양명은 성인이 성인일 수 있는 원인은 지식과 재능에 달려 있는 것이 아니라, 마음이 천리에 순수한지에 달려 있다는 것을 알았다. 그는 일찍이 순금으로 성인을 비유하면서, 분량과 경중을 가지고 재력(才力)과 대소를 비교했다. 요순은 황금 만 일(鎰), 문왕과 공자는 구천 일, 우임금과 탕왕과 무왕은 칠팔천 일, 백이와 이윤은 사오천 일과 같다. 분량은 같지 않지만 순금이 되는 것은 같고, 재능과 능력이 같지 않지만 천리에 순하여 성인이 된 것은 같은 것이다. 이 말을 살펴보면, 성인은 정해진 황금 만일이 되어야 할 필요가

---

283) 『陽明全書』卷24,「諭泰和楊茂」. 你口不能言是非, 你耳不能聽是非, 你心還能知是非否? －茂以字答知是非.－ 如此你口雖不如人, 你耳雖不如人, 你心還與人一般. －茂時首肯拱謝.－ 大凡人只是此心. 此心若能存天理, 是個聖賢的心, 口雖不能言, 耳雖不能聽, 也是個不能言不能聽的聖賢. 心若不存天理, 是個禽獸的心, 口雖能言, 耳雖能聽, 也只是個能言能聽的禽獸. －茂時扣胸指天.－ 你如今於父母但盡你心的孝, 於兄長但盡你心的敬, 於鄕黨隣里宗族親戚, 但盡你心的謙和恭順. 見人怠慢, 不要嗔怪, 見人財利, 不要貪圖. 但在裏面行你那是的心, 莫行你那非的心. 縱使外面人說你是, 你不須聽, 說你不是, 也不須聽. －茂時首肯拜謝.－ 你口不能言是非, 省了多少閒是非, 你耳不能聽是非, 省了多少閒是非. 凡說是非, 便生是非, 生煩惱, 聽是非, 便添是非, 添煩惱. 你口不能說, 你耳不能聽, 省了多少閒是非, 省了多少閒煩惱, 你比旁人倒快活自在了許多. －茂時扣胸指天蹴地.－ 我今如敎你, 但終日行你的心, 不消口裏說, 但終日聽你的心, 不消耳裏聽. －茂時首肯再拜而已.－
284) 부부의……있다 : 『中庸章句』12장. 夫婦之愚, 可以與知焉, 及其至也, 雖聖人亦有所不知焉, 夫婦之不肖, 可以能行焉, 及其至也.

없으니, 칠팔천 일도 좋고 사오천 일이라도 좋다. 극단적으로 말하면, 반근 반량의 성인이 되는 것도 또한 아무런 불가함도 없이 당연하다는 것이다. 이러한 언급은 성인이 될 수 있는 자격을 보다 넓혀 주었다. 귀머거리 성인, 벙어리 성인, 기술자 성인, 농부 성인 등 각양각색의 성인들이 왕양명에 의해 모두 허용되었다. 이에 수많은 하층사회의 사람들은 모두 성인의 영역에 들어갈 수 있는 기회를 얻었다.

가장 두드러진 경우가 왕심재였다. 그의 평생의 경력과 학술은 앞에서 이미 서술하였다. 그는 일개 염정(鹽丁)으로서 우뚝하게 양명학의 큰 스승이 되어 태주학파를 개창하였다. 양명학의 빛나는 영향력은 한 시대를 풍미했는데, 이 학파의 영향을 받은 사람은 매우 많다. 왕심재의 제자인 왕동(王棟)[285]은 다음과 같이 말하였다.

옛날부터 농공상고(農工商賈)가 하는 일은 비록 같지 않았지만 모두 함께 배울 수 있었다. 공자 문하의 제자 삼천 명 가운데 몸소 육예(六藝)를 통달한 자는 겨우 72명이었고 나머지는 모두 무지한 사람들이었다. 진(秦)나라 때에 들어와 학문이 쇠퇴하다가 한(漢)나라 때에 부흥하여 고인의 남겨진 경전을 외는 자가 나타나 경사(經師)가 되어 다시 전해지게 되었다. 이때 이 학문을 오로지 경생(經生)과 문사(文士)의 전업이라고 지목하였으니, 천고의 성인들이 사람들에게 전해준 함께 밝아지고 모두 달성하는 학문이 마침내 민멸되어 전해지지 않게

---

285) 왕동(王棟, 1503~1581) : 호는 일암(一菴)으로 왕심재의 제자이다. 왕심재, 왕벽(王襞)과 더불어 '회남삼왕(會南三王)'이라고 불렸다. 양명의 양지와 심재의 격물치지를 모두 계승함과 동시에 미발에서의 의(意)를 중시하는 '성의지지(誠意之旨)'를 주장했다. 저서로는 『일암선생문집(一菴先生文集)』이 있다.

되었다. 하늘이 우리 선생님을 내려주셔서 바닷가에서 우뚝 일어나 홀로 깨닫고서, 곧바로 공맹을 으뜸으로 삼고 사람의 마음을 가리켜 보여주었다. 그런 후에야 한 글자도 알지 못하는 어리석은 사람들도 모두 스스로의 본성과 영성이 완전하고 충족됨을 알아서 보고 듣는 것에 의지하지 않고 말에 휘둘리지 않게 되었다. 그제야 이천 년 동안 전해지지 않던 참뜻이 하루아침에 다시 밝아졌다.[286]

이 단락은 농공상고(農工商賈)와 일자무식의 백성들도 모두 함께 배울 수 있으며, 또 이러한 형태의 학문이 바로 진정한 성학(聖學)임을 명확하게 말하고 있다. 분명 왕심재는 하층사회 출신이었고, 그가 이끌었던 태주학파를 통해 다시 많은 하층사회의 일원이 배출되었다. 이옹(李顒)[287]이 펴낸 『관감록(觀感錄)』은 평민학자를 세상에 소개하여 칭찬하였다. 다음에서는 『명유학안』에 언급된 몇 사람을 소개해 보겠다.

---

286) 『明儒學案』 卷32, 「王一菴語錄」. 自古農工商賈, 業雖不同, 然人人皆共學. 孔門弟子三千, 而身通六藝者才七十二, 其餘則皆無知鄙夫耳. 至秦滅學. 漢興, 惟記誦古人遺經者, 起爲經師, 更相授受. 於是指此學獨爲經生文士之業, 而千古聖人與人人共明共成之學, 遂泯滅而不傳矣. 天生我師, 崛起海濱, 慨然獨悟, 直宗孔孟, 直指人心. 然後愚夫俗子不識一字之人, 皆知自性自靈, 自完自足, 不假聞見, 不煩口說, 而二千年不傳之消息一朝復明矣.

287) 이옹(李顒, 1627~1705) : 자는 중부(中孚) 또는 이곡(二曲)이고, 호는 일운이곡(一云二曲)이며, 별호는 토실병부(土室病夫)고, 학자들은 이곡선생(二曲先生)이라 불렸다. 어렸을 때 아버지가 전사해 집안이 빈한했지만 경서와 역사서, 제자백가를 독학으로 섭렵했다. 손기봉, 황종희와 함께 청나라 초기 삼대유(三大儒)로 불렸다. 저서에 『사서반신록(四書反身錄)』과 『이곡전집(二曲全集)』 등이 있다.

1. 나무꾼 주서(朱恕)

주서(朱恕, ?~?)의 자는 광신(光信)으로 태주 초언장(草偃場) 사람이었는데, 나무꾼 일을 하여 모친을 봉양하였다. 어느 날 왕심재의 학당을 지나면서 노래를 불렀다. "산에서 10리 떨어지면 땔감이 집에 있고, 산에서 1리 떨어지면 땔감이 산에 있네." 왕심재가 이 노래를 듣고 문하의 제자들에게 "그대들은 듣거라. 도는 구하지 않는 것이 문제가 될 뿐이니, 구하면 어렵지 않지만 구하지 않으면 쉬움이 없느니라."라고 말했다. 주서가 왕심재의 말을 듣고 깊은 뜻이 있다고 생각하여, 이에 매번 나무할 때마다 반드시 섬돌 아래에 나아가 말씀을 들었다. 배가 고프면 밥하는 사람에게 가서 국을 구해 싸온 밥을 꺼내어 먹고, 듣기를 마치면 크게 노래 부르며 땔감을 지고 떠나가니, 문하의 제자들이 그러한 광경을 보고 놀라며 기이하게 여겼다. 종실(宗室) 중 한 사람이 그를 불러 "내가 수십 금을 너에게 줄 테니 달리 살 방도를 구한다면 고생을 벗어날 수 있을 것이고 또 밤낮으로 우리와 노닐 수 있을 것이다."라고 하자, 주서가 금을 받아들고 고개 숙여 생각하다가, 이어 크게 성내며 "그대는 나를 아끼지 않는군요. 나는 장차 불안한 가운데 일어나는 잡념을 다스리다가 한 생을 마칠 것입니다."라 하고는 마침내 금을 집어던지고 돌아갔다. 호직(胡直)[288]이

---

288) 호직(胡直, 1517~1585) : 명나라 강서(江西) 태화(泰和) 사람으로, 자는 정보(正甫)고, 호는 여산(廬山)이다. 가정 35년(嘉靖, 1556)에 진사가 되었다. 형부주사(刑部主事)를 거쳐 복건안찰사(福建按察使) 등을 지냈다. 젊었을 때 고문(古文)을 공부했고, 구양덕(歐陽德)과 나홍선(羅洪先)에게 배웠으며, 학문은 양명학을 종주로 삼았다. 저서에 『호자형제(胡子衡齊)』와 『형려정사장고(衡廬精舍藏稿)』 등이 있다.

학사(學使)가 되어 그를 불렀을 때에는 주서가 가지 않다가 국사로서 일을 맡길 때는 단의(短衣)를 입고 맨발로 달려가 뵈니, 호직이 그에게 예를 갖추고 물러났다.

2. 도공 한정(韓貞)

한정(韓貞, ?~?)의 자는 이중(以中), 호는 낙오로 흥화(興化) 사람이었는데 도자기 굽는 일을 생업으로 삼았다. 주서를 사모하여 따라 배우다가 뒤에 왕벽(王襞)에게서 학업을 마쳤지만 글을 잘 알지는 못했다. 세 칸 초가집이 있었으나 그것으로 빚을 갚고 결국 가마 한 가운데서 살았다. 스스로 읊어 말하기를 "세 칸 초가집은 새 주인에게 돌아가고, 한 조각 연기만이 옛 사람의 것이네."라 했다. 나이 서른여섯이 되도록 아내를 얻지 못하자, 왕벽의 제자가 돈을 추렴하여 혼인하게 했다. 오래 지나, 터득한 바가 있음을 깨달아 속세의 사람들을 교화하는 것을 임무로 삼았다. 대중의 수준에 맞추어 손으로 짚어가며 가르치니, 농공상고(農工商賈) 중에 종유하는 자가 천여 명이었다. 가을걷이 후 농한기가 되면 무리를 모아 강학하여 한 마을이 끝나면 또 다른 마을로 가서 앞에서 선창하면 뒤에서 화답하니 학문하는 소리가 가득했다. 현령이 듣고 가상히 여겨 쌀 두 섬과 금 여섯 량을 내렸는데, 한정은 쌀만 받고 금은 되돌려 보냈다. 그 까닭을 묻자, "제가 그대를 보필할 수는 없으나, 저와 함께 사는 사람들이 송사로 공부(公府)를 번거롭게 함이 없을 것이니, 이것이 제가 명부(明府)에 보답하는 방법입니다."라고 하였다.

경정향(耿定向)이 태주를 순행할 때에 왕심재의 사당에서 큰 모임을 가졌다. 우연히 예전에 서로 기뻐하고 성내어 평정심을 잃었던 일을 언급하자, 한정이 상을 내려치면서 "어찌 저 같은 사람이 그대들의 뜻을 알겠습니까?"라고 소리 질렀다. 경정향이 웃으며 "궁핍하게 살면서 의기만 더해지니 손해일세."라고 말했다. 왕벽은 "한생(韓生)은 알아줄 만하다. 크게 행하는 것과 궁핍하게 사는 것을 같다고 여기니, 괜찮다."라고 말했다. 한정은 매번 강회 때마다 세상의 일을 이야기하는 자가 있으면 번번이 크게 소리치며 "세월이 얼마나 남았기에 한가한 소리나 하고 있는가!"라 하고, 혹 장구(章句)에 천착하는 자가 있으면 곧 크게 꾸짖어 "눈앞에 이해되지 않는 것을 버려두고 케케묵은 말에 얽매여 있으니, 이것이 어찌 배워 익히는 일이겠는가!"라고 하였다. 자리에 있던 모든 사람들이 이로 인해 각성하게 되었다.

3. 농사꾼 하정미(夏廷美)

하정미(夏廷美, ?~?)는 번창(繁昌)의 농사꾼이었다. 하루는 장서(張緒)의 강학에서 "배움이란 것은 사람이 되기를 배우는 것이니, 사람이 되는 것은 모름지기 진짜 사람[眞人]이 되기를 구해야 하는 것이지 가짜 사람[假人]이 되어서는 안 된다."라고 한 말을 들었다. 하정미가 부끄러움을 느끼고 "내가 평생 사람으로서 진실하지 않은 적은 없었던가?"라 하고, 이에 초(楚, 지금의 호북성 부근)로 건너가 경정향을 만나보았다. 경정향이 "너의 고향에 초횡(焦竑)은 스승으로 모실 만하다."라고 하자 돌아가서 초횡을 종유하면서 자연스러움의 지취를 터득하였다. 그가 "자연스러워지려고 하면 곧 자연스럽지 못하니, 너의 자연스러움을 던져버려라."라고 하자, 하정미가 듣고 반성하였다.

하정미는 옛날부터 독서한 적이 없었는데, 초횡이 사서(四書)를 읽게 하였다. 하정미가 즐겨 암송한지 오랜 뒤에 탄식하며 "내가 『집주』를 살펴보았는데 분명하게 알 수가 없다. 본문을 가지고 나에게 돌이켜 미루어 이해해야 한다. 예컨대 '사람을 알고자 생각한다면, 하늘을 알지 않을 수 없다'[289]는 것은 생각건대 '인(仁)은 사람'[290]이니, 사람이 본래 하늘인데 사람이 하늘을 알지 못한다면 사람이 아닌 것이다. 어찌 어버이를 잘 섬긴다고 해서 효자라고 칭할 수 있겠는가. 『논어』에 이른바 이단(異端)이라는 것은 단서가 다름을 말한 것이다. 지금 사람들은 모름지기 자신이 학문할 때, 그 처음 생각의 발단이 과연 어떠한지를 궁구해야 비로소 바른 학문이 된다. 그런데 요즘 사람들은 공맹의 책을 읽음에 다만 잘 살아 보려는 계책으로만 삼으니, 바로 이것이 이단이다. 그렇다면 다시 어찌 이단을 배척할 수 있겠는가!"라고 말했다.

또한 "우리는 반드시 자신의 마음을 주재(主宰)로 삼아야 하니, 모든 일을 본심에 의거하여 하는 것이 대장부의 도이고, 세상의 인정에 휘둘려서 우물쭈물하며 외물을 따르는 것은 아녀자의 도이다."라고 말했다. 또한 "천리와 인욕을 누가 이와 같이 분별하는가. 내가 자신에게 돌이켜서 세밀히 구해 보니, 다만 미혹되고 깨닫는 사이에 달려 있었다. 깨달으면 인욕이 곧 천리이고, 미혹되면 천리가 또한 인욕인

---

289) 사람을……없다 : 『中庸章句』 20장. 故君子, 不可以不修身, 思修身, 不可以不事親, 思事親, 不可以不知人, 不可以不知天.

290) 인(仁)은 사람 : 『中庸章句』 20장. 仁者, 人也.

188

것이다."라고 말했다.

이등(李登)²⁹¹이 강경(講經)하는 모임을 만들고 한 승려를 받들어 모셨는데, 하정미가 모임에 와서는 옷을 떨치고 나가며 이등의 아들에게 "그대의 아버지가 학술을 가지고 사람을 죽이고자 하는데, 어찌 말리지 않는가?"라고 말했다. 또 사람들에게 "모두 모여 강학하는 자리에, 어찌 쓸모없는 승려를 모셔다 불경을 강론하는가? 이 따위 일을 해서 무엇을 하려 하는가?"라고 말했다. 모인 사람 중에 양지가 궁극적인 종지(宗旨)가 아니며 더 위의 소리도 없고 냄새도 없는 경지가 있다고 말하는 자가 있었다. 그러자 하정미가 발끈하여 일어나 소리 높여 "양지에 소리가 있고 냄새가 있단 말인가?"라고 말했다.

이상으로 몇 명의 평민 학자들을 살펴보았는데, 이들에게는 뚜렷하게 드러난 특이한 풍모가 있었다. 주서는 단의(短衣)를 입고 맨발로 달려갔고, 하정미는 큰 소리로 논변하였으며, 한정은 크게 꾸짖었으니, 이는 모두 직심(直心)으로 행동한 것이지 결코 가식적으로 꾸민 것이 아니다. 이러한 기상은 일반 사대부들이 억지로 만들어 낸 기세와는 같지 않았다. 더욱이 한정은 무리를 모으고 강학하여 종유한 농공상고(農工商賈)들이 천여 명이었으니, 그 영향력이 상당했음을 알수 있다. "한 마을이 끝나면 또 다른 마을로 가서 앞 사람이 선창하면 뒷 사람이 화답하니, 학문하는 소리가 가득했다."라고 하였으니 그 기

---

291) 이등(李登, ?~?) : 명나라 상원(上元) 사람으로, 자는 사룡(士龍)이고, 호는 여진생(如眞生)이며, 관직은 신야현승(新野縣丞)까지 올랐다. 저서에 『육서지남(六書指南)』, 『척고유문(摭古遺文)』, 『서문음의편고사편(書文音義便考私編)』 등이 있다.

상을 상상할 수 있다. 애석하게도 우리에게 충분한 자료가 없어 당시 양명 좌파가 하층사회에 유행했던 자세한 상황은 고찰할 수 없다. 이 것도 단지 일부를 엿본 것일 뿐이다.

중국의 학술사상은 줄곧 사대부에 의해 이루어졌다. 그런데 사회 생활이 변하고 사회질서가 동요하는 시기에 사대부 내부에서 분화가 일어나자, 하층사회는 자신들의 특수한 색채를 어느 정도 반영할 기 회를 얻게 되었다. 명나라 중엽 상업자본의 확대와 침투로 인해 사회 표면적인 번영과 사회내면적인 분란이 여러 방면에서 사람들에게 긴 장과 발동의 자극을 주었다. 이에 점차 일부 사대부들은 구(舊)지주 계층의 사상을 대표하는 정통파 도학에 불만을 품게 되었다. 진헌장 과 왕양명이 정통파 도학에 대해 반기를 들고 일어나 당시 사상계의 현실감 없는 구습을 일소하고 별도로 새로운 기풍을 주입하고자 하 여 마침내 도학의 좌익(左翼)을 형성하였다. 도학의 좌경(左傾)운동은 당시 사상계에 상당한 자극을 주었고 한 단계 높은 새 국면을 만들어 냈다. 이 극단적 해방의 결과는 양명이 예상하지 못한 것이었다. 고헌 성은 다음과 같이 말하였다.

양명 선생이 학문을 창도함은 넉넉했으나, 그 수습함은 부족하였 다. 당시 사대부들이 훈고와 사장에 얽매이다가 갑자기 양지설을 듣 고서 한 순간에 마음과 눈이 모두 번쩍 뜨이고 환해져서 구름과 안개 가 걷히고 밝은 해를 본 듯했으니, 어찌 대단히 상쾌하지 않았겠는가. 그러나 하나씩 구멍을 뚫자 혼돈(混沌)이 끝내 죽고 말았다. 좌파의 학 자들은 종종 헛된 견해에 의지하여 정신을 농락하고, 자연에 맡겨서 삼가고 두려워하는 자세를 무시했다. 그 쇠퇴함이 지금까지 이어져 강론(講論)은 더욱 현묘해지고 습상(習尙)은 더욱 격하되었으며, 수준이 높은 사람은 허황되어 정도를 벗어나고 수준이 낮은 사람은 우둔하여 부끄러움을 모르게 되었다. 이에 인자(仁者)와 군자는 서로 돌아보고 배회하며 "창도한 분은 아마도 근심과 걱정이 없을 수 없을 것이다."라고 크게 탄식하면서 그를 그리워하였다.[292]

양명이 당시 사상계에 던진 일침은 죽어가던 도학을 붙잡아 소생시켜 일어나게 했다. 당시의 인심을 격동시킨 것은 진실로 고헌성이 "한순간에 마음과 눈이 모두 번쩍 뜨여 환해져서 구름과 안개가 걷히고 밝은 해를 본 듯했다."[293]라고 한 것과 같았다. 그러나 또한 고헌성이 말한 '일곱 개의 구멍을 뚫자 혼돈이 죽고 말았다.'[294]는 것과도 같았으니, 양명조차도 놀라서 어찌할 수 없었을 것이다. 나홍선은 당시의 학풍에 대해 "양명이 다시 태어나도 당연히 눈살을 찌푸릴 것이다."라고 논했다. 사실 어찌 다시 태어나기를 기다릴 필요가 있겠는가. 양명은 좌파의 지도자에 대해 이미 눈살을 찌푸린 일이 있었다. 왕심재가 처음 양명을 만나 보았을 때에 그의 의관과 언동이 기괴하

---

292) 『小心齋札記』卷3. 陽明先生開發有餘, 收來不足. 當士人桎梏於訓詁詞章間, 驟而聞良知之說, 一時心目具醒, 怳若撥雲霧而見白日, 豈不大快! 然而此窺一鑿, 混沌遂亡. 往往憑虛見而弄精魂, 任自然而藐兢業. 陵夷至今, 講論益玄, 習尙益下, 高之放誕而不經, 卑之頑鈍而無恥. 仁人君子又相雇裵回, 喟然太息, 以爲倡始者殆亦不能無遺慮焉, 而追惜之.

293) 한……했다.『小心齋札記』卷3. 一时心目俱醒, 怳若拨云雾而见天日.

294) 일곱……말았다 :『小心齋札記』卷3에는 "(하루에) 한 구멍씩 뚫리자 혼돈이 죽고 말았다.[一鑿, 混沌遂亡.]"로 되어 있다. 이 말은 『莊子』「應帝王」에 보인다. 원문은 다음과 같다. 南海之帝爲儵, 北海之帝爲忽, 中央之帝爲渾沌. 儵與忽, 時相與遇於渾沌之地, 渾沌待之甚善. 儵與忽謀報渾沌之德曰: "人皆有七竅, 以視聽食息, 此獨無有, 嘗試鑿之." 日鑿一竅, 七日而渾沌死.

였다. 양명이 크게 놀라며 "내가 지난날 신호(宸濠)를 쳐부수고도 놀라지 않았는데 지금 도리어 이 사람 때문에 놀라는구나."라고 했으니, 그 뜻밖의 놀람이 어떠했는지 상상할 만하다. 왕심재가 포륜(蒲輪)을 만들어 강학하고 다니며 몹시 허세를 부리자 양명이 실제로 보고도 못 본체 하고 만나 보기를 거절하였으며, 통렬히 제재하고 억눌렀으니, 진실로 눈살을 찌푸린 것이 아니겠는가. 그렇지만 양명이 눈살을 찌푸렸음에도 불구하고 양명에서 기인한 좌경화의 흐름은 그 자신도 끝내 저지하지 못하고 결국 확산되어 나갔다. 양명이 창도한 자연주의는 자유해방의 정신을 갖추었는데, 죽어가던 도학에 새로운 생명을 불어넣어 줄 수 있었던 지점이 바로 여기에 있다. 그러나 이러한 자연주의는 항상 전통적 예제(禮制)와 습속(習俗)과의 저촉을 면치 못했다. 『용계집』에 다음과 같이 기록되어 있다.

자충(子充)이 "양명 선생께서 장례를 치를 적에, 어떤 때는 객이 오지 않았는데 통곡하고 어떤 때는 객이 왔는데도 통곡하지 않았습니다. 양화(陽和)가 끝내 곡하지 않음을 의심하니, 감히 가르쳐 주시기를 청합니다."라고 말했다. 그러자 선생은 "흉사는 고함이 없다. 슬퍼하며 곡하는 것은 마음속에서 우러나오는 것을 귀하게 여기니, 객이 이르고 이르지 않은 것에 따라 더하거나 덜해서는 안 된다. 옛날 사람들은 분상(奔喪)에 성곽을 보아도 울고 집과 여막을 보아도 울었으니, 절로 변하는 마음을 주체할 수 없었기 때문이다. 지금 사람들은 슬픈지 슬프지 않은지를 논하지 않고 성곽과 집과 여막을 보면 곡하니, 이는 격식을 지키는 것이지 진심에서 나온 것이 아니다. 객이 오면 곡하고 객이 오지 않으면 곡하지 않는 것은 더욱 거짓된 것이다. 세상 사람들이 인위적으로 관습을 행하여 부모의 상을 치를 때에도 또한 이 방법으로 예를 지키니 탄식할 만하다."라고 말했다.[295]

상례는 통곡하며 발구를 때 절도가 있어야 하니, 감정이 과한 자는 몸을 숙여서 나아가고, 감정이 미치지 못하는 자는 우러러 발돋움해야 한다. 응당 어느 정도의 가감(加減)과 작위(作爲)가 있게 된다. 그러나 양명은 이러한 거짓되이 꾸며진 행동을 하고자 하지 않았으니, 규격화된 틀에서 벗어난 것이 한결같이 천진(天眞)에 의지하여 그야말로 "예(禮)가 어찌 우리가 할 일이겠는가!"라는 생각을 가졌다. 그러나 양명은 끝내 사대부의 의식이 농후했고, 유가의 생각을 견지하였다. 반면 양명 좌파의 여러 학자들은 그렇지 않았다. 그들 중에는 하층사회 출신도 있고, 그렇지 않은 자도 있었지만 항상 하층사회에서 활동하여 부지불식간에 그 영향을 받았다. 이지는 나여방의 강학 양상을 다음과 같이 서술했다.

목동과 나무꾼, 낚시하는 노인, 저자거리의 소년들, 대궐문지기, 장사꾼들, 베 짜는 여인과 농사꾼, 나막신 신은 이름만 유자인 사람, 의관을 갖춘 도적까지 마음이 이르기만 하면 받아주고 출신을 따지지 않았으니, 하물며 가난한 선비, 배 안이나 동굴에서 사는 자, 백면서

---

295) 『龍溪集』卷5. 子充曰: "陽明夫子居喪, 有時客未至慟哭, 有時客至不哭, 陽和終以不哭爲疑, 敢請." 先生曰: "凶事無詔. 哀哭貴於有衷, 不以客至不至爲加減也. 昔人奔喪, 見城郭而哭, 見室廬而哭, 自是變心不容已. 今人不論哀與不哀, 見城郭室廬而哭, 是乃循守格套, 非由哀也. 客至而哭, 客不至而不哭, 尤爲作爲. 世人作爲得慣, 連父母之喪亦用此術以爲守禮, 可嘆也已!"

생, 푸른 옷 입고 공부하는 학동, 누런 모자에 흰 깃옷 걸친 도사, 승려, 벼슬아치, 고관대작들이야 더 무슨 말을 하겠는가. 그렇기 때문에 수레가 당도하면 분주하게 몰려들었고 선생께서는 그 사이에 앉아 담소를 나누셨다. 사람들은 그의 아름다운 풍채를 우러르고 선비들은 그의 간이(簡易)함을 즐거워했다. 띠를 풀고 옷깃을 헤치면 팔방의 바람이 일시에 부는 듯했다.[296]

이것이 이른바 "부자의 문하에 어찌 그리 잡다한 사람이 모이는가!"[297]라는 것이다. 이같이 다양한 군중 속에서 사대부의 기상은 자연스럽게 해체되었다. 게다가 양명 좌파의 여러 학자들은 '가르치고 배우면서 서로 성장한다[敎學相長]'는 것이나, '가르치기를 게을리 하지 않는 것[敎不倦]이 곧 배우기를 싫어하지 않는 것이다[學不厭]', '천근한 말을 잘 살펴야 한다[察邇言]', '다른 이에게서 좋은 점을 취하여 자신의 선으로 만든다[取諸人以爲善]'는 것 등을 주장했기 때문에, 그들은 목동이나 나무꾼도 모두 함께 학문하는 사우(師友)이며, 살피고[察] 본받을 수 있는[取] 대상이라고 여겼다. 이는 자연스럽게 그들의 의식을 점차 하층 사회에 동화되도록 하였다. 하층사회는 전통적 예교에 깊이 물들지 않아서 원래부터 머릿속에 수많은 투식이 없었기 때문에 윤리 관념이 사대부와는 차이가 있었다. 그들은 양명처럼 거

---

296) 『焚書』卷3,「近溪先生告文」. 至若牧童樵豎, 釣老漁翁, 市井少年, 公門將健, 行商坐賈, 織婦耕夫, 竊屨名儒, 衣冠大盜, 此但心至則受, 不問所由也. 況夫布衣韋帶, 水宿巖樓, 白面書生, 靑衿子弟, 黃冠白羽, 緇衣大士, 縉紳先生, 象笏朱履者哉? 是以車轍所至, 奔走逢迎. 先生抵掌其間, 坐而談笑, 人望丰采, 士樂簡易. 解帶披襟, 八風時至.

297) 부자의……모이는가 : 『荀子』卷17,「法行」. 夫子之門, 何其雜也.

상할 때의 작은 예절을 지키는 데에 구애받지 않았을 뿐 아니라, 더 나아가 강상과 명교의 근본을 흔들어 놓았다. 혹자는 하심은에 대해 다음과 같이 말하였다.

인륜에는 다섯 가지가 있는데, 공은 그 중 네 가지를 버리고 자신을 오직 사우(師友)와 현성(賢聖)의 영역에만 두었으니, 너무 치우쳐 있어서 본받을 수 없다.[298]

하심은은 관직에 나아가지 않았고 또 가정을 버려두고 죽을 때까지 사우만을 찾아 밖에서만 떠돌았으니, 이는 군신·부자·형제·부부의 네 가지 윤리를 버려두고 오직 붕우의 한 가지 윤리에만 머무른 것이다. 실제로 하심은 뿐만이 아니라, 왕용계·하심은 이하 양명 좌파의 여러 학자들이 거의 모두 이 같은 양상을 보였다. 더욱 두드러진 것은 등활거와 이지였는데, 그들은 과감하고 단호하게 가정을 떠났다. 이지는 다음과 같이 말하였다.

단지 석가뿐만 아니라 공자 또한 그러하였다. 공자는 아들 이(鯉)가 죽은 지 오래되었는데도 일찍이 아들 때문에 구애받지 않았고, 이(鯉)가 죽기 전 이(鯉)의 어머니가 죽었을 때도 공자는 일찍이 처 때문에 얽매이지 않았다. 삼환(三桓)이 천거하였으나 공자는 벼슬하지 않았으니, 이는 사람들이 공자를 등용하지 않은 것이 아니고 공자가 스스로

---

298) 人倫有五, 公舍其四, 而獨置身於師友賢聖之間, 則偏枯不可以爲訓.【원주】『焚書』의「何心隱論」에 보인다.

등용되고자 하지 않은 것이다. 또 부귀를 뜬구름처럼 여기고 삼천 제
자, 칠십 문도와 더불어 사방을 주유하여 서쪽으로는 진나라, 남쪽으
로는 초나라에 이르면서 밤낮 부지런히 세속을 벗어나 자기를 알아
주기를 구하였으니, 이는 비록 명목상으로는 집에 있었지만 실제로는
종신토록 출가한 것이다. 그러므로 내가 석가는 집을 버리고 출가한
자라고 하고, 공자는 집에 있으면서 출가한 자라고 말한 것이다.[299]

그는 놀랍게도 공자에 대해 출가하여 사방을 주유하면서 세속을
벗어나 자기를 알아주기를 구한 사람이라고 여겼으니, 얼마나 대담
한 괴론(怪論)인가! 줄곧 가족제도와 종법제도를 윤리도덕의 중심으
로 여겼던 중국사회에서, 출가는 곧 어떠한 윤리강상과 명교(名教)도
모두 버리는 행위였다. 중국에서 불교가 시종일관 사대부들에게 배
척되어 이단으로 간주되었던 중요한 이유가 바로 여기에 있다. 그러
나 좌파의 여러 학자들은 유가를 지키는 것에 구속받지 않았고 사대
부의 체모와 법도를 돌아보지도 않았다. 그들은 종법제도의 울타리
를 타파하고 나와, 강호의 협객이나 떠도는 도인이 되어 급급하게 살
아가면서도 붕우를 목숨과 같이 여겼다. 하심은이 죽었을 때에는 심
지어 정학안(程學顏)의 관을 열어 합장하기까지 했으니, 이러한 괴이
한 행동을 양명이 보았다면 어찌 눈살을 찌푸리기만 했겠는가. 아마

---

299) 『焚書』卷3,「書黃安二上人手册」. 非但釋迦, 卽孔子亦然. 孔子之於鯉, 死也久矣, 是
孔子未嘗爲子牽也. 鯉未死而鯉之母已卒, 是孔子未嘗爲妻繫也. 三桓薦之, 而孔子不仕, 非
人不用孔子, 乃孔子自不欲用也. 視富貴如浮雲, 唯與三千七十, 流行四方, 西至晉, 南至楚,
日夜皇皇, 以求出世知己. 是雖名爲在家, 實終身出家者矣. 故予爲釋迦佛辭家出家者也, 孔
夫子在家出家者也.

도 발을 구르며 배척했을 것이다. 양명은 애당초 일반사대부에 대해 일침을 가하여 각성시키려 했을 뿐이었는데, 일부 양명 좌파의 학자들이 마침내 미친 듯이 일어나 하층사회와 뒤섞여 사대부가 될 수 없게 되었으니, 이렇게 될 줄 양명이 짐작이나 했겠는가. 이것이 양명학 발전의 극단적 현상이며, 또한 명대 사상 해방운동 발전의 극단적 양상이다. 당시의 사대부는 이러한 위기를 목도하고 감히 다시 해방을 시도하려 하지 않았다. 그들은 무리지어 일어나 '광선(狂禪)'을 타도하여 좌파의 조류를 막으려 했다. 그들 가운데는 좌파의 여러 사람들이 양명의 종지를 배반했다고 말하는 사람도 있었고, 문제의 근원을 파고들어 양명에게 책임을 전가하고 정주학의 꺼져가는 불씨를 되살리려 하는 사람도 있었으며, 무리를 모아 강학하는 것을 근본적으로 반대하는 사람도 있었다.

청조의 통치가 점점 안정되면서 중국 민중의 일체의 반항 시도는 모두 실패로 돌아갔다. 극도로 엄중한 압제 아래에서 좌경화된 위험 사상은 존재하기 어려웠다. 더욱이 청 정부가 여러 가지 수단으로 속박하여 천하의 영재는 모두 정부의 올가미에 들어가게 되었다. 이에 사대부들은 타협하여 고개를 숙이고 법을 준수했으며, 오로지 독서하고 옛것을 상고하는 공부에만 매달려 마침내 박학(樸學) 일파를 형성하였다. 이 학파는 당시 사상계의 실증적 경향과 결합하여 오백년 도학의 현담을 일소하고 하나의 새로운 국면을 열었다. 그러나 이들은 모두 줄곧 옛날의 종잇장에 묻혀 살면서 자질구레한 일만 행하여 의기가 움츠러들어, 양명 좌파 같은 활발한 생동감과 자유로워 얽매이지 않은 정신 등은 다시 볼 수 없게 되었다. 양명 좌파의 역사적 위상은 유럽의 종교개혁 시대에 있었던 수많은 이단(異端)과 다소 유사하다. 그들은 모두 하층사회의 영향을 수용하여 자유사상과 반항정신이 농후하였지만, 또한 다소 괴탄스러움을 면치 못했고, 후세의 새로운 통치자들의 탄압으로 인해 곧바로 진압되었다. 역사의 발전은 변증적이다. 하층사회가 아직 완전 해방되지 않았을 때, 이러한 미성숙한 결과물은 아득한 밤에 묻힌 한때의 꿈에서 벗어나지 못할 수밖에 없다.

17세기 중국 사상 변동의 유래

17세기―일반적으로 명말청초―는 중국근세사상사에서 중요한 관건이다. 종적인 측면에서 보면 송명 도학(道學)에서 청대 박학(樸學)으로 넘어가는 과도기이며, 횡적인 측면에서 보면 중국문화와 서양문화의 접촉이 처음 시작된 때이다. 그 사이에 변화·발전하고 상호 융합하였던 상황은 중국 근세사상사와 직접적으로 관련되어 사회사 전반에까지 영향을 미친다. 우선 사상의 본질에 나아가 발전·변화의 노정을 살핀 뒤에 일차적으로 사상 변동의 사회적 근원을 탐구해보기로 하겠다.

1. 양명학파 심학이 후대 사상에 끼친 변증적 영향

분명 17세기 중국 사상계의 상황은 명대사상에 대한 반동이었다. 이는 도학에 대한 반동이면서 더욱이 양명학파 심학에 대한 반동이었다. 그렇다면 양명학파에서부터 접근해 보기로 하자. 양명은 송명(宋明)의 오백년 도학사(道學史)에서 가장 특출한 인물이었다. 그는 정주학 이후의 불교화된 유학을 철저히 발양(發揚)하고, 주자학 말류의 지리멸렬함과 훈고와 사장을 묵수하는 오래된 습관을 일소하였으며, 단도직입적으로 전일하게 본심을 밝혔다. 이에 그 학문의 본질은 더욱 깊어지고 투철해져 갔다. 그렇지만 그 말류는 책을 묶어 두고 보지 않고, 노닐면서 공허한 말을 하여, 헛된 망상을 품고서 현묘한 이치를 담론하는 것을 일삼았다. 이에 반동의 움직임이 점차 일어났다. 명말에 크게 혼란스러워지자 학자들은 매우 비통해하며 여러 가지 문제에 대한 책임을 당시 학술계에 전가하였다. 이에 반양명학(反陽明學) 내지 반도학(反道學)의 이념이 마침내 대대적으로 기염을 토하게 되었다. 고염무(顧炎武)[300]는 다음과 같이 말하였다.

한 사람으로 인해 천하가 변하고 그 유풍(遺風)이 백년 뒤에까지 이르는 경우는 예전에는 왕연(王衍)[301]의 청담(淸談)과 왕안석(王安石)[302]

---

300) 고염무(顧炎武, 1613~1682) : 자는 영생(寧生), 호는 정림(亭林), 초명(初名)은 강(絳)이다. 일찍부터 학문에 전념하였으나 어머니의 유훈(遺訓)에 따라서, 관직에 나가지 않고 남북 각지를 여행하여 견문을 넓히는 동시에 학문을 연구했다. 그는 명말의 양명(陽明)학자가 공리공론에 흐르는 것을 배척하고 주자학(朱子學)을 신봉하였으며, 특히 실증(實證)과 실용(實用)을 중시하는 학풍을 건설, 황종희와 함께 청대 고증학의 시조로 불린다. 저서에 『좌전두해보정(左傳杜解補正)』, 『구경오자(九經誤字)』, 『석경고(石經考)』, 『음학오서(音學五書)』, 『운보정(韻補正)』, 『오경동이(五經同異)』, 『금석문자기(金石文字記)』, 『일지록(日知錄)』 등이 있다.

301) 왕연(王衍, 256~311) : 서진(西晉) 낭야(琅邪) 임기(臨沂) 사람으로 자는 이보(夷甫)다. 왕융(王戎)의 종제(從弟)다. 처음에 태자사인(太子舍人)이 되었다가 황문시랑(黃門侍郞)에 올랐다. 현언(玄言)을 잘 말했고, 노장(老莊)에 대해 논의하기를 좋아했으며, 여러 관직을 거쳤다. 의리(義理)가 일정하지 않아 상황에 따라 잘 바꿔 사람들이 구중자황(口中雌黃)이라 불렀다. 회제(懷帝) 영가(永嘉) 5년(311) 사마월이 죽자 석륵(石勒)에게 사로잡혔는데, 그에게 칭제(稱帝)할 것을 권하면서 목숨을 구걸하다가 살해되었다.

302) 왕안석(王安石, 1021~1086) : 중국 송나라 시대의 문필가이자 정치인으로 자는 개보(介甫), 호는 반산(半山)이다. 문필가이자 시인으로서 그는 뛰어난 산문과 서정시를 남겨 이른바 '당송팔대가' 가운데 한 명으로 꼽히며 후대에 큰 영향을 끼쳤다. 또한 북송의 6대 황제인 신종(神宗, 재위 1067~1085)에게 발탁되어 1069~1076년에 신법(新法)이라고 불리는 청묘법(靑苗法), 모역법(募役法), 시역법(市易法), 보갑법(保甲法), 보마법(保馬法) 등의 정책을 입안하고 추진한 개혁적 정치 사상가로 널리 알려져 있다.

의 신설(新說)이었고, 지금에 있어서는 왕양명의 양지(良知)이다. 맹자
는 "천하에 인간이 살아온 지 오래인데, 한 번 다스려지면 한 번 어지
러워졌다."[303]라고 말하였다. 난세를 다스려 바름으로 돌아가는 것이
어찌 후세의 현자에게 달려 있지 않겠는가.[304]

그는 왕양명을 왕연과 왕안석에 견주어, 명말 대란(大亂)이 바로 양
명이 후세에 끼친 폐해라고 보았다. 그들은 굳세게 반양명학의 기치
를 일으켜 의연히 '난세를 다스려 바름으로 돌아간다'고 선전했다. 이
는 실로 시대적 구호였다. 당시에는 반양명학적·반도학적 분위기가
만연했다. 몇몇 학자들의 말을 거론하여 증명해보도록 하겠다.

명조(明朝)는 팔고문(八股文)으로 선비를 선발하였는데 이것은 흙을
밥으로 삼고 먼지를 국으로 삼은 것이다. 그리고 도학을 강론하는 자
들은 또 현실감 없고 진부해서 인정(人情)에 가깝지 못했다. …… 정
심(正心)과 성의(誠意)를 강론한 것은 크게 비웃음당했다. 이에 문호가
나뉘어져 서로 표방하는 것이 마침내 물과 불처럼 서로를 용납지 않
게 되어 국가가 큰 화를 입게 되었다.[305]

---

303) 천하에……어지러워졌다 : 『孟子』「滕文公 下」9장. 天下之生, 久矣. 一治一亂.

304) 『日知錄』卷18. 以一人而易天下, 其流風至於百有餘年之久者, 古有之矣: 王夷甫之
清談, 王介甫之新說. 其在於今, 則王伯安之良知是也. 孟子曰: "天下之生久矣, 一治一亂."
撥亂世反諸正, 豈不在後賢乎?

305) 朱之瑜, 『朱舜水遺集』卷11, 「答林春信問」. 明朝以時文取士, 此物其爲塵糞上飯, 而
講道學者又迂腐不近人情. …… 講正心誠意, 大資非笑. 於是分門標榜, 遂成水火, 而國家被
其禍.

대개 성명(性命)의 학설이 나온 뒤로, 선왕의 삼물육행(三物六行)[306]은 없어지게 되었다. …… 학자로서 마땅히 가슴 아파해야 하는데도 고원하고 편벽된 학문을 좋아하는 선비들은 도리어 이를 붙들고 놓지 않으며, 실제로 터득한 바와 상관없이 공언(空言)만 하였다. '고요함이 극에 도달한다', '생기가 넘치는 곳에 모인다', '앉아서 모든 것을 잊다', '마음이 항상 가슴 속에 있어서 사물에 나아가는 이치를 궁구하지 않음이 없고 본심의 위대함이 세워지지 않은 적이 없으니, 양지는 지극하지 않음이 없다'는 것은 또한 달마(達磨)가 면벽수행을 한 것이나 천태(天台)가 지관(止觀)한 것과 동일하다. 어찌 나라에 도움이 되고 집안에 이익이 있겠으며, 정사와 관계가 있고 백성을 구제할 수 있겠는가. …… 학술은 혼란스러워지고 세도(世道)는 치우쳐져서 이적(夷狄)과 도적(盜賊)의 화가 잇따라 성해졌다.[307]

송대 이후 두 사람의 학문이 흥하여 유자는 그 설에 차차 젖어 들어갔다. 정좌하여 마음을 들여다보는 것이나 본성과 하늘을 논하는 것은 공자의 말씀과 모두 어긋난다. 위기를 맞아 잘못됨을 바로 잡고

---

306) 삼물육행(三物六行) : 백성에게 가르쳐야 할 세 가지 일인 육덕(六德)·육행(六行)·육예(六藝). 육덕(六德)은 지(知)·인(仁)·성(聖)·의(義)·충(忠)·화(和)이고, 육행(六行)은 효(孝)·우(友)·목(睦)·인(婣)·임(任)·휼(恤)이며, 육예(六藝)는 예(禮)·악(樂)·사(射)·어(御)·서(書)·수(數)이다.

307) 費密,『弘道書』下,「聖門定旨兩變序記」. 蓋自性命之說出, 而先王之三物六行亡矣. …… 學者所當痛心, 而喜高好僻之儒, 反持之而不下. 無論其未嘗得而空言也. 果靜極矣, 活潑潑地會矣, 坐忘矣, 心常在腔子裏矣, 卽物之理無不窮, 本心之大無不立, 而良知無不致矣, 亦止與達磨面壁天台止觀同一門庭. 何補於國, 何益於家, 何關於政事, 何救於民生. …… 學術蠱壞, 世道偏頗, 而夷狄盜賊之禍亦相挺而起.

나라를 바로 세우는 일과 공명정대한 원리와 법칙 등의 일에는 수수 방관하여 무인과 세속의 선비들에게 칼자루를 넘겨주었으니, 명조 말기가 되어서는 조정에 한 사람도 의지할 만한 신하가 없게 되었다. 대사마의 직책에 있으면서 『좌전』에 비점을 찍으며 적병이 도성까지 이르러도 시나 짓고 강론이나 하였다. 공훈과 명성을 세우는 것을 모두 자질구레한 일에 속하는 것이라 여겨 밤낮으로 기침하며 글을 쓰면서 "이는 대대로 전해지는 업이다."라고 말하니, 마침내 천하가 부패하고 멸망하여 백성이 도탄에 빠지는 데까지 이르렀다. 아아! 누가 재앙의 빌미를 만들었는가.[308]

이상의 말은 어조가 매우 격렬한데, 이들은 심성에 관한 어떠한 현담이든 간에 끝내 이처럼 깊이 미워하고 통렬히 단절하였다. 당시 신학풍은 실제를 숭상하고 허황된 것을 물리쳐, 경사(經史)와 당대의 실무적인 부분에서 고찰하고 연구하는 데 진력하여 오백년 도학가들의 오열(嗚咽)과 창기(瘡氣)를 일소하여 없앴다. 이러한 점에서 살펴보면 17세기 중국사상계의 상황은 분명히 전 시대에 대한 반동이었고, 반동이 격렬히 일어나자 양명학파가 주된 비판의 대상이 되었다.

그러나 양명학파와 17세기 중국사상계가 결코 서로 대립만 했던 것은 아니다. 양자는 한편으로는 서로 반발하여 부딪히기도 했지만, 일면 서로 간에 적지 않은 영향을 주기도 했다. 새로운 시대에는 도

---

308) 『恕谷集』卷6,「與方靈臯書」. 宋後二氏學興, 儒者浸淫其說. 靜坐內視, 論性談天, 與夫子之言一一乖反. 而至於扶危定傾, 大經大法, 則拱手張目, 授其柄於武人俗士. 當明季世, 祖廟無一可依之臣. 坐大司馬堂批點左傳, 賊兵臨城, 賦詩進講, 覺建功立名, 俱屬瑣屑, 日夜喘息著書, 曰, 此傳世業也. 卒至天下魚爛河決, 生民塗炭. 嗚呼, 誰生厲階哉?

리어 양명학파에 순응하여 자연적으로 발생하는 여러 현상이 나타나기도 하였다. 이렇게 보면 새로운 시대에는 양명학파를 완전히 내던져 버린 것이 아니라, 실제로는 지양(止揚)한 것이었다. 이러한 측면을 고려할 때, 우리는 보다 구체적으로 설명할 수 있을 것이다.

우리는 17세기 이후의 중국사상계─혹은 청대사상계─가 두 개의 현저한 특징을 갖는다는 점을 알고 있다. 하나는 '실제에 힘쓴다[務實]'는 것이고, 다른 하나는 '옛것을 좋아한다[好古]'는 것이다. 이 두 가지 특징은 양명학파 내에 이미 모두 배태되어 있던 것이다. 그런데 양명학파는 본래 '현묘(玄妙)하다'는 것으로 알려졌는데 어떻게 일찍이 실제에 힘쓸 수 있었으며, '독서하지 않는다[不讀書]'는 것으로 알려졌는데 어떻게 일찍이 옛것을 좋아할 수 있었을까? 이는 하나의 모순이다. 그러나 역사는 본래 모순 속에서 발전하는 법이다.

먼저 '실제에 힘쓴다[務實]'는 것에 대해 말해보자. 내가 항상 이상하다고 여겼던 것은, 극단적으로 현묘한 양명의 학설과 오로지 실습·실용에 대해서 강론한 안리학파(顏李學派)의 학설이 상당부분 일치하고 있다는 점이다. 예컨대 양명은 다음과 같이 말하였다.

효를 배우는 것에 대해 말해보면, 반드시 부지런히 힘써 봉양하고 몸소 효도를 행한 뒤에야 배웠다고 할 수 있다. 어찌 공연히 입으로만 외고 귀로만 듣는 것을 가지고 '효를 배웠다'고 할 수 있겠는가. 활쏘기를 배우는 것은 반드시 활을 당기고 화살을 끼워다가 활시위를 끝까지 당겨 적중시키는 것이고, 글쓰기를 배우는 것은 반드시 종이를 펼쳐 붓을 잡아다가 글을 써야 하는 것이다. 천하의 학문을 다 살펴보아도 행하지 않고서 배웠다고 말할 수 있는 것은 없다.[309]

205

배움이 실행과 떨어질 수 없다는 것은, 안원이 말한 '거문고를 배움(學琴)'에 대한 비유[310]와 그야말로 한 입에서 나온 듯하다. 또 양명은 다음과 같이 말하였다.

학교 안에서 …… 혹 예악에 능하거나, 정교(政敎)에 능하거나, 수토를 경영하고 농사를 짓는 것에 능한 자가 있으면, 그 재능에 나아가 이것을 통하여 능했던 것을 더욱 정밀히 하게 하였다. 그러고 나서 능력 있는 자를 등용하여 임무를 맡기고는 그로 하여금 죽을 때까지 그 직분에 머물게 하여 바꾸지 않았다. …… 고(皐), 기(夔), 직(稷), 설(契)도 일을 겸직하려고 하지 않았는데, 오늘날의 초학자와 소생(小生)들은 모두 그 학설에 통달하기를 바라고 방법을 궁구하려고 한다.[311]

알지 못하는 바가 없으나 실상은 하나도 제대로 아는 것이 없는 세유(世儒)의 허탄(虛誕)한 습성을 타파하고, 각자 자신의 재능 있는 분야에 나아가 전문적으로 성취해야 한다는 것은, 안원(顏元)이 말한 "공자 문하의 여러 현인들은 예악(禮樂)과 병농(兵農)에 각각 한 부분씩 정밀하였고, 당우(唐虞)의 다섯 신하는 수화(水火)와 농교(農敎)에 각자

---

309) 『傳習錄』 中, 「答顧東橋書」. 如言學孝, 則必服勞奉養, 躬行孝道, 然後爲之學, 豈徒懸空口耳講說, 而遂可以謂之學孝乎? 學射則必張弓挾矢, 引滿中的; 學書則必伸紙執筆, 操觚染翰. 盡天下之學, 無有不行而可以言學者.

310) 【원주】『存學編』 卷2, 「性理書評」

311) 『傳習錄』 中, 「答顧東橋書」. 學校之中, …… 或有長於禮樂, 長於政敎, 長於水土播植者, 則就其成德而因使益精其能於學校之中, 迨夫擧德而任, 則使之終身居其職而不易. …… 皐夔稷契所不能兼之事, 而今之初學小生, 皆欲通其說, 究其術.

한 부분씩을 맡았었는데, 후세의 비천한 자질을 가진 자들이 모두 장점들을 겸하려 한다."라는 것이 아니겠는가. 이는 모두 단장취의(斷章取義)한 것도 아니고 우연히 맞아떨어진 것도 아니다. 육상산의 말을 검토해 보면, 육왕(陸王)의 학설이 비록 현묘하다고 할 수 있지만 그 가운데 내포된 실용사상의 성격도 분명 적지 않다. 육왕학파의 도학은 하나의 신(新)도학이다. 당시의 정통파 문화와 팔고화된 도학에 반대한다는 점에 있어서, 그들은 안리학파의 선구였다고 말할 수 있다. 안원은 주자가 경서를 강독하는 것에 대해 다음과 같이 비판했다.

주자학은 정신을 소모하니, 육왕학이 정신을 소모하지 않으면서도 일에 임해서는 오히려 쓰임이 있는 것만 못하다.[312]

이 말은 조금도 의심할 것 없이 육상산이 일찍이 말한 "옛 사람은 정신을 헛되이 쓰지 않았다.", "평소에 매우 힘을 아껴 가볍게 쓰지 않아서 쓸 곳을 남겨 두었다."는 말과 같은 의미이다. 그들은 주자의 이러한 고된 독서와 저술 행위가 바로 이른바 "가련하게도 정신을 보전해 줌이 없구나!"라는 것이라고 여겼다. 그들은 전적으로 자신을 절실히 하는 데에 힘써 범범하게 학문하지 않았으며, 일정한 틀에 국한되지 않고 운용의 묘(妙)를 전부 마음에 맡겼다. 그들은 결코 글에 구애되고 의리에 얽매이는 서생이 아니었으며, 안으로는 의심과 후회를 끊어버리고 밖으로는 얽매이고 압제당하는 것을 끊어버렸다.[313]

---

312) 『存學編』卷3, 「性理書評」. 但亦耗費有用精神, 不如陸王精神不損, 臨事尙有用也.
313) 【원주】장태염이 양명을 일컬은 말이다.

그들은 임기응변에 가장 능했는데, 양명이 신호(宸濠)를 평정한 것과 상산이 말과 활을 배우고 기재(奇才)를 찾은 것은 모두 분명 그들의 호걸스러운 면모였다. 후대의 서계(徐階)[314]와 하심은은 곧장 권모술수의 길로 흘러들어갔다. 양명은 "소진과 장의의 지혜도 또한 성인의 자질이다."라고 했고, 상산은 '토지를 개간하고 창고를 채우는' 사람을 논할 때에, 맹자가 말한 '백성을 해치는 자'에 대해 "지금 바로 이러한 사람들을 찾아도 얻을 수 없다."라고 했으니, 그들이 얼마나 옛 것에 구애받지 않았는지를 볼 수 있다. 그들은 어떤 수단이든지 가리지 않고 사용했고, 단지 자신의 양심에 대해서만 부끄러움이 없고자 하였다. 그들은 사공파(事功派)는 아니었으나, 때때로 사공파의 인물들보다 이해를 더 따졌다. 안원의 수제자 왕원(王源)[315]과 반도학(反道學)의 선봉이었던 모기령(毛奇齡)[316]은 모두 양명을 극찬하였는데, 이

---

314) 서계(徐階, 1503~1583) : 명나라 송강부(松江府) 화정(華亭) 사람이다. 자는 자승(子升) 이고, 호는 존재(存齋) 또는 소호(少湖)다. 41년(1562) 가정제(嘉靖帝)와 협의해 추응룡을 시켜 엄숭의 아들 엄세번을 탄핵해 엄숭이 치사(致仕)하게 만들고 뒤를 이어 수보(首輔)가 되었다. 재초(齋醮)와 토목 공사 등 폐정을 모두 없애고 언사 때문에 죄를 진 신하들을 모두 복직시켰다. 나중에 고공(高拱) 등과 뜻이 맞지 않아 융경(隆慶) 2년(1568) 사직하고 물러났다. 죽은 뒤 태보(太保)에 추증되고, 시호는 문정(文貞)이다. 가정제와 융경제(隆慶帝) 밑에서 인심을 수습하고 선정을 펴 명재상으로 칭송되었다. 저서에 『세경당집(世經堂集)』이 있다.

315) 왕원(王源, 1648~1710) : 청나라 직례(直隷, 順天) 대흥(大興) 사람으로, 자는 곤승(崑繩)이고, 호는 혹암(或菴)이다. 안리학파의 대표적인 인물이다. 강희 32년(康熙, 1693) 거인(擧人)이 되었지만 예부시(禮部試)에 응시하지 않았다. 위희(魏禧)에게 고문(古文)을 배웠다. 만년에 안원(顔元)에게도 배웠고, 이공(李塨), 유헌정(劉獻廷)과 교유했으며, 서건학(徐乾學)의 동정산서국(洞庭山書局)에도 참가했다. 송명이학과 왕수인의 심학을 비판하고 경세치용과 실사실공(實事實功)을 주장했다. 저서에 『역전(易傳)』과 『병론(兵論)』, 『평서(平書)』 등이 있었지만 모두 없어졌고, 『혹암평춘추삼전(或菴評春秋三傳)』과 『거업당집(居業堂集)』 등이 전한다. 『평서』의 내용은 이공의 『평서정(平書訂)』에 보인다.

316) 모기령(毛奇齡, 1623~1713) : 자는 대가(大可), 호는 서하(西河), 초청(初晴), 추청(秋晴),

208

는 모두 우연한 일이 아니다. 극단적으로 현묘한 사상을 가진 양명의 학설 안에는 분명 실용사상의 성격도 포함되었으니, 그 현묘한 사상은 고염무, 안원 등에게 배척받았지만 실용사상의 성격은 오히려 새로운 시대에 발휘되어 발전하였다. 양명의 학설에 내포된 모순이 새로운 시대를 맞아 해체되면서 중국사상사는 한 단계 더 높은 차원으로 달려 나갔다.

다음으로 '옛것을 좋아한다[好古]'는 것에 대해 이야기해 보자. 줄곧 양명학을 반대하는 사람들은 양명학이 오로지 마음에만 의지하여 독서와 계고(稽古)를 할 줄 모른다고 말한다. 윗글에서 서술한 바를 토대로 살펴보면, 그들은 때에 따라 적절히 일을 처리하여 전례에 구애받지 않았으니 결코 옛것을 좋아한 것이 아니었다. 그러나 내가 양명학이 후대 호고(好古)적 학풍을 배태하고 있었다고 말한 것은 또 다른 의미를 내포하고 있다. 육상산은 왕안석에 대해 다음과 같이 말하였다.

속학의 평범하고 비루함을 일소하고 폐법(弊法)의 인순(因順)을 털어내었으니, 도술(道術)의 지향은 공자와 맹자가 되는 데 있고, 훈업(勳業)은 이윤과 주공처럼 되고자 했다.[317]

제우(齊于) 등이 있다. 저장성 소산(蕭山)의 사람으로 박식하고 고증에 뛰어나 경(經), 사(史) 외에 지리, 음악에도 통달했고, 고문(古文)을 특히 잘하였다. 강희 18년(康熙 1679), 박학홍사과(博學鴻詞科)에 천거되어 한림원검토(翰林院檢討)·사관찬수관(史館纂修官)이 되었다. 태생이 오만하여 관에 적합하지 못하여 강희 24년에 퇴관, 서호(西湖) 호반에 은거했다. 산수, 인물, 난 등의 소품을 그렸다. 저서에 『서하집(西河集)』 등이 있다.

317) 『陸九淵集』 卷19, 「荊國王丈公祠記」. 掃俗學之凡陋, 振弊法之因循. 道術必爲孔孟, 勳業必爲伊周.

앞의 두 구는 습속을 타파하는 것이고, 뒤의 두 구는 고인을 따르는 것이다. 습속을 타파하는 것이 꼭 고인을 따르는 것은 아니지만, 고인을 따르기 위해서는 반드시 습속을 타파해야만 한다. 습속을 타파하는 것은 왕왕 고인을 따르는 첫걸음이 된다. 양명학파는 바로 속학(俗學)의 평범하고 누추한 것을 일소하고자 했는데, 이것은 바로 도의 지향은 공맹이 되고자 한 것이다. 그들은 유가의 법규를 타파하여 수백 년간 전송(傳誦)되어 온 정주의 『대학』에 반대하고 『고본대학(古本大學)』을 회복하기를 주장하였으니, 송대의 학문을 경시하고 천 년 전의 고인과 마음으로 합하고자 한 것이다. 형식논리상 속학을 반대하는 것이 꼭 고학을 주장하려는 것은 아니고, 송학을 반대하는 것이 꼭 한학을 주장하려는 것은 아니다. 그러나 당시의 정황으로 보면, 한 번 속학을 반대하면 결국 고학의 길 위로 나가는 것이었고, 한 번 송학을 반대하면 결국 한학의 길 위로 나가게 되는 것이었다. 당시에는 다만 몇 가지 길만이 열려 있었으니, 이는 일정한 역사조건이 한정된 것이었다. 양명학파와 뒤에 등장하는 고학운동 혹은 한학운동은 본디 결코 비슷해질 수 없었다. 다만 송학을 반대한다는 점에서, 그들은 실제로 뒤의 고학운동, 혹은 한학운동의 선구가 되었다. 양명이 이미 『고본대학』을 강론한 뒤에, 양명학의 극단적 좌파인 태주학파의 초횡은 마침내 『고본대학』으로 명성을 날리게 되었다. 독서를 중시하지 않았다고 평가되었던 양명학파가 공교롭게 고학운동과 만나 은연 중에 접점을 통하게 되었으니, 역사가 결국 한바탕 희극을 만들어 낸 것이다.

상술한 내용을 종합해보면, 17세기 중국사상계의 상황은 한편으로는 양명학파에 대한 반동이었으며, 다른 한편으로는 또한 양명학파로부터 자연적으로 발전되어 왔다고 할 수 있겠다. 양명학파가 출현하기 이전―엄격히 말하면 진헌장 출현 이전―에 학자들은 전례만을 익히고 주자가 이미 이룬 학설을 삼가 지켰다. 250~60여 년간, 여기에서도 주자를 말하고 저기에서도 주자를 말하여, 허형(許衡)과 설선(薛瑄) 같은 이른바 한 시대의 대유(大儒)라고 하는 자들도 모두 주자의 말을 전달하는 기계나 다름없었다. 도학은 이에 이르러 썩고 무너져 감당할 수 없게 되었다. 양명학파가 출현한 뒤에야 한 차례 혁신운동을 겪고서 도학의 중흥과 심화를 도모할 수 있었다. 그러나 이는 이미 신도학이었고 새 시대의 성분을 더한 것이었다. 도학의 체계를 파괴하지 않았지만 그 내부의 요소는 이미 변화하였다. 이 때문에 양명학파는 다음과 같은 특색을 갖게 되었다. 한편으로는 도학을 극단적으로 발전시킴과 동시에 도학의 종말을 고하게 만들었고, 한편으로는 격렬하게 다음 시대의 반동을 일으킴과 동시에 다음 시대가 반동의 기반을 갖추도록 바꿔놓았다. 도학으로부터 반도학에 이르기까지 하나의 변증적 발전이 완성된 것이다.

2. 16~17세기 서학(西學)의 유입과 고학(古學)의 부흥

16세기는 양명학파 심학의 전성기였으나, 16세기 말에 이르게 되면 사상계에서는 이미 변화의 조짐이 드러나게 된다. 그중에서 가장 주목할 만한 것은 고학의 부흥과 서학의 유입이다. 고학의 부흥과 양명학파와의 관계에 대해서는 이미 윗글에서 대략적으로 설명하였다. 여기에서는 16세기 말에서 17세기 초까지의 고학 부흥의 정황을 서술하여 박학(樸學) 운동의 첫 번째 발전 단계를 살펴보도록 하겠다.

16~17세기 고학 부흥의 정황은 두 가지 측면에서 살펴볼 수 있다.

1) 도서 소장과 판각의 성행

만력 말년에 도서를 소장하고 판각하는 분위기가 점차 성행하였다. 초횡(焦竑)의 『국사경적지(國史經籍志)』는 목록학(目錄學) 분야에서 상당한 가치를 갖는다. 모진(毛晉)[318]과 그의 아들 부계(斧季)는 집 안에 '급고각(汲古閣)'을 설치하여 송원(宋元) 시대에 판각된 선본을 수장(收藏)하였다. 진체비서(津逮秘書)의 판각본과 수많은 고적 단행본들은 오늘날까지도 중국 문헌학계에서 매우 중요한 가치를 지니고 있다. 범흠(范欽)[319]의 '천일각(天一閣)'은 가정 연간에 창건된 것으로 장서가 가장 많았다. 황종희, 만경(萬經),[320] 전조망(全祖望)[321]이 모두 천

318) 모진(毛晉, 1599~1659) : 자는 자진(子晉)이며 호는 잠재(潛在)이다. 만년에 전겸익(錢謙益)을 사사했다. 8만여 권의 장서를 급고각루(汲古閣樓)와 목경루(目耕樓)에 소장했다. 호주(湖州)의 서박(書舶)들이 항상 상숙 칠리교(七里橋) 그의 집 앞에 운집하곤 했다. 그가 초록한 비적(秘籍)은 사람들이 '모초(毛鈔)'라고 불렸다. 『진체비서(津逮秘書)』15집을 판각했다. 저서에 『모시육소광요(毛詩陸疏廣要)』, 『소미지림(蘇米志林)』, 『명시기사(明詩紀事)』, 『사원영화(詞苑英華)』가 있고, 십삼경(十三經)과 『해우고금문원(海虞古今文苑)』을 교각(校刻)했다.

319) 범흠(范欽, ?~?) : 자는 요경(堯卿)이며, 호는 동명(東明)이다. 가정 38년(嘉靖, 1559) 우부도어사(右副都御史)로 남공(南贛)을 다스렸고, 다음 해 병부우시랑(兵部右侍郎)으로 올랐다. 귀향한 뒤 천일각(天一閣), 장서루(藏書樓)를 세워 책 7만 권을 보관했다. 저서에 『천일각집(天一閣集)』이 있다.

320) 만경(萬經, 1659~1741) : 자는 구사(九沙)이며, 다른 자로 수일(授一)을 썼다. 황종희에게 유종주의 학문을 들었고, 부친 만사대(萬斯大)와 숙부 만사동(萬斯同)에게 경사학술(經史學術)을 전수받았다. 응휘겸(應撝謙)과 염약거(閻若璩)로부터도 배웠다. 부친의 『예기집해(禮記集解)』와 당형(堂兄) 만언(萬言)의 『상서설(尚書說)』을 증보하여 『만씨경설(萬氏經說)』을 편찬했다. 숙부 만사동의 『열대기년(列代紀年)』과 만언의 『명사거요(明史舉要)』를 보완

일각에서 독서를 했으니, 당시 학술계에 실로 지대한 공헌을 하였다. 그 밖의 저명한 장서가로 '세학루(世學樓)'의 뉴(鈕) 씨, '담생당(淡生堂)'의 기(祁) 씨, '천경재(千頃齋)'의 황(黃) 씨,[322] '강운루(絳雲樓)'의 전(錢) 씨,[323] '총계당(叢桂堂)'의 정(鄭) 씨, '전시당(傳是堂)'의 서(徐) 씨[324]가 있는데, 모두 황종희의 자료 조사에 공헌하였다. 황종희는 여기서 정수를 많이 취하고 서적을 널리 인용한 뒤에 그의 학문을 대성할 수

하여 『만씨사학(萬氏史學)』이라 이름했다.

321) 전조망(全祖望, 1705~1755): 자는 소의(紹衣)이며, 호는 사산(謝山)이다. 유종주가 세운 즙산(蕺山)과 광동(廣東)의 단계서원(端溪書院)에서 주강(主講)을 맡았다. 평생 황종희를 흠모하여 그의 미완의 저서 『송원학안(宋元學案)』을 완성시켰고, 『수경주(水經注)』의 교정에 고심했다. 저서에 『길기정집(鮚埼亭集)』, 『경사문답(經史問答)』, 『구여토음(勾餘土音)』, 『한서지리지계의(漢書地理志稽疑)』가 있고, 『곤학기문(困學紀聞)』에 대해 전(箋)을 달았으며, 『용상기구시(甬上耆舊詩)』를 편집했다.

322) '천경재(千頃齋)'의 황(黃) 씨: 황거중(黃居中, 1562~1644)을 이른다. 자는 명립(明立), 호는 해학(海鶴)이다. 만년에 '천경재'를 짓고 진귀한 서적들을 수집하였다. 평생 소장한 책이 6만여 권에 달했다고 한다. 저서로는 『천경재집(千頃齋集)』, 『천경재장서목록(千頃齋藏書目錄)』, 『문묘예악(文廟礼樂)』 등이 있으며, 그의 아들 황우직(黃虞稷)도 장서가로 유명했다.

323) '강운루(絳雲樓)'의 전(錢) 씨: 전겸익(錢謙益, 1582~1664)을 이른다. 자는 수지(受之)이며, 호는 목재(牧齋)이다. 문학으로 동남 지역에서 명성이 자자했고, 동림(東林)의 거목이 되었다. 저서에 『초학집(初學集)』과 『유학집(有學集)』, 『국초군웅사략(國初群雄史略)』, 『열조시집(列朝詩集)』 등이 있었는데 건륭제 때 변절을 문제 삼아 『이신전(貳臣傳)』에 편입시키고 저작을 불태우는 등 여러 차례 금서(禁書) 조치를 받았다. 그의 장서들은 강운루에 보관되었는데 1650년에 화재로 소실되었다.

324) '전시당(傳是堂)'의 서(徐) 씨: 서건학(徐乾學, 1631~1694)을 이른다. 자는 원일(原一)이고, 호는 건암(健庵)이며, 고염무(顧炎武)의 생질이다. 박학다식하여 경학은 물론 사학(史學), 여지(輿地), 예제(禮制) 등에 정통했다. 황제의 명령으로 『대청일통지(大淸一統志)』와 『청회전(淸會典)』, 『명사(明史)』 등을 편찬했다. 의리학에 있어서는 정주학을 존숭하고 육왕학을 배척했다. 경설(經說)에 있어서는 고주(古註)를 중심으로 했지만 송·원 시대의 설도 아울러 취했으며, 당나라 때부터 명나라에 이르는 경설을 모아 『통지당경해(通志堂經解)』를 편찬했다. 예학에도 정밀하여 역대 상례(喪禮)의 제도와 제유(諸儒)의 학설을 모으고 자신의 설명을 덧붙여 『독례통고(讀禮通考)』 120권을 완성했다. 그 밖의 저서에 『감고집람(鑒古輯覽)』, 『고문연감(古文淵鑒)』, 『전시루서목(傳是樓書目)』, 『담원집(憺園集)』 등이 있다.

있었다. 후대의 청대 학자들이 박학(博學)하고 두루 통달할 수 있었던 것은 실로 이러한 개인 장서가들의 도서관에서 자료를 많이 제공받은 데 힘입은 것이다.

2) 고자(古字)·고음(古音)의 연구

가정(嘉靖) 이후 학자들은 점차 고자(古字)와 고음(古音) 연구에 관심을 가졌다. 양신(楊愼)[325]은 박학한 것으로 잘 알려졌다. 그의『고음총목(古音叢目)』,『고음엽요(古音獵要)』,『고음약례(古音略例)』등의 저술은 당시의 기풍을 선도했다고 할 만 하다. 조겸(趙謙)[326]의『육서본의(六書本義)』, 조환광(趙宦光)[327]의『육서장전(六書長箋)』과『설문장전(說文長箋)』도 모두 시대의 요구에 부응한 산물이었다. 당시 문단을 주관하였던 왕세정(王世貞)은 복고(復古)를 제창하며 당 이후의 글은 읽지 말 것을 요구했다. 옛 글을 읽고 모방하기를 주장하였기 때문에

---

325) 양신(楊愼, 1488~1559) : 자는 용수(用修)고, 호는 승암(升菴)이다. 경학과 시문이 탁월했으며 박학하기로 이름이 높았다. 특히 운남(雲南)에 관한 견문과 연구는 귀중한 자료로 전한다. 다만 운남의 궁벽한 곳에서 살아 이몽양(李夢陽)이나 하경명(何景明)과 같은 문단의 영수는 되지 못했다. 저서에『단연총록(丹鉛總錄)』과『승암집(升菴集)』등이 있다.

326) 조겸(趙謙, 1352~1395) : 초명은 고칙(古則)이고, 자는 휘겸(撝謙)이며, 호는 경대외사(瓊臺外史)이다. 육경백씨(六經百氏)의 학문을 두루 연구했는데, 특히 육서(六書)에 정통해서 당시 사람들이 고고선생(考古先生)이라 불렀으며, 문자와 음운에 정밀하여『정운(正韻)』을 편수하는 데 기여하였다. 저서에『성음문자통(聲音文字通)』과『육서본의(六書本義)』,『조화경륜도(造化經綸圖)』,『고고속계서(考古續戒書)』등이 있다.

327) 조환광(趙宦光, 1559~1625) : 자는 범부(凡夫)이며, 호는 광평(廣平)이다. 전서(篆書)에 정통하였다. 저서에『육서장전(六書長箋)』,『설문장전(說文長箋)』,『한산만초(寒山蔓草)』,『한산지(寒山志)』등이 있다.

214

자연스럽게 고자와 고음에 대해서도 상당한 연구가 있을 수밖에 없었다. 귀유광(歸有光), 전겸익(錢謙益) 등은 왕세정과 비록 다른 문파(文派)였지만 마찬가지로 고학을 제창하였다. 당시의 학자들은 자형(字形)을 자세히 구분하는 일에 진력하여 많은 전해(篆楷)를 판각하는 데 이르렀으며,『설문(說文)』에 사용된 전서의 필획을 이용하여 해서를 만들었다. 조환광이 판각한『설문장전(說文長箋)』,『육서장전(六書長箋)』과 허종노(許宗魯)[328]가 판각한『이아(爾雅)』,『국어(國語)』,『육자(六子)』등이 모두 이것이다.

그러나 이 시기 가장 주목할 만한 사람은 방이지(方以智)[329]와 진제(陳第)[330]이다. 방이지의『통아(通雅)』는 정밀하면서도 폭 넓고 뛰어난 저작으로서 음운·훈고의 측면에서 중대한 공헌을 하였다. 진제의『모시고음고(毛詩古音考)』와『굴송고음고(屈宋古音考)』는 본증(本證)과 방증(傍證)을 나열하여 조리 정연하였고, 바로 고염무의『음학오서(音學五書)』의 선도가 되었다. 음운·훈고학은 이로부터 크게 흥기

---

328) 허종노(許宗魯, 1490~1559) : 자는 동후(東侯)이고, 호는 소화(少華)이다. 벼슬을 그만둔 뒤에 도서를 수집하고, 시와 악곡을 짓는 것을 즐거움으로 삼았다. 특히 서법(書法)에 뛰어났다. 저서에『소화집(少華集)』이 있다.

329) 방이지(方以智) : 자는 밀지(密之)이고, 호는 만공(曼公) 또는 녹기(鹿起)이다. 황종희(黃宗羲), 진정혜(陳貞慧), 오응기(吳應箕), 왕부지(王夫之) 등과 교유했다. 예악과 율수, 성음, 서화, 문자 등에 두루 능통했고, 특히 과학과 철학에 정통했다. 저서에『역비(易秘)』,『동서균(東西均)』,『통아(通雅)』,『물리소지(物理小識)』등이 있다.

330) 진제(陳第, 1541~1617) : 자는 계립(季立)이고, 호는 일재(一齋). 고금음(古今音)의 동이(同異)를 고증하여 후세 음운 연구에 큰 영향을 끼쳤다. 거처하던 세선당(世善堂)에는 장서가 대단히 많았다. 일찍이 오악(五嶽)와 양월(兩粤)을 다니면서『기심집(寄心集)』과『오악양월유초(五嶽兩粤游草)』를 지었다. 저서에『복희도찬(伏羲圖贊)』과『모시고음고(毛詩古音考)』,『상서소연(尚書疏衍)』,『독시졸언(讀詩拙言)』,『굴송고음의(屈宋古音義)』,『송헌재집(松軒齋集)』등이 있다.

하였다.

　대체로 명나라 중엽 이후로 학자들은 점차 송나라 사람들의 진부한 투식을 싫어하기 시작했고,[331] 다양한 방식으로 새롭고 특이함을 표방했다. 이러한 가운데 나타난 학풍은 본디 특이한 것을 좋아하는 것이었지, 결코 옛것을 좋아하는 것이 아니었다. 그러나 이 양자는 결국 하나의 흐름으로 이어져 옛것을 좋아하는 풍조가 결국 특이한 것을 좋아하는 양태로 변화하였다. 양명 문하의 가장 독특한 인물이었던 왕심재는 유우씨(有虞氏)의 관(冠)을 쓰고 노래자(老萊子)의 옷을 입어 유난히 예스러운 분위기를 풍겼다. 그는 옛것으로 특이함을 보여주었으니 예스러운 점이 곧 그의 특이한 지점이었다. 이러한 배경 하에서 특이한 것을 좋아함이 예스러움을 좋아함으로 변화하여 한 때의 유행을 조성하였다.

　여기서 나는 하나의 일화를 인용하려고 한다. 가정 연간에 풍방(豊坊)[332]이라는 사람이 있었다. 그는 대가(大家)인 체하며 옛것으로 남을 속이는 데 전문이었다. 그가 편찬한 책으로는 『고역세학(古易世學)』, 『고서세학(古書世學)』, 『노시세학(魯詩世學)』, 『춘추세학(春秋世學)』, 『자공시전(子貢詩傳)』, 『신배시설(申培詩說)』, 『석경대학(石經大學)』, 『금석유문(金石遺文)』 등이 있었는데, 모두 옛것에 가탁하여 말도 안 되는

---

331) 【원주】당시의 송학에 대한 반대 경향은 이미 뚜렷하였다. 왕양명 등의 도학자, 축윤명(祝允明) 등의 문학가, 장거정 등의 사공가(事功家)들이 모두 이러했다.

332) 풍방(豊坊, ?~?) : 자는 존례(存禮)이고, 별호는 남우외사(南禺外史)이다. 풍희(豊熙)의 아들이다. 13경에 따로 훈고를 달았다. 집안에 수만 권의 장서가 있었다. 서예도 5체를 두루 구사했고, 특히 초서가 뛰어났다. 전각(篆刻)도 일가를 이루었고 산수화도 그렸는데, 옛사람을 본받지는 않았다. 저서에 『역변(易辨)』과 『고서세학(古書世學)』, 『노시세학(魯詩世學)』, 『춘추세학(春秋世學)』, 『시설(詩說)』, 『만권루유집(萬卷樓遺集)』 등이 있다.

소리를 지어낸 것들이었다. 『사고전서제요(四庫全書提要)』의 『고서세학(古書世學)』 조목에서는 다음과 같이 설명하였다.

　이 편은 금문(今文)과 고문(古文)의 석경(石經)을 앞에 나열하고, 뒤에 해서(楷書)로 해석하였다. 또 조선과 일본의 판본을 수집하여 고본(古本)에 합하였다. 따라서 '고서(古書)'라고 한 것이다. 또 풍씨 일가는 송에서 명에 이르기까지 대대로 고서를 배웠으니, 풍직(豊稷)이 정음을, 풍경(豊慶)이 속음을, 풍희(豊熙)가 집설을, 풍도생(豊道生, 풍방의 원래 이름)이 고보(考補)를 작성하였다. 그러므로 '대대로 배웠다[世學]'라고 한 것이다. 그 서문에 이르기를, 정통 6년(正統, 1441) 풍경이 경사(京師)에서 관직 생활을 하였는데, 조선 사신 규문경(嬀文卿)[333]과 일본 사신 서예(徐睿)가 들어와 조공을 바쳤다. 두 사람은 모두 독서인으로 문장에 능했고, 육경을 논하며 생각을 주고받았다. 이에 『상서(尚書)』를 가지고 질문하였더니, 규문경은 "우리 선왕이신 기자(箕子)께서 전하신 것은 신농씨의 「정전(政典)」에서 시작하여 「홍범(洪範)」에서 끝난다."라고 하였고, 서예는 "우리 선왕이신 서시(徐市)께서 전하신 것은 우서의 「요전(堯典)」, 「순전(舜典)」에서 시작하여 「진서(秦誓)」에서 끝난다."라고 답하였다. 그러고는 판본에 착오가 매우 많은 것과 공안국의 위서(僞序)가 모두 옛 고경이 아닌 것에 대해 조소하였다.[334]

---

333)　저본에는 '위문경(僞文卿)'으로 되어 있으나, 『사고전서제요(四庫全書提要)』에 근거하여 '규문경(嬀文卿)'으로 바로잡는다.

334)　『四庫全書提要』, 『古書世學』條. 是篇以今文古文石經列於前, 而後以楷書釋之, 且采朝鮮倭國二本以合於古本, 故曰'古書'. 又以豊氏自宋迄明, 世學古書, 稷爲正音, 慶爲續音, 熙爲集說, 道生爲考補, 故曰'世學'. 其序曰: 正統六年, 慶官京師. 朝鮮使臣嬀文卿, 日本使

이를 통해 풍방의 글의 내용을 대략 알 수 있다. 그가 지은 책은 모두 이러한 부류이니 허황된 것에 근거하여 억측을 일삼았다. 입에서 나오는 대로 지껄이니 그 저술은 아무런 가치도 없다. 그렇지만 옛 글을 위조하는 것에 대해 크게 비판하였던 그의 일화를 보면, 당시 사람들이 옛 글에 대해 매우 큰 흥취를 가졌다는 사실을 알 수 있다. 이와 같이 거론할 가치도 없는 일개 허풍쟁이에게서도 고학 부흥의 조짐을 일면 확인할 수 있다.[335]

이상으로 16~17세기 반송학(反宋學)의 분위기에 편승하여 일어났던 고학 부흥의 움직임에 대해서 대략적으로 설명하였다. 다음으로 당시 사상계의 또 다른 신조류였던 서학의 유입에 대해 논하고자 한다. 당시 학자들은 이미 진부한 송나라 사람들의 투식에 싫증을 냈고, 그 특이함을 드러낸 것이 한편으로는 고학으로, 다른 한편으로는 외국의 학문에 대한 관심으로 나타났다. 위에서 언급한 바와 같이, 풍방이 『상서』에 대해 고문본(古文本)과 석경본(石經本)을 중시했을 뿐만 아니라 조선과 일본의 위조본까지도 신뢰했던 것은 이미 외국의 학문에 도움을 받았던 것이다.

마침 이 시기에 서학이 유입되었다. 만력 연간에 서양 예수교 신

臣徐睿入貢. 二人皆讀書, 能文辭, 議論六經, 出入意表. 因以尙書質之. 文卿曰: 吾先王箕子所傳, 起神農政典, 至洪範而止. 睿曰: 吾先王徐市所傳, 起虞書帝典, 至泰誓而止. 又笑官本錯誤甚多, 孔安國僞序皆非古經之舊.

335) 【원주】풍방은 매우 독특한 인물이었다. 황종희의 「풍남우별전(豊南禺別傳)」을 보면 배꼽 잡을 일이 분명 있을 것이다. 본래 언급할 가치도 없는데 특별히 그를 거론한 것은 바로 그의 괴이함 때문이다. 그를 예로 들어 기이함을 좋아하는 것에서 옛것을 좋아하는 것에 이르는 흥미로운 실상을 설명한 것이다.

부[336]) 리마두(利瑪竇),[337]) 방적아(龐迪我),[338]) 웅삼발(熊三拔),[339]) 용화민
(龍華民),[340]) 애유략(艾儒略),[341]) 금니각(金尼閣),[342]) 양마낙(陽瑪諾)[343]) 등
이 연이어 중국으로 들어왔다. 그들은 중국의 풍습에 매우 잘 영합했
고, 사대부들 사이에서 점차 활동영역을 넓혀갔다. 예를 들어 정대약

336) 【원주】마틴 루터가 신교를 만든 이후에 로마의 가톨릭은 유럽에서 크게 타격을 입
었다. 이때, 예수회라는 분파가 생겨났다. 가톨릭 내부의 개혁에 따라 해외를 향한 발전을
진작시키고 힘써 도모하였기에 중국 및 미주에까지 전파를 한 일이 매우 많았던 것이라
생각된다.

337) 리마두(利瑪竇, 1552~1610) : 본명은 마테오 리치(Matteo Ricci). 예수회 선교사로
서, 1608년부터 북경에 상주하면서 천주교 전교에 힘쓰는 한편 서양의 학술과 과학기술
을 전달했다. 유클리드의 『기하학 원론』을 번역하고 세계지도에 천문학과 지리학을 덧붙
인 『곤여만국전도(坤與萬國全圖)』를 제작하였다. 저서에 『천주실의(天主實義)』, 『교우론(交友
論)』 등이 있다.

338) 방적아(龐迪我, 1571~1618) : 본명은 디에고 데 판토하(Diego de Pantoja). 예수회 선
교사로서 마테오 리치와 같이 전교에 힘쓰면서 천문학과 지리학을 전달하였다. 저서에
『칠극(七克)』이 있다.

339) 웅삼발(熊三拔, 1575~1620) : 본명은 사바티노 데 우르시스(Sabatino de Ursis). 예수
회 선교사로서 1607년부터 북경에서 천주교를 전교하였다. 서양 과학 지식을 번역하였으
며, 서양의 수력학(水力學)을 중국어로 저술하였다. 저서에 『태서수법(泰西水法)』이 있다.

340) 용화민(龍華民, 1559~1654) : 본명은 니콜라스 롱고바르디(Nicolaus Longobardi). 예
수회의 선교사이며, 1597년 중국 소주(蘇州)에 중국 최초의 교회를 설립하였다. 신학용어
문제, 세례 및 전례 문제를 통일시켜 선교 사업에 기틀을 잡았다. 편서에 『숭정역서(崇禎曆
書)』가 있다.

341) 애유략(艾儒略, 1582~1649) : 본명은 줄리오 알레니(Giulio Aleni). 예수회의 선교사로
서 1612년의 월식을 예언·관찰하고 경위도(經緯度)의 측정·조사를 하는 등 서구문화를
전하는 데에도 앞장섰다. 저서에 『야소언행기략(耶蘇言行紀略)』, 『직방외기(職方外紀)』, 『서
학범(西學凡)』 등이 있다.

342) 금니각(金尼閣, 1577~1628) : 본명은 니콜라스 트리고(Nicolas Trigault). 예수회의 선
교사이다. 네스토리우스파의 그리스도교가 당대, 중국에 유행한 상황을 기록한 기념비인
『대진경교유행중국비(大秦景敎流行中國碑)』를 발견하고 이를 라틴어로 번역하였다. 저서에
『서유이목자(西儒耳目資)』가 있다.

343) 양마낙(陽瑪諾, 1574~1659) : 본명은 엠마누엘 디아즈(Emmanuel Diaz). 예수회의 선교
사로서, 중국에 서양의 천문학을 전달하는 데 치력하였다. 저서에 『천문략(天文略)』이 있다.

(程大約)의 『묵원(墨苑)』에 수록된 리마두의 증문(贈文)과 왕눌(汪訥)의 화답시를 보면 당시 리마두의 명성이 매우 대단하여 그의 말 한마디를 얻는 것도 매우 영광으로 생각했음을 알 수 있다.

서광계(徐光啓)[344]와 이지조(李之藻)[345]는 특히 그들을 존신하여 당시 서학을 받아들이는 데 핵심적인 역할을 하였다. 그들이 당시에 매우 큰 영향을 미쳤던 학술적 방면은 자연스럽게도 수학(數學), 역학(曆學), 산학(算學) 분야였다. 당시 사용되었던 '대통력(大統曆)'은 원나라 곽수경(郭守敬)의 '수시력(授時曆)'을 그대로 따른 것으로 오류가 매우 많았다. 만력(萬曆) 말년에 주재육(朱載堉)과 형운로(邢雲路)가 차례로 상소하여 바로 잡기를 요청하였고, 천계(天啓) 숭정(崇禎)의 십수년 동안 이 일을 매우 중요한 과제로 취급하였다. 여러 차례 변론한 결과 마침내 서광계, 이지조 두 사람이 이 일을 책임지게 되었고 리마두, 방적아, 웅삼발 등의 객경(客卿)에게 참여할 것을 요청하여 결국 역법 개혁을 완성하였다. 그들이 함께 번역하거나 분담하여 찬술한 책이 백여 종을 넘어선다. 리마두와 서광계가 공역한 『기하원본(幾何原本)』, 『천학초함(天學初函)』, 『숭정역서(崇禎曆書)』 수십 부의 책

---

344) 서광계(徐光啓, 1562~1633) : 자는 자선(子先)이고, 호는 현호(玄扈)며, 세례명은 바오로[保祿]이다. 중국에 와서 포교에 종사하고 있던 예수회 선교사를 만났으며, 이후 천문과 수학을 배우고 『기하원본(幾何原本)』 6권을 완성했다. 1603년 남경(南京)에서 입교했다. 서양인들이 만든 역법(曆法)을 채용할 것을 주청하고, 『숭정역서(崇禎曆書)』를 만들 때 자원하여 감독했다. 그가 건설한 천주교당은 그의 사후에도 중국 예수회의 중심이 되었다. 경학에 있어서는 『시경』에 정통하여 『모시육첩강의(毛詩六帖講義)』와 『시경육첩중정(詩經六帖重訂)』 등을 저술했다. 그 밖의 저서에 『농정전서(農政全書)』 등이 있다.

345) 이지조(李之藻, 1564~1630) : 자는 진지(振之), 호는 순암거사(淳庵居士)이다. 서광계와 더불어 리마두를 존신하였고 천주교를 받아들였다. 마테오 리치의 『곤여만국전도(坤輿萬國全圖)』 제작에 협조하였으며 리마두와 함께 『동문산지(同文算指)』, 『혼개통헌도설(渾蓋通憲圖說)』 등을 합찬했다.

은 모두 중국 역산(曆算) 학계의 매우 귀중한 유산이다. 후대의 청나라 유학자들이 역산학(曆算學)을 많이 전공하였던 것도 실은 이들의 영향이라고 할 수 있다. 역산학 이외에도 서학의 영향이 뚜렷한 분야는 다음과 같다.

첫째, 음운학(音韻學)이다. 당시 선교사들이 중국의 서적을 읽으면서 로마[羅馬] 글자를 사용하여 발음을 표시한 것이 많다.[346] 금니각의 『서유구목자(西儒口目資)』는 서양의 음으로 중국의 음을 표기하여 당시 음운학계에 새로운 길을 열어 주었다. 후대 방이지의 『통아(通雅)』나 유계장(劉繼莊)의 『신운보(新韻譜)』는 모두 명백히 서양 사람의 영향을 받은 것이다. 청대 음운학의 발달이 서학의 유입과 아무런 관련 없이 진행되었다고 말하는 것은 온당치 않다.

둘째, 지리학(地理學)이다. 리마두 등 한 무리의 선교사들은 멀리 대양을 건너오면서 방대한 세계지식을 가지고 왔다. 이는 문호를 닫은 채 스스로를 대국으로 여겼던 중국의 인사들에게 새로운 것을 경험하게 해 주었다. 이국의 다른 풍속들은 그들에게 적지 않은 관심을 불러일으켰다. 리마두의 『만국여도(萬國輿圖)』나 애유략의 『직방외기(職方外紀)』 등의 그림과 설명은 중국 사람들에게 오주(五洲)와 만국(萬國)을 이해하는 시발점을 제공하였다. 강희(康熙) 연간에 완성된 『황여전람도(皇輿全覽圖)』를 제작할 때에도 전적으로 이들 선교사들의 힘에 의지하였다. 지리학이 청대에 상당한 발전을 할 수 있었던 것은

---

346) 【원주】진원암(陳援菴) 선생의 『명말의 서구화된 미술 및 로마자 주음(明季之歐化美術及羅馬字注音)』을 참고하라. 또 북평(北平) 도서관에는 당시의 로마자 주음을 이용하여 번역한 『중용』 등의 책이 있다.

당연히 이들의 영향을 받았기 때문이다.

셋째, 경세사상과 학문의 방법이다. 명말 서학의 유입은 역산, 지리, 음운 등의 전문적인 학문에만 영향을 미쳤던 것은 아니다. 당시의 어떠한 사상 변동도 그 영향을 받지 않은 것이 없었다. 주지하다시피 청초 학자들의 경세사상에 대한 논의는 풍부하였다. 그들은 실용을 추구하였고 실사구시(實事求是)의 연구방법을 사용하였으며, 객관적인 자료를 중시하였다. 이러한 경향은 당시의 서학과 상당한 연계 속에 이루어졌을 것이다. 리마두는 중국 사람들의 빈궁함을 매우 개탄하였다. 한 번 홍수나 가뭄을 만나면 굶어 죽는 사람이 부지기수였다. 이에 리마두는 수법(水法)을 진언하여 부국족민(富國足民)의 계책으로 삼으려 했다. 뒤에 웅삼발은 『태서수법(泰西水法)』을, 등옥함(鄧玉函)[347]은 『원서기기도설(遠西奇器圖說)』을 저술하여 온갖 실용적인 학문과 기예가 점차로 유입되었다. 서광계는 이미 그 영향을 받았기에 천고에 남을 『농정전서(農政全書)』를 저술하였고, 청초의 경세치용의 사상도 여기에서 시작되었다. 서구 사람들이 사용하였던 관찰, 실험, 귀납, 비교 등의 과학적인 방법이 명청 시대 여러 학자들의 학문 방법에 미친 영향은 실로 적지 않다. 그 영향은 왕인욱, 매정구의 역산학에서 가장 현저하게 드러났고, 그 외에 방이지, 송장경, 고염무, 염백시 등이 각종 학문의 영역에서 사용하였던 방법들이 모두 과학

---

347) 등옥함(鄧玉函, 1576~1630) : 본명은 요하네스 테렌츠(Joannes Terrenz), 로마에서 공부하였는데, 의학·천문학 등 자연과학뿐만 아니라 언어학·철학 등 인문과학 방면에도 조예가 깊어 갈릴레이와도 가까웠다. 1611년 예수회에 들어가, 1621년 중국으로 건너갔다. 숭정제(崇禎帝)의 부름을 받아 입경, 용화민(龍華民)을 보좌하여 개력(改曆) 사업에 종사하였으며, 천체관측기계의 제작 등으로 중국의 천문학 발달에 공헌하였다. 저서에 『원서기기도설(遠西奇器圖說)』, 『인신개설(人身槪說)』이 있다.

적 방법과 근접해 있었다. 이에 관해서는 뒤에서 상술하기로 하고 여기서는 더 언급하지 않겠다.

이상 서술한 서학의 유입과 고학의 부흥은 대체로 16세기 중엽에 이미 시작되었다. 그 후 계속 발전하여 17세기 후반에 이르게 되면 중국사상사의 새로운 시대를 온전히 형성하게 된다.

3. 17세기 중국사상 변동의 사회적 원인

왕학(王學)에서 박학(樸學)에 이른 것과, 도학(道學)에서 반도학(反道學)에 이른 것은 중국 근대사상사의 큰 변동이었다. 이러한 변동은 비록 17세기 후반에 이르러서야 —즉, 명나라가 멸망한 이후— 매우 분명해졌지만, 실제로는 16세기 이후부터 서서히 시작되었다. 이러한 변화는 다음의 몇 구절을 읽으면 이해할 수 있을 것이다. 가령 오로지 사상적인 측면에서 사상을 논의한다면 이 사상 변동의 유래는 이미 설명했다고 할 수 있다. 만약 당시 정치현상을 가지고 사상 변동의 원인을 설명한다면 명말의 큰 혼란과 만주인들이 중국 본토에 입성한 정황만을 가지고 이야기해도 충분하다. 그러나 사상의 변천은 이처럼 간단하지 않다. 새로운 사회과학의 관점[348]에서 본다면 사상은 생활의 반영이다. "각양각색의 사회형식과 각양각색의 사회생존조건 위에서 각양각색의 감각과 환상, 관점과 관념의 모든 상부 구조가 세워진다." 각 시대의 사상이 서로 같지 않은 것은 실로 당시 사

---

348) 새로운 사회과학의 관점 : 마르크스의 유물론적 역사학을 가리킨다.

회의 생활조건과 구조가 같지 않은 것에 기인한다. 그러나 이러한 이론에 근거하여 17세기 중국 사상 변동의 유래를 연구한다면 당시 사상 변화의 본질을 온전히 살펴볼 수 없고, 특정시기의 정치현상조차 제대로 파악할 수 없다. 반드시 당시의 모든 사회발전과 경제생활의 기초 위에서 당시 사상변동의 진정한 근원을 찾아내야 한다. 다시 말해 바로 사회사·생활사를 종합적으로 검토하여 사상사를 연구해야 하는 것이다. 이렇게 되면 문제는 더욱 복잡해진다.

대체적으로 중국역사는 한 권의 '봉건사회변천사'라고 할 수 있다. 그렇지만 동주(東周) 이래로 상업자본이 차츰 발전하여 중국의 전형적인 봉건제도를 상당히 붕괴시켰다. 다만 특수한 역사조건으로 인해 중국은 끝까지 한 번의 공업혁명도 없었고, 상업자본도 끝까지 공업자본으로 변화하지 못했다. 따라서 진한 이후의 중국사회는 후기 봉건사회의 반복으로 '일치일난(一治一亂)'하여 다음과 같은 순환공식을 이루었다.

신봉건통치성립(新封建統治成立) → 상업자본발전(商業資本發展) → 부호겸병(富豪兼倂) → 농민폭동(農民暴動) → 신봉건통치성립(新封建統治成立)

2000년 중국역사는 바로 이 순환공식이 차례대로 연속되어 이루어진 것이다. 그러나 역사상 완전히 똑같은 일이 되풀이되는 경우는 없다. 순환 왕복하는 역사 무대 속에서 중국사회의 점진적인 발전을 일관되게 볼 수 있다. 일반적으로 진한(秦漢)에서 오대(五代)까지를 하나의 단계로 볼 수 있다. 이 시기에는 자연경제가 여전히 우월한 지위를 차지하였고 때때로 순수봉건제도를 회복하는 경향이 있었다. 송대 이후에는 교환경제가 점차 우세를 보였고, 상업자본이 크게 발전하여 하나의 새로운 국면을 이루었다. 그런데 이러한 신국면의 발전은 또 명조 중엽 이전과 이후의 두 단계로 구분이 가능하다. 이 중 뒤의 단계가 바로 여기서 특별히 설명하고자 하는 것이다.

명조 중엽 이후, 중국사회의 변동은 다음의 몇 가지로 고찰해 볼 수 있다.

1) 화폐경제

화폐는 상품교환의 매개체이다. 교환경제의 발전에 따라 화폐의 용도도 날로 확대되어 갔다. 납세 하나만을 논해 보자면, 중국에서 일반적으로 사용되었던 쌀·보리·베·명주 등의 납세 방식은 명조 중엽 이후에야 점차 화폐로 대체되었다. 『명사(明史)』「식화지(食貨志)」를 보면 영종(英宗) 초에 제도를 정한 일에 대해 다음과 같이 기록하고 있다.

쌀·보리 한 섬은 은 2전 5푼으로 대납하였다. 남기(南畿), 절강(浙江), 강서(江西), 호광(湖廣), 복건(福建), 광동(廣東), 광서(廣西)에서 납부하던 쌀·보리 400여만 섬은 은 백만여 량으로 받아들여 내승운고(內承運庫)[349]로 운반하였으니, 이를 '금화은(金花銀)'이라 하였다. 그 뒤에

---

349) 내승운고(內承運庫) : 황제가 직접 관장하는 고장(庫藏).

천하에 통행되었다. 기운(起運)하여 운군(運軍)에게 교태(交兌)[350] 하는 것 이외에는 곡식 넉 섬을 은 1량으로 징수하여 경사로 보내는 것을 변치 않는 규례로 삼았다. 여러 지방에서 세금을 은으로 납부하자 창고의 재고들도 점차 줄어들었다.[351]

『속문선통고(續文選通考)』는 이 일을 다음과 같이 기록하였다.

세금을 은으로 받는 일은 송나라 신종(神宗) 희령 10년(熙寧, 1077)에 처음 보인다. …… 금원(金元) 이래로 행해지지 않았다. 비록 명나라 홍무 9년(洪武, 1376)에 백성의 의견을 받아들여 은을 쌀에 준한다는 칙령이 있었고, 영락 연간(永樂, 1403~1424)에는 매년 30만 량의 은을 납부하게 하였으나, 이는 토질에 따라 백성의 편의에 맞추기 위해 마, 모시, 향, 옻 등의 공납을 대신하는 것에 불과했다. 정통(正統, 1436~1449) 초에 '금화은'을 창고에 들이게 하여 징수하는 예를 확정하였으니, 이로부터 마침내 량(兩)을 정식 세금단위로 정하였다.[352]

이는 모두 명나라 영종 이후에야 은을 정식 조세로 하여, 현물로

---

350) 교태(交兌) : 원래는 조미(漕米)의 운수 방식. 여기서는 그러한 방식으로 운수하는 조미를 가리킨다.

351) 『明史』,「食貨志」. 米麥一石, 折銀二錢五分. 南畿浙江江西湖廣福建廣東廣西米麥共四百餘萬石, 折銀百萬餘兩, 入內承運庫, 謂之金花銀. 其後槪行於天下. 自起運兌軍外, 糧四石收銀一兩解京, 以爲永例. 諸方賦入折銀, 而倉廩之積漸少矣.

352) 『續文選通考』卷2. 田賦輸銀, 始見於宋神宗熙寧十年. …… 金元以來, 無行之者. 明洪武九年數有聽民以銀準米之令, 永樂時歲貢銀有三十萬兩, 亦不過任土便民, 與折蔴苧香漆之屬等耳. 自正統初, 以金花銀內庫, 而折徵之例定, 自是遂以兩爲正賦矣.

내던 조세가 화폐 조세로 바뀐 것을 말해 주는 것이니, 실로 중국경제발전의 일대 중요한 단계라고 할 수 있다. 이로 말미암아 관리들의 녹봉과 군사들의 급여도 화폐로 지급되었고, 화폐의 수요가 날로 증가하였다. 이것은 상업자본이 발달한 하나의 중요한 지표이다.

2) 해외무역

당 이후 해외무역은 점차 발전하였다. 역대로 왕조에서는 시박사(市舶司)를 설치하여 수익을 전담하여 거두어들이게 하였다. 명조 중엽에 이르면 멀리로는 서양, 가까이는 일본에 이르기까지 무역이 모두 흥성하였다. 정부에서는 비록 폐관(閉關)주의를 엄격히 고수하였지만 사적인 무역 왕래를 완전히 금할 수는 없었다. 조익(趙翼)[353]의 『이십이사차기(二十二史箚記)』에는 다음과 같이 기록되어 있다.

명나라 황제는 나무쪼가리 하나까지도 무역을 금지시키는 법을 제정하였다. 그러나 태평세월이 오래 지속되자 간민(奸民)들은 왜인(倭人), 유럽의 여러 나라들[354]과 결탁하여 사적으로 무역하였다. 민(閩)

---

353) 조익(趙翼, 1727~1814) : 자는 운송(雲崧 또는 耘崧), 호는 蔣士銓, 지금의 강소성 상주시의 상인 집안 출신이다. 어려서부터 문재를 보였으며, 건륭 15년(1750)에 향시에 합격했고, 1761년 진사시험에 급제한 뒤 한림원에서 『통감집람(通鑑輯覽)』 등의 편집을 맡았다. 시로 명성이 높았으며 동시대의 원매(袁枚) · 장사전(蔣士銓)과 함께 '건륭 3대가'로 거론되었다. 시를 논하면서 독창성을 주장하고 모방에 반대했는데, 그가 지은 5언시와 7언시에는 이학을 풍자하거나 당시의 정치에 대한 불만을 담은 작품이 적지 않다. 저작으로는 『이십이사차기(二十二史箚記)』 · 『해여총고(陔餘叢考)』 · 『구북시초(甌北詩鈔)』 등이 있다.

354) 유럽의 여러 나라들 : 원문에는 '불랑기(佛郎機)'로 되어 있는데, 이는 당시 중국에

땅 사람 이광두(李光頭)와 흡(歙)땅 사람 허동(許棟)은 영파(寧派)의 쌍서(雙嶼)를 근거지로 하여 주도권을 장악했다. 세력가들도 이를 보호하고 지지하였다. 주환(朱紈)이 절강성(浙江省)의 순무(巡撫)가 되자, 그폐단을 조사하여 선박의 왕래를 금지시키고 보갑제(保甲制)를 엄히 시행하여 일체의 사무역을 근절하였다. 이로써 민(閩)땅 사람들이 한 순간에 큰 이익을 잃었기 때문에 사대부들까지도 불만을 가졌다. 조정에 참소를 흘렸고, 어사(御史)를 사주하여 탄핵하여 그를 파직시켰다. 당시는 주환이 여당(廬鐘)을 파견하여 이광두와 허동 등을 사로잡고, 쌍서 지역에 요새를 세워 왜구들이 정박할 경로를 차단하고, 이를 다른 해구(海口)에도 설치한 뒤였다. 그러나 탄핵을 당하게 되자 주환은 결국 자결하고 만다. 주환이 죽은 뒤에 연해의 방비는 몹시 해이해져서 허동의 무리였던 왕직(汪直)이 왜구와 결탁하여 마음대로 날뛰게 되었다.[355]

당시 연해에 사는 백성들은 해외무역을 통해 큰 이익을 취하였다. 이미 외국과의 밀접한 경제관계가 형성되었기 때문에 법을 어기고,

---

대해 무력침공을 감행하였던 유럽 세력을 가리키는 것으로 주로 스페인, 포르투갈을 이르는 말이다. 따라서 그들의 폭력 성향에 대한 거부감과 경계가 내포되어 있는 용어이며, 당시 중국에는 반(反) 불랑기 정서가 강했다고 한다. 그러나 이 말은 원래는 당시 중국을 왕래하던 이슬람 상인들이 유럽 사람들을 'Franks'라 부른 데에서 비롯된 것이다.

355) 『二十二史箚記』卷34, '嘉靖中倭寇之亂'條. 明祖制定, 片板不許入海. 承平日久, 奸民勾倭人及佛郎機諸國, 私來互市. 閩人李光頭, 歙人許棟, 踞寧派之雙嶼, 爲之主. 勢家又護持之. 朱紈爲浙撫, 訪知其弊, 乃革渡船, 嚴保甲, 一切禁絶私市. 閩人驟失重利, 雖士大夫亦不便也. 騰謗於朝, 嗾御史劾紈落職. 時紈已遣廬鐘, 擊擒光頭棟等, 築寨雙嶼, 以絶倭屯泊之路, 他海口亦設備矣. 會被劾, 遂自經死. 紈死而沿海備盡弛, 棟之黨汪直遂勾倭肆毒.

228

수비를 해이하게 하고, 침입을 조장하더라도 교역을 단절하려고 하지 않았다. 이러한 '세가(世家)'와 '간민(奸民)'들은 분명 확실하게 여론을 조종할 수 있었고, 관리들을 움직일 수 있었으니, 국가 정책에 미치는 영향력이 얼마나 컸는지 상상할 수 있다. 당시에 이미 포르투갈[葡萄牙]인은 마카오[澳門]에, 네덜란드[荷蘭]인은 대만에 근거지를 마련한 상태였고, 다른 서양 국가들도 연이어 이르렀다. 해외무역의 흥성에 따라 서양문화가 점점 유입되었다.

3) 토지겸병

주(周)나라 말기에 토지 제도가 크게 변화한 이후로 토지의 겸병은 오랫동안 중국역사에서 가장 큰 사회문제였다. 명대 상업자본이 장족의 발전을 거치며 지주들의 이익이 급속히 늘어났고 이에 따라 토지의 겸병도 더욱 가속화되었다. 당시의 제후들과 훈척, 환관, 향신 등이 모두 봉건세력에 빌붙어서 백성들의 토지를 강점하였다. 여기에 더욱 백성들을 고통스럽게 한 것은 장전제도(莊田制度)였다. 세종 때에 하언(夏言)은 다음과 같이 상소하였다.

궁방의 장전은 조종(祖宗) 이래로 없던 일입니다. 천순(天順) 8년 (1464)에 순의현(順義縣) 안낙리(安樂里) 판교촌(板橋村) 태감(太監) 조길상(曹吉祥)이 침몰된 땅 한 곳을 뽑아서 궁중의 장전으로 만들었습니다. 그 땅은 원래 10경(頃) 13묘(畝)였는데, 당초에 조길상이 점유했던 군전(軍田)과 민전(民田) 24경 87묘와 합하면 모두 35경의 장전을 만든 것입니다. 이번에 조사해 보니 또 민전 40경을 점유하여 현재 모두 75경에 이릅니다. 이는 궁위(宮闈) 장전의 시초이니 수년간 침범하여 점유한 액수가 원래의 10배나 됩니다. 이 한 곳만 봐도 다른 곳은 알 만합니다. …… 선제[武宗]께서 즉위하신 초기에 95경 46묘였습니다. 황실의 장전이 세워지고 나면 관리하는 태감(太監), 감찰하는 기교(旗校), 보좌하는 명색(名色)을 매 장전에 30~40명씩 두었습니다. 그 초기에는 장원의 인원 출입과 조세를 운반하는 것을 관리하였는데, 모두 수레와 말을 갖추고 담당 관리에게 요구하지 않았습니다. 정덕(正德) 원년(1506) 이후에는 권신과 간신들이 정사를 농단하여 조정이 크게 무너졌습니다. 이에 출입증[符驗]을 요구하고 관문(關文)을 발급했으며, 주현(州縣)을 지날 때는 물자[廩餼], 수레, 말을 거두어들였습니다. 직분 밖의 일을 만들고, 교묘히 재물을 취한 것을 이루 다 말할 수가 없습니다. 관할하는 장전(莊田)에서는 권력을 마구 남용하고 휘둘렀습니다. 심한 경우에는 가옥을 짓고 교량을 준설하였으며, 마음대로 요새를 세웠습니다. 표첩(票帖)을 발급하였고, 사적으로 인신(印信)을 만들었습니다. 민간에서 운영하던 선박과 수레, 방목하던 소와 양, 그리고 채집하던 나물과 어업에서 나오는 이익에 이르기까지 강탈해 가지 않은 것이 없었습니다. 인근의 토지들을 조금씩 침범하여 자신들의 경작지로 만들었습니다. 토지에서 은을 징수하는 것을 본 교활한 백성들은 몸 바쳐 장두(莊頭)가 되어 분란을 일으켜 학정에 도움을 주었습니다. 다방면으로 수탈한 것이 그 수를 헤아릴 수가 없습니다.[356]

---

356) 『續文獻通考』 卷6. 各宮莊田, 祖宗以來未之有也. 惟天順八年, 以順義縣安樂里板橋村太監曹吉祥抄沒地一處撥爲宮中莊田. 其地原額一十頃一十三畝, 初吉祥占過軍民田

이상의 내용을 통해, 장전에서 매우 광범위하게 땅을 침탈하고 백성들을 극심하게 핍박했음을 추론해 볼 수 있다. 이러한 횡포의 실상은 실로 서구 농노제 시대의 지주들의 행태에 비견할 수 있다. 이는 그야말로 영국 지주들이 농토를 침탈하던 방법이었다. 당시에 또 전답과 가산을 헌납한 사례가 있었다. 전답과 가산이 있는 자는 간민(奸民)들의 기반이 되어 세가(勢家)의 수요를 충당하였으니, 모두 세가의 소유가 되었던 것이다.[357]

농민들은 토지가 허망하게 권세가들의 수중에 들어갔으나 자신의 억울함을 호소할 곳도 없었다. 상업자본에 물든 봉건지주들이 겸병하고 침탈한 것은 매우 흉악한 일이었으나 이는 역사상 항상 있는 일이었다.

4) 민중폭동

귀척(貴戚), 환관(宦官), 호신(豪紳), 악리(惡吏)들의 수많은 정치적·

二十四頃八十七畝, 共三十五頃, 立莊. 今次查勘, 又占過民田四十頃, 見在共七十五頃. 此則宮闈莊田之始, 而數年間侵占之數過於元額二十倍矣. 舉此一處, 其他可知. …… 先帝(武宗)踐祚之初九十五頃四十六畝. 皇莊旣立, 則有管理之太監, 有奏討之旗校, 有跟隨之名色, 每處至三四十人. 其初管莊人員出入及裝運租稅, 俱自備車輛夫馬, 不干有司. 正德元年以來, 權奸用事, 朝廷大壞. 於是有符驗之請, 關文之給, 經過州縣, 有廩餼之供, 有車輛之取, 有夫馬之索. 其分外生事, 巧取財物, 又有言之不能盡者. 及抵所轄莊田處所, 則不免擅作威福, 肆行武斷. 其甚不靖者, 則起蓋房屋, 架搭橋梁, 擅立關隘. 出給票帖, 私刻關防. 凡民間撑駕舟車, 牧放牛羊, 采捕魚蝦螺蚌菱蒲之利, 靡不括取. 而鄰近地土, 則輒轉移築封堆, 包打界址, 見欲徵銀本土豪猾之民, 投爲莊頭, 撥置生事, 帮助爲虐, 多方掊尅, 獲利不貲.

357) 【원주】또……것이다: 『이십이사차기(二十二史箚記)』, 「명향관학민지해(明鄕官虐民之害)」條

경제적 압박은 끝없는 민중폭동을 야기하였다. 이자성(李自成),[358] 장헌충(張獻忠)[359]이 명대의 유랑민, 도적들을 크게 일으킨 것은 구태여 여기서 설명할 필요가 없다. 단지 『이십이사차기(二十二史箚記)』 중의 「명대선후유적(明代先後流賊)」조에 기록된 것만 봐도 십여 차례나 폭동이 일어났고, 같은 책의 「만력중광세지해(萬曆中礦稅之害)」조에서도 민란이 거세게 발발한 일이 끊임없이 나온다. 그중 가장 강렬한 인상을 남겼던 것은 등무칠(鄧茂七)[360]이 세금에 항거하는 운동을 이끈 일과 왕조좌(王朝佐)[361]가 민중을 대신하여 형벌을 받은 일이다. 이는 모두 중국농민투쟁사에 있어 가장 장렬한 거사였다고 할 수 있다. 본래 민중 폭동은 어느 시기에나 항상 있었지만 명조에 특히 많았다. 이는 깊이 생각해 볼 만한 일이다.

---

358) 이자성(李自成, 1606~1645) : 명나라 말기의 농민 반란 지도자로서 1644년 대순(大順)을 세우고 베이징을 점령해 명나라를 멸망시켰으나 오삼계(吳三桂)와 청나라의 연합군에 패하였다.

359) 장헌충(張獻忠, 1606~1646) : 명나라 말기의 민란 지도자로서 1644년 사천(四川)을 근거지로 '대서(大西)'를 세워 황제가 되었지만, 1646년 청나라의 군대에게 패배하여 전사하였다.

360) 등무칠(鄧茂七, ?~1449) : 명나라 초기의 농민 반란 지도자로 초명은 명운(名雲)이다. 사람을 죽이고 달아나 민(閩) 땅에 들어가 진정경(陳正景)에 의지하면서 개명했다. 정통 13년(正統, 1448) 전호(佃戶)를 이끌고 부가세의 완전 폐지를 주장하면서 격조(繳租)에 항거하다가 궁병(弓兵)을 살해했다. 농민들의 지지를 얻고 주장을 지주들에게 관철시켰지만 소작료 문제로 충돌하자 체포하러 온 관군을 물리치고 지현(知縣)과 순검(巡檢)을 살해했다. 이해 8월 농민을 거느리고 봉기하여 이른바 '등무칠의 난'을 일으켜 스스로를 산평주(鏟平主)라 불렀다. 무리가 수만 명에 이르렀고, 20여 현을 함락했다. 다음 해 2월 연평(延平)을 공격하다 복병에 걸려 죽음으로써 난이 진압되었다.

361) 왕조좌(王朝佐) : 명나라 만력 27년(萬曆, 1598) 궁내관 마당(馬堂)의 수탈에 항거하여 짐꾼과 빈민을 이끌고 관청에 항거하러 찾아갔다. 마당이 호위병을 시켜 백성들을 다치게 하자 왕조좌는 군중을 이끌고 병사들을 죽여버렸고, 관청을 태워버렸다. 이후 관원들이 백성들에게 죄를 물으려 하자 왕조좌가 자수하여 사형당했다.

이상에서 서술한 내용은 무엇을 의미하는가? 명 중엽 이후 상업자본이 확대되고 정착되었다는 것은 봉건지주의 상업자본 수용의 영향으로 침탈이 가속화되었음을 나타내며, 지주계급과 농민계급 간 충돌이 첨예해져 사회 대혼란이 도래하게 되었음을 의미한다. 본래 중국사회는 오랫동안 지주계급이 통치해 왔다. 일반적으로 '명유(名儒)', '대사(大師)', '사대부(士大夫)'라 함은 모두 지주계급을 일컫는 말이었다. 명조 중엽에 이르러 사회 위기가 뚜렷해지자 지주계급의 통치도 날로 동요하였다. 양명학파의 발흥은 당시 사상계를 진부하고 고루한 정통파 도학에서 해방시켰다. 이는 이미 지주계급의 자구(自救) 운동이 초보적 단계에 들어선 것이라고 할 수 있다. 명 말기 중국 사회의 붕괴가 매우 극심해져서 도적과 외척들이 모두 기회를 틈타 일어나 중국 지주계급의 통치를 붕괴시켰다. 이에 지주계급의 자구운동이 마침내 크게 발전하였고, 동시에 사상계에서도 새로운 국면이 분명하게 조성되었다. 당시에 크게 실의에 빠졌던 일반 사대부들은 세상의 추이를 주시하며 옛 고인의 문헌을 고찰하였으며, 해외의 기이한 문물을 널리 찾아다니고 실학을 실천하여 경세치용의 학문을 통해 지주계급의 몰락해 가는 운명을 애써 만회하려 하였다.

그들은 상업자본이 매우 번영하던 시대에 출생하여 시야가 열려 있었고 견문이 넓었기에 사상이 비교적 개방적이었다. 그러나 그들의 근본정신은 어쨌든 지주계급을 대표하는 것이었다. 그들은 중국의 사회와 역사에 대하여 매우 깊은 인식을 가지고 고금을 참작하여, 중국 지주계급이 오래도록 평안하고 장구하게 통치할 수 있는 기초를 마련하고자 하였다. 고염무가 "백왕의 폐단이 다시 일어날 만하다.", "후대 왕에 의해 한 번 다스려지길 기다린다."라고 한 것은 그들의 위대한 포부를 가장 잘 표현한 말이다. 고염무, 황종희, 왕부지 세 대사(大師)는 모두 난세를 다스려 정도로 돌아가고자 하였다. 이들은 때를 맞아 제도를 정하고 2천 년간 반복된 구차한 인습을 일소하여 크게 업적을 이루었다. 명청 교체기(17세기) 사상의 변동은 명 중엽 이후의 각종 사회 조건에 의해 형성된 것이며, 당시 지주계급의 자구 운동이 반영된 것이다. 여러 학자들의 저술에서 이에 대한 수많은 증거를 찾아낼 수 있다.

236

서명